시선이 머무는 국어 수업

시선이 머무는 국어 수업

4인 4색, 독서·글쓰기 수업

초판 1쇄 인쇄 2025년 6월 23일
초판 1쇄 발행 2025년 6월 30일

지은이 명혜정, 오선님, 정주옥, 오숙향
펴낸이 김승희
펴낸곳 도서출판 살림터

기획 정광일
편집 이희연·송승호·조현주
디자인 유나의숲

인쇄·제본 (주)신화프린팅
종이 (주)명동지류

주소 서울시 양천구 목동동로 293, 2215-1호
전화 02-3141-6553
팩스 02-3141-6555

출판등록 2008년 3월 18일 제313-1990-12호
이메일 gwang80@hanmail.net
블로그 http://blog.naver.com/dkffk1020
한국교육연구네트워크 https://www.kednetwork.or.kr

ISBN 979-11-5930-325-8(03370)

* 책값은 뒤표지에 있습니다.
* 잘못된 책은 바꾸어 드립니다.
* 이 책은 저작권법에 따라 보호를 받는 저작물이므로 무단 전재와 복제를 금합니다.

시선이 머무는
국어 수업

―――

4인 4색, 독서·글쓰기 수업

명혜정 · 오선님 · 정주옥 · 오숙향 지음

들어가는 글

네 명의 교사가 함께 쓴, 수업 너머 삶의 이야기

이 책을 쓰기 위해 내 교직 생활을 들여다보았다. 아이들과 놀다 보니 벌써 40년이었고, 정년이 코앞으로 다가왔다. 그동안 전남의 농어촌에서 살면서 수많은 아이들과 독서캠프를 하며 보냈다. 40년이라는 시간 동안 독서동아리를 했던 아이들이 교사가 되었고, 기자가 되었고, 작가가 되었고 엄마가 되었고 다시 자녀를 데리고 나에게 왔다.

이 책을 쓰기 위해 이야기를 모으면서, 저자 선생님들과 많은 이야기를 하면서 각각 다르지만 독서에 대한 중요성을 생각하는 마음은 한결같음을 알았다. 또한 제자들의 자녀들을 데리고 독서캠프를 하면서 그 쏠쏠하고 재미난 이야기를 사람들에게 전해 주고 싶은 생각이 들었다. 왜 독서가 즐거우며 꼭 필요한지 이야기를 해 주고 싶었다. 내가 왜 오랜 기간 독서캠프를 하는지 알려주고 싶었다.

2024년 초에 들어, 전남국어교사 모임에서 국어 교사를 위한 글쓰기 모임을 하자고 제안이 들어왔다. 다들 바쁜 상황이라 일상에서 느낀 점을 밴드에 올리고 매주 수요일에 온라인으로 상호피드백을 하는 것으로 글쓰기가 시작되었다. 여남은 명의 교사들이 지원했으나 결국 남은 것은 네 명, 그런데 우리 네 명은 성향이 아주 달랐다.

각자의 관점대로 국어 수업을 일구어 가는 수업 이야기가 흥미로워서 수요일 합평회 시간이 항상 기다려졌다. 목포에서 방송중을 담당하는 오숙향 선생님의 삶은 관계 중심이라 사람 사는 향기가 늘 가득했고, 새로운 정보와 국제정세에 끝이 없는 관심을 가지고 계신 정주옥 선생님의 수업도 기성세대인 나에게는 특별한 신선함을 느끼게 했다.

두 번째 글을 쓴 오선님 선생님은 순천여고에서 같은 학년을 맡아서 주 1회 교과협의회를 줄기차게 열어 가면서 동고동락했던 사이다. 그때 미혼이었던 선생님이 이젠 아들과 함께 독서동아리를 운영하고 계신다. 오선님 선생님의 학구열은 그 누구도 따라갈 수가 없어서 항상 모르는 것만 있으면 오선님 선생님께 물었다. 선생님과 함께한 국어 교사의 시간이 참 감사하다.

이런 인연으로 한 권의 책을 묶게 되었다. 일 년의 시간이 안겨준 선물이다. 목포 인문독서 캠프에 함께 참여하여 5일간의 프로그램을 진행하며 뜻깊은 감동을 얻기도 했고, 고하도 데크길을 걸으며 우리들의 수업 이야기가 혹시라도 현장의 교사들에게 도움이 된다면 좋겠다는 생각이 들었다.

시골의 국어 교사로 살아온 40년, 물론 쓰디쓴 고통도 많았지만 그 안에 숨어 있던 달콤하고 향기로운 감동들 덕분에 잘 버텼다. 독서동아리를 하며 성장한 아이들이 세상 속에서 들꽃처럼 야무지고 예쁘게 살아가는 모습을 보면서 혼자 슬긋 미소를 짓기도 했다.

들어가는 글에서 특별히 말하고 싶은 것이 있다. 한국 사회에서 잊어서는 안 되는 1980년! 그해 나는 고2였다. 민주화를 위해 쓰러져간 광주의 시민과 학생을 목격하면서 살아남은 자는 단 1%라도 사회에 능력을 환원하여 희생된 사람들의 뜻을 받들어야 한다고 혼자 웅얼거렸다. 그게 산 자의 몫이었다. 그 소박한 마음으로 교직 40년간 독서동아리를 운영했던 것 같다. 이제 교직을 떠나 더 넓은 사회로 나아갈 시간이 다가오고 있다. 제 빛깔을 곱게 펼치며 살아가는 후배들의 향기를 좇아 이 책을 엮었다.

2025년 6월
명혜정

차례

들어가는 글 — 5

제 I 부   요람에서 무덤까지 독서 코칭

I. 독서 코칭이 대안이에요

1. 문해력 절벽의 시대 — 015
2. 스며드는 독서 — 017
3. 독서 코칭의 시작, 주도권은 독자에게 — 019
4. 질문의 힘은? — 020
5. 질문의 시작, 느낀 점을 묻는다. — 022
6. 질문하기, 모르는 것을 묻는다. — 024
7. 질문하기 - 더 알고 싶은 것을 묻는다. — 026
8. 질문하기 - 작가와 생각이 다른 것을 묻는다. — 029
9. 질문하기 - 토의하고 싶은 것을 묻는다. — 032
10. 토의 활동 - 경청에 주의해야 한다. — 036
11. 글쓰기 활동 — 039
12. 글쓰기 피드백 요령 — 041

II. 알콩달콩 재밌는 독서 전략

1. 어떤 책을 읽을까요? — 043
2. 독서 과정이 모여 콘텐츠가 되어요. SNS 활용 — 044
3. 편식은 안 돼! 영양 균등 독서 — 046
4. 세대별 독서 코칭 방법 — 048

III. 단계별 독서캠프 사례

1. 독서캠프와 함께한 40년 — 068
2. 유아기 독서캠프 — 071
3. 초등 저학년 독서캠프 사례 — 074
4. 초등 고학년 독서캠프 사례 — 078
5. 중학교 독서캠프 사례 — 081
6. 고등학교 독서캠프 사례 — 097

제 II부   나를 발견하고 세상을 이롭게 하는 독서 수업

I. 문학작품으로 세상 엿보기
1. 책 고르기와 읽기 — 130
2. 책 대화 — 132
3. 책 소개와 모둠원의 대화, 실천을 담은 발표 — 133
4. 독서와 실천을 담은 글쓰기 — 135

II. 열여섯 살 아이들과 함께한 진로 독서 수업

III. 두 가지 방식으로 비경쟁 독서 토론하기
1. 첫 번째 방식 - 카프카의 『변신』을 읽고 — 147
2. 두 번째 방식 - 『팩트풀니스』를 읽고 — 151
3. 수업 시간에 비경쟁 독서토론을 하는 법 — 153

IV. 책 대화 프로젝트
1. 책 친구와 나누는 대화 — 157
2. 개인 글쓰기 초안을 작성하는 2시간 — 161

V. 심미적 체험 문학 활동
1차시 : 소설을 왜 읽는가, 우리에게 왜 소설이 필요한가? — 168
2차시 : 퀴즈의 빈칸 채우며 소설 읽기 — 170
3차시 : 모둠별 퀴즈 대결 — 171
4차시 : 인물 탐구 — 171
5차시 ~7차시 : 비경쟁 토론 — 172

제III부   고등학교 짬짬이 활동 수업

I. 책은 사라질 것인가?
    1. 봄   — 183
    2. 여름   — 186
    3. 가을   — 189
    4. 겨울   — 192

II. 단편소설 한 편, 한 시간 동안 읽기
    1. 『땀 흘리는 소설』의 첫 번째 소설, 「어비」 (김혜진)   — 202
    2. 『땀 흘리는 소설』의 두 번째 소설, 「가만한 나날」 (김세희)   — 206

III. 미니 토론 시간-노약자석에 관한 의견

IV. 나만의 방법으로 시 읽기
    1. 수업의 시스템화: 좋은 수행평가지 제작하기   — 213
    2. 시집 한 권 읽기 의의와 방법   — 214
    3. 수행평가의 실제, 그리고 의의   — 217

V. 책갈피 만들기

제IV부 어른의 향기 - 방송중 성인 독서 수업

1. 빵점짜리 방송중 수업계획서 — 225
2. 방송중 '문학의 날'- 우리 반과의 마지막 수업 — 227
3. 성인 학습자가 교복을 입던 날 — 233
4. 방송중 가을 소풍 — 237
5. 방송중 학생회 — 241
6. 방송중 졸업식 - 작별 인사 — 244
7. 성인 학습자와 읽은 시와 소설 — 248
8. 칠순 학습자가 만난 그림책 — 251

나가는 글 — 254

제I부

요람에서 무덤까지
독서 코칭

명혜정

전남에서 국어 교사로 40년, 제 빛깔의 삶을 찾아가는
청소년 멘토로 활약하며 오래도록 수준에 맞는 독서 프로그램을
연구하고 있다. 삶 속에서 건져 올린 글로 탑을 쌓아간다.
보성여자중학교 수석교사.
동학 소설 『깊은 강은 소리 없이 흐르고』 외 10여 권의 저서가 있다.

I. 독서 코칭이 대안이에요

1. 문해력 절벽의 시대

코로나 이후로 학생들의 문해력이 급격히 낮아졌다. 코로나는 세력이 죽었지만 한번 떨어진 문해력은 점점 낮아지기만 한다. 그사이 인류는 새로운 세대로 편입되었고, 가상 세계가 일상 속으로 들어왔다. 바야흐로 스마트폰이 세상을 점령해 버렸다. 요즘 아이들은 생후 몇 개월부터 자신의 손으로 스마트폰을 만질까?

엄마 품에 안겨서 우유를 먹을 때부터 아이들은 스마트폰에 전염되는지도 모른다. 초등학생부터 성인까지 손에서 스마트폰이 떠나지 않으니 활자로 된 글을 읽을 시간이 사라졌다. 아이들뿐만 아니라 어른들까지 문해력은 바닥으로 떨어져 온라인상의 댓글을 살펴보면 기사 내용을 제대로 이해한 사람이 드물다는 느낌도 든다.

젊은이들이 결혼을 기피하여 출산율이 절벽으로 떨어진 이 시대에 그만큼이나 바닥을 치며 떨어지고 있는 것이 문해력이다. 소통과 화합을 중시하는 공동체 사회에서 이렇게 문해력이 떨어지는 상황이 어떤 영향을 미치게 될지 생각해 봐야 할 문제이지 않을까?

AI에 물어보지 않아도 뻔하다. 사람 사이에 소통이 막히고 갈등과 반목이 커질 것이다. 사람과 사람 사이가 원만하지 않은 사회, 생각만 해도 끔찍하다. 신문 기사의 댓글만 봐도 우리 사회의 미래가 그려진다. 긍정적인 반응보다는 혹독한 비판이 어색한 문장 형식으로 도배되고 있다.

대중의 반응이 점점 거칠어지는 사회, 갈등과 반목이 확장되는 사회에 대한 대안은 없을까?

현대인들은 어느새 줄글을 기피하고 짧은 쇼츠나 유튜브로 정보를 수집하게 되었다. 위대한 문학작품이나 영화의 전편을 감상할 수 있는 사람이 얼마나 될까? 청소년 시절, 세계의 고전을 품에 끼고서 교양을 뽐내던 청소년 시절의 일화는 이제 전설 속으로 사라졌다.

그렇다면 쇼츠나 유튜브가 현대인들에게 생각하는 근육을 만들어 줄 수 있을까? 그렇다고 치면 이런 책을 쓸 필요가 없을 것이다. 세계 1위를 치닫고 있는 우리나라의 자살률은 여러 가지 사회적 요인이 작용하긴 하지만 생각근육이 부족한 것도 그 이유 중 하나가 될 것이다. 생각근육이 부족하면 내면이 단단하지 못해 기초가 튼튼하지 못한 건물처럼 쉽게 무너지게 된다.

우리는 어쩌다가 스마트폰만 들고 다니며 우리를 공격해 오는 외압에 아무런 저항도 하지 못하게 된 것일까? 내가 나를 이해하고 타인을 이해하면 어떤 문제든 풀어내지 못할 것이 없을 텐데 내가 나를 모르니 타인이 어찌 알 수 있겠는가? 내면의 벽이 튼튼하지 못하니 사방에서 들어오는 정보가 우리를 점령하고 만다. 편리함 속에 숨어 있는 내밀한 적을 보지 못하고 그 적에게 우리의 가장 소중한 것을 내주고 있다.

정보의 홍수 속에서 사그라드는 자아의 불씨를 살리는 일은 오로지 문해력을 갖추는 데서 시작될 수 있다. 문해력이 생각의 근육을 생성한다. 문해력의 불씨를 활활 타오르게 할 풀무는 과연 무엇일까? 그런 것이 존재하긴 할까?

현대인들을 무기력하게 하는 문해력 저하는 반드시 해결해야 할 사회 문제다. 그래서 이 책은, 독서 코칭을 통해 문해력을 높이고, 굳게 닫힌 자아와 소통의 문을 열어보고자 한다.

2. 스며드는 독서

코칭은 개인의 잠재력을 최대한 발휘하여 꿈을 이루게 하는 파트너십이라고 정의할 수 있다. 코칭을 독서에 적용하면 독서 코칭이란 개인이 독서를 통해 효능감을 최대로 누릴 수 있도록 돕는 파트너십이라고 정의할 수 있다. 현대인의 문해력을 증진할 수 있는 지름길이 바로 '독서 코칭'에 있다고 생각한다.

문해력을 갖추려면 유아에서 성인에 이르기까지 독서 코치가 필요하다. 독서 코치는 전문적인 실력을 갖춘 사람이 아니라, 부모나 동료, 교사, 형제, 자매, 친척 등 누구나 관심만 있으면 될 수 있다. 이 책은 그런 독서 코치의 필요성과 효과에 대해 누구나 이해할 수 있도록 풀어내고자 한다.

코칭은 철저히 대상자인 고객에 대한 이해에서 시작된다. 고객을 이해하지 않으면 수평적 파트너십을 형성할 수 없다. 독서 코칭도 대상자인 독자에 대한 이해에서 시작되어야 한다.

문해력이 낮아진 현대인에게 책을 그냥 읽으라고 하는 것은 테니스 채를 쥐어주며 혼자 공을 치라는 것과 마찬가지다. 이젠 독서도 전략의 시대다. 전략이 없으면 독자는 쉽게 책 내용을 이해하지 못한다. 이미 영상 세대로 접어든 현대인들에게는 활자 자체가 몰입을 자극하지 못한다. 활자는 그저 하나의 재미없는 흑백의 이미지일 뿐이다.

그렇다면 우리의 고객들을 어떻게 하면 활자로 들어가게 할 수 있을까? 코칭의 시작이 고객과 코치의 라포 형성에 있듯 독서 코칭도 독자와 코치가 라포를 형성해야 다음 단계로 나아갈 수 있다. 독자와 라포를 형성하려면 우선 독자의 상태를 알아야 한다.

한 사람의 인격체는 단순하게 형성되지 않는다. 환경이 다르고 성격이 다르고 꿈이 다르고 관심사가 다르다. 독서 코칭을 해야 할 대상을 빠르게 파악하는 방법으로는 공동 관심사에 대해서 라포를 형성함과 동시에 MBTI나 가족관계, 취미 등의 몇 가지 이야깃거리를 활용하여 상태를 진단해야 한다.

그렇다고 기계적인 질문과 대화만으로 독자와 소통이 잘 이뤄지는 것은 아니다. 세상에는 다양한 취향을 가진 사람들이 존재하기에 내 앞의 고객에 대해 존귀하고 특별한 존재로 탐색을 시작해야 한다. 새로운 사람을 만나서 단박에 그 사람을 파악하긴 힘들다.

독서 코칭은 하루아침에 효과가 나는 것이 아니므로 가랑비에 옷 젖듯이 독서에 스며들게 해야 한다. 스며듦은 중요하다. 독자가 책을 가까이 해야 하고 책 속으로 들어가야 하는데 그것을 가능하게 하는 가장 큰 열쇠는 스스로 책을 읽는 데서 느끼는 재미다. 그러므로 독서 코치는 독자에 대한 관심에서 출발해야 한다. 상대방을 모르면 그에 적절한 독서 코칭을 할 수 없다. 독서 코치는 일단 독자의 특성에 맞는 독후활동을 탐색해야 하므로 독자를 알아야 한다.

그렇다면 어떻게 독자의 상황을 파악할 수 있을까? 성격과 환경과 꿈 등을 통해 독자를 어느 정도 파악할 수도 있지만 독자를 파악하기에 가장 좋은 것은 질문 만들기다. 독자가 만든 질문을 보면 그 사람의 상황과 관심사, 발달단계, 성격까지 쉽게 파악할 수 있다.

3. 독서 코칭의 시작, 주도권은 독자에게

학생들에게 책을 읽힐 때는 선택권을 주는 게 좋다. 도서관에서 책을 스스로 고르게 한 다음 그것을 읽으라고 한다. 책을 고르는 것도 교육이다. 그래서 학생들이 서고에서 오래도록 머무르며 읽고 싶은 책을 선택하게 한다. 대부분은 제목을 보고 고르는데, 때론 읽고 싶은 책을 메모해 온 학생들도 있다. 인터넷이나 친구들을 통해 재밌다는 정보를 접한 학생들이다.

스스로 선택한 책은 교사가 권한 책보다 더 흥미를 유발한다. 일단 책을 읽기 시작해도 한 권을 다 읽는 것은 요즘 학생들의 호흡에는 힘든 일이다. 학생들은 대부분 중간에 책을 덮어 버린다. 그러므로 한 시간 동안 읽을 수 있는 분량만큼 읽고 질문 만들기를 권한다. 대체로 20분 정도 독서를 하는 것이 효율적이다.

학생들은 처음 질문 만들기를 하라고 하면 평소에 질문이 습관화되지 않아서 무엇을 물어야 할지 잘 모르겠다고 이야기한다. 그럴 때는 책을 읽고 잘 모르는 것을 묻고, 더 알고 싶은 것을 묻고, 작가와 생각이 다른 것을 물어보라고 한다.

텍스트 내용에서 잘 모르는 것을 묻는 것은 독자의 읽기 수준을 파악하는 데 중요한 요소가 된다. 어휘를 잘 모르는 학생은 단어의 뜻을 묻는데, 이를 보면 더 많은 독서가 필요하다는 점을 진단할 수 있다. 문장의 의미를 잘 모르는 학생은 문해력이 낮은 편이라 행간의 의미나 상징, 은유 등의 문장에 내포된 의미를 설명해 주어야 한다. 모르는 것을 그냥 지나치던 학생들도 질문을 통해 그 뜻을 제대로 알아가면 독해력이 서서히 향상된다.

어린아이가 성장하는 데 오랜 시간이 걸리는 것처럼 독해력도 하루아침에 형성되진 않는다. 꾸준한 독서와 독후활동에 의해 점진적으로 성장한다. 그런데 이 성장은 시간이 지나면 사라지는 것이 아니다. 흔히 학문은 물을 거슬러 가는 것이라 하며, 특히 언어 공부는 하지 않으면 않을수록 퇴화한다고 한다. 영어나 한문 같은 것은 시간이 지나면 망각하게 되지만 국어는 망각 속도가 느리다. 한번 익혀 놓은 단어들은 시간이 흘러도 일상생활 속에서 늘 사용하기 때문에 잊히지 않는다. 독서를 통해 얻은 성장은 평생 지속된다. 그게 독서의 가장 큰 효능감이다.

책을 읽으며 모르는 것을 묻게 하고 그 질문들을 들여다보면 독자의 이해 수준을 파악할 수 있어서 그 수준에 맞는 독서 코칭을 진행할 수 있다. 독자도 텍스트 내용을 파악하는 데 첫 번째 걸림돌을 해결하기 때문에 그 질문에 대해 만족도가 높다.

그렇다고 이런 과정이 독자의 사고력을 높이는 것은 아니다. 잘 모르는 부분을 질문하고 이해하는 과정은 텍스트 내용을 파악하는 과정일 뿐이다. 더 깊은 사고력은 다양한 독후활동으로 일으킬 수 있다.

4. 질문의 힘은?

우리는 일상생활에서 질문에 익숙지 않다. 그런데 질문에는 많은 힘이 들어 있다. 질문을 대하는 순간 해답을 생각하기 때문이다.

"아, 피곤해?"

이렇게 말하는 친구가 있으면 이 문장을 질문으로 되새겨 준다.

"왜 피곤하지?"

그러면 피곤한 이유를 찾게 되고 이유를 직면하면 해결책도 생각하게 되는 것이다. 어제 잠을 못 잤다거나 수행평가를 해서 정신을 쏟았다거나 하는 등의 이유가 있다. 문제의 원인을 알면 이미 해결책의 절반은 찾은 셈이다.

"내 인생이 너무 외로워. 아무도 내 곁에 없어."
"내 인생은 왜 외롭지? 사람들은 왜 나에게 다가오지 않을까?"

이 두 문장의 차이는 너무 확연하게 드러난다. 전자는 한없이 쓸쓸하고 힘들게 느껴지지만 후자는 자신이 무엇을 해야 할지를 알려준다. 내가 외로운 이유는 사람에게 다가가지 않기 때문이다. 그러면 꼬리에 꼬리를 물고 질문이 따라온다.

"나는 왜 사람에게 다가가지 않을까?"
"그렇다면 사람에게 다가가기 위해서는 무엇을 해야 할까?"
"사람들은 어떤 사람에게 호감을 느낄까?"
"사람들에게 고마움을 느꼈을 때는 언제였지?"
"아, 그렇다면 나도 사람들에게 필요한 사람이 되어야겠네."

이렇게 질문은 해결책을 동반한다. 그러니 질문이 지닌 힘은 어른들의 잔소리보다 몇 배로 강한 영향력을 발휘한다.

"아, 공부는 지겨워. 공부하기 싫다."
"공부는 왜 지겨울까?"
"공부를 하지 않고 사는 방법은 없을까?"
"공부를 하지 않으려면 책이라도 읽어야겠네."

"에이, 공부를 잘하려면 어떻게 해야 하지?"

일상에서 늘 반복하는 말들도 질문으로 바꾸어 보면 마음속에서 해결책을 찾는 움직임이 일어나기 때문에 당장 힘을 지닌 말로 변한다. 일상의 언어가 그러할진대 독서에서 질문을 하면 또 얼마나 큰 힘을 지니게 될 것인가?

5. 질문의 시작, 느낀 점을 묻는다.

일단 책을 읽으면 모락모락 생각이 피어오른다. 새로운 정보를 대하면 배경지식과 버무려지며 생각에 불꽃이 붙는다. 『난쟁이 피터』라는 책을 읽은 후 어떤 학생에게 소감을 물으니 이렇게 답을 한다.

"피터가 정말 부러워요. 택시 기사에서 하버드 로스쿨을 거쳐 길거리에서 법률상담을 하다니 대단하잖아요."

이 말을 질문으로 바꾸어 보게 했다.

'피터가 성공할 수 있는 이유는 무엇일까? 피터는 왜 로스쿨까지 졸업했으면서 돈을 벌지 않고 봉사부터 하는 것일까?'

피터가 성공할 수 있었던 것은 어려운 환경 때문이 아니다. 어려운 환경에 처했다고 해서 모두가 성공하는 것은 아니기 때문이다. 그에게는 조언해 준 사람의 말을 순수하게 받아들이고 실천해 가는 용기가 있었다. 그의 순수함은 엄마에게 받은 것이다. 거짓말만 하는 사람을 만나면 사람의 말을 쉽게 믿지 못한다. 피터의 엄마는 긍정적인 사람이었다. 아들에게 긍정적인 삶의 태도를 실천으로 보여 주었기에 분노 조절 장애를

앓고 있었던 피터가 그것을 고치면서 훌륭한 사람들의 말을 수용하고 실행으로 옮기는 용기와 의지를 보인 것이다.

피터의 고등학교 사서 선생님은 피터에게 독서란 행간의 의미를 찾는 것이라고 가르친다. 우리가 한 권의 책을 읽고 질문하는 것은 바로 행간의 의미를 새롭게 발견해 가는 과정이다. 저자가 의도하지 않은 부분까지도 해석해 낼 수 있는 것이 창조적 독자의 역할이다. 질문은 우리에게 책에 담긴 정보를 새롭게 해석할 수 있는 권한을 내어 준다.

한강의 소설 『소년이 온다』를 읽으면 너무 슬프고 분노가 치밀어 오른다. 그것을 질문으로 만들어 보자.

'이 소설은 왜 슬플까?'
'이 소설을 읽으면 왜 두 주먹을 불끈 쥐게 되는 것일까?'
'국가가 폭력을 자행한 이유는 무엇일까?'
'소년의 죽음은 헛된 것일까?'
'소년의 죽음은 역사적으로 어떤 의미를 지니게 될까?'
'소년들의 죽음을 헛되이 하지 않기 위해 우리가 해야 할 일은 무엇일까?'

이렇게 질문을 만들어 가다 보면 민주 시민으로서 내가 해야 할 일에 대해 성찰하게 된다. 애국심을 실천하는 길은 아주 멀리 있는 것이 아니다. 생활 속에서 분리수거 하나만 실천해도 충분하다. 우리가 사회에 보탬이 될 수 있는 것은 아주 많다. 그런데도 그런 일들을 늘 잊고 살아갈 뿐이다. 질문은 이렇게 우리가 해야 할 일을 가르쳐 주기도 한다.

질문은 힘이 세다. 개인의 힘이 모이면 사회를 움직일 수 있게 된다.

질문이 어렵다면 제일 먼저 내가 무심코 던지는 말을 의문문으로 바꾸도록 하자.

'나는 부자가 되고 싶어.'
'내가 부자가 되고 싶은 이유가 뭘까?'
'어떻게 하면 부자가 될까?'

이렇게 물어보면 질문이 꼬리를 물고 나타난다.

6. 질문하기, 모르는 것을 묻는다.

한 편의 글을 읽으면 모르는 것이 나온다. 단어를 모를 수도 있고, 문장에 담긴 의미를 추론하기 어려울 때도 있으며 문학작품의 경우 시대적 배경에 대해 잘 알지 못할 때가 있다. 모르는 것을 묻는 일은 텍스트에 담긴 정보를 정확히 파악할 수 있는 실마리가 된다.

중학생들에게 이육사의 「청포도」를 읽히면 그 안의 '청포'가 무엇인지 잘 모른다. 청포를 설명하다 보면 남자 한복에 대해 알게 되고 이 시의 시대적 배경이 일제강점기며 그때의 의복이 모두 한복이었다고 알게 된다. 그리고 이어서 남자 한복의 도포는 흰색이거나 검은색인데 특별히 청색 도포에 담긴 의미가 무엇인지 생각해 보게 되는 것이다.

학생들이 청포를 잘 모르고 지나가더라도 이 시의 전체적인 의미를 파악하기 어렵진 않지만, 청포가 지닌 상징적 의미를 알고 감상할 때 문학작품에 담긴 심미적인 요소와 시어가 유기적으로 연결되어 있다고 배우게 된다. 잘 모르는 것을 물어보는 과정은 학생들의 배경지식을 확인하게 되고 부족한 면을 채워주는 기회를 제공한다.

질문을 하는 습관을 갖지 않으면 모르는 것이 나와도 그냥 흘러갈 수 있다. 그러나 잘 모르는 것을 묻고 찾아본다면 텍스트의 의미를 훨씬 정확하게 파악하게 되고 이해력이 높아질 것이다.

한강의 소설 『소년이 온다』는 1980년이 배경이다. 그래서 1980년대의 정치적 상황을 알지 못하고서는 소년이 왜 전남 도청에서 시신을 수습하는 일을 돕는지 이해할 수 없다. 왜 고작 중학교 3학년인 학생이 성인들 사이에 끼어서 사살된 시신을 바라보고 있는지, 시신은 왜 태극기로 덮여 있는지를 이해하려면, 시대적 배경에 관해 질문을 던져야 한다.

또 한 가지, 아파트에서만 살아온 요즘 청소년들은 문간방이 어떤 구조인지 잘 알지 못할 것이다. 한옥에는 본채가 있고 아래채 대문 옆에 작은 건물이 들어서 있으며 그것을 문간방이라고 하는데, 동호네 집에서 오누이에게 문간방을 세준 것이다. 동호 엄마는 동호가 문간방에 살던 친구를 찾아서 도청에 간 것을 알고 문간방에 세를 내준 것을 후회한다. 그러다가 아무 죄도 없는 오누이를 탓하고 있는 자신이 어리석다고 생각하곤 한다.

이렇게 단어나 문장, 시대적 배경을 묻는 것 외에도 텍스트를 읽다 보면 잘 모르는 것이 눈에 보인다. 그것을 질문으로 만들면 학생들이 어느 부분에서 독해가 막혔는지 알 수 있으므로 정확한 독해를 위한 디딤돌을 놓아줄 수 있다. 요즘 어린이, 청소년들은 활자를 좋아하지 않고 스마트폰에 의존해서 살기 때문에 생각보다 많은 부분에서 모르는 내용이 생긴다. 지나간 시대의 글을 읽을 때는 더욱더 모르는 것이 많으므로 질문하기 과정에서 모르는 것을 묻는 것은 기본이라고 할 수 있다.

요즘 사회에서는 어른들도 새로운 정보에 대해 모르는 것이 너무 많다. 하루가 다르게 변하는 과학 문명 때문에 새롭게 출현하는 단어들도 많고 청소년들이 줄여 쓰는 말을 못 알아듣는 경우도 많다. 이럴 때도 가차 없이 주변 사람에게 질문하며 의미를 아는 과정을 거치는 것이 좋다.

7. 질문하기 - 더 알고 싶은 것을 묻는다.

학생들이 책을 읽다 보면 자신이 잘 알고 있는 부분에 시선이 머문다. 잘 알고 있는 내용일수록 오히려 묻고 싶은 것이 더욱 많아진다. 관심 있는 사람에게 질문이 생기는 것처럼 지식도 그러하다. 더 알고 싶은 부분을 묻는 것은 지식의 확장을 위해 꼭 필요한 부분이다. 학생들이 만든 질문을 보면 그 학생의 배경지식을 유추할 수 있다.

『죽이고 싶은 아이 1, 2』를 읽고 난 학생들이 만든 더 알고 싶은 질문이다.

가) 서은이가 사귄 남자 친구는 성인이고 서은이는 고등학생이다. 성인과 미성년자가 교제하는 것은 바람직한가?

나) 사람들은 진실이 밝혀졌음에도 주연을 괴롭힌다. 많은 유튜버들이 이런 일로 이슈를 공론화하여 개인에게 피해를 주고 있는데, 이런 것을 규제할 방법은 없을까?

다) 주연이와 같은 상황이 아니더라도 현실에는 친구 관계에서 어려움을 겪는 학생들이 곳곳에 많이 있다. 그럴 때 담임교사와 주변 사람들은 어떤 방법으로 그 학생들을 도울 수 있을까?

라) 주연과 함께 급식을 먹어 주었던 선배들은 주변의 시선을 무시하고 당당하게 주연이를 도왔다. 그런 힘은 어디서 나왔을까?
마) 주연이를 위해 원하는 음식을 해줄 수 있는 조리사 할머니 같은 분이 세상에는 얼마나 존재할까?

가)와 같은 질문을 한 학생은 이성 교제에 대해 명확한 규준이 확립되어 있다. 성인과 미성년자가 이성 교제를 해서는 안 된다는 생각을 가졌다. 물론 법적으로 금지된 사안은 아니지만 이 학생은 성인 남자가 고등학생을 사귀는 것에 대해 거부감을 보이는 것이다. 이 부분에 대해 친구들과 대화를 나눔으로써 각자 생각이 다르다는 것을 수용할 수도 있다.

나)와 같은 질문은 유튜버가 저지르는 인권 침해에 관심을 갖고 있는 학생이다. 요즘 악성 유튜버가 너무 많고, 적절한 규제가 이루어지지 않기 때문에 심각한 인권 침해가 발생하고 있는 것이 현실이다. 이러한 사례를 제대로 알고, 합당한 대처 방법을 모색해 보는 것은 독후활동으로서 매우 중요한 질문이라고 생각한다.

다) 같은 질문은 학교생활에서 왕따를 당하고 있는 친구들에 관심이 많은 학생이다. 반에서 왕따가 발생했을 경우 학생들의 반응은 네 가지로 요약될 수 있다. 첫째는 방관형이다. 그 문제는 자기와 아무런 상관이 없다고 생각하기에 상황을 외면하고 자기 할 일만 한다. 둘째는 비판형이다. 왕따당한 친구는 문제가 있다고 생각해서 그 학생 가까이에 가지 않는다. 이런 유형은 왕따를 하는 무리에는 끼지 않으면서 은연중에 그 무리의 생각을 인정해 준다. 셋째는 왕따를 시키는 무리에 휩쓸려서 왕따당한 학생을 모함하고 공격하는 형이다. 넷째는 이 문제를 해결하는 데 앞장서는 형이다. 그러나 이런 학생은 거의 없다. 피해자 곁에서 심리적으

로 도와주려는 의리파가 한두 명 있을 뿐이다. 그러나 이들은 왕따파에 의해 대부분 공격받게 된다. 그 후로는 침묵하거나 보이지 않는 데서 돕는 식으로 지원 체제를 달리한다.

다)와 같은 질문을 만드는 학생은 바람직한 공동체 의식을 지니는 사람으로서 인간관계의 갈등 문제를 풀어 나가려는 좋은 의도를 지녔다. 이런 질문을 만든 학생을 칭찬해 주며, 이런 질문이야말로 작가의 의도를 매우 잘 파악한 질문이라고 인정해 주는 것이 좋다.

라)와 같은 질문을 만든 학생은 소설에서 공동체 문화를 선도하는 이상형을 찾아냈다. 학생들이 텍스트를 만나는 데서 '스파크'가 일어나는 순간은, 그들의 내면적 욕망과 연결될 때 생겨난다. 반면 이기적이거나 지식 습득에만 치중하는 학생들은 이러한 부분을 잘 발견하지 못한다. 공동체가 문제 해결에 나서야 한다고 생각하는 학생들만이, 이러한 장면에 눈길을 주는 것이다.

공동체 문제에서 갈등 해결은 개인의 노력만으로 어렵다. 주변에서 함께 도와야 한다. 그것을 알아차릴 수 있는 학생, 그래서 이런 질문을 만드는 학생에게도 인정과 칭찬을 듬뿍 해줘야 한다. 그리고 수업 활동이나 독서캠프 활동이라면 학생부 세부능력특기사항에 기록할 수 있다. 요즘 대학입시에서도 인성적 요소를 매우 중시하기 때문에 공동체적 노력을 추구하는 사례를 기록해 주면 좋다.

마)와 같은 질문도 바람직한 공동체를 형성하기 위해 주변 사람들이 어떻게 연대해야 하는지에 대한 관심에서 비롯하는데, 이 학교 학생의 할머니이기도 한 조리사의 지혜로 주연이는 담임선생님과 급식을 먹으면서 아주 서서히 관계를 회복해 나간다. 사실 현실에서는 주연이 담임선생님처럼 학생에게 속 깊은 배려를 해주는 분도 계시지만 대부분은 주연이를 어떻게 대할지 몹시 어려워할 것이다.

　비록 소설이기에 등장할 수 있는 인물이지만 조리사 할머니와 새 담임선생님의 배려는 주연이를 학교생활에 다시 적응할 수 있게 한다. 이런 공동체의 노력은 우리 사회에서 꼭 필요하다. 그래서 '죽이고 싶은 아이'는 아주 훌륭한 작품이라는 생각이 들었다. 이처럼 학생들의 질문에는 그 학생의 관심사와 가치관이 반영되어 있다. 그렇기 때문에 단순히 사고력 향상에 질문 만들기를 활용하는 것을 넘어 학생들의 바람직한 공동체 문화를 형성하고 건전한 가치관을 엿볼 수 있는 데에도 활용이 가능하다.

　그래서 질문 만들기는 질문에 대한 피드백이 따라야 한다. 자신이 만들 질문지에 깃들어 있는 소중한 가치들을 미러링 받으며 학생들은 자신의 정체성을 일깨울 수 있다.

8. 질문하기 – 작가와 생각이 다른 것을 묻는다.

　비판적 사고를 기르는 것은 쉬운 일은 아니다. 우선 상대방의 생각과 나의 생각이 다를 때, 그것을 견주어 보고 어떤 점이 다른지 판단해 보는 것은 매우 중요한 일이다. 상대방과 내가 서로 다르다는 것을 인정하지 않고 틀리다고 생각할 때 갈등이 야기되기 때문이다.

　따라서 학생들이 텍스트를 읽고 저자와 생각이 다른 부분을 질문으로 만들 때 비판력이 형성될 수 있다. 예를 들면, '죽이고 싶은 아이'를 읽고 학생들은 이런 질문을 만든다.

- 자기가 쓰던 고급 물건을 준다고 해서 주연이랑 친구가 될 수 있는가?
- 소은이를 괴롭혔다는 주연이가 소은이 엄마를 찾아와서 밥을 달라고 할 때 딸을 죽인 친구에게 밥을 해 줄 수 있는가?
- 주연이 아빠가 딸을 전학시키지 않고 그 학교에 그대로 다니라고 한 것은 바람직한가?
- 진실이 밝혀졌는데도 학교의 아이들이 주연이를 괴롭힐 수 있을까?
- 허위 정보로 주연이를 괴롭히는 유튜버만 있을까? 진실을 알려주는 유튜버는 없을까?

이러한 질문을 통해 작가의 의도를 더욱 명확히 파악할 수 있으며, 텍스트 이면에 담긴 또 다른 의도를 대안으로 제시할 수도 있기 때문에, 비판적 질문은 매우 유용하다. 설명문이나 논설문의 경우에도 이러한 질문은 효과적으로 활용될 수 있다.

『물리학자는 두뇌를 믿지 않는다』에서는 다음과 같은 질문이 제기되었다.

- 이 책에서는 물리학자들의 학문에 대한 동기가 대부분 호기심 때문이었다고 말한다. 호기심 외에도 우리가 살아가는 동안 마주하게 되는 많은 경험이 우리의 삶이 바꿀 수 있다. 좀 더 색다른 학문적 동기에는 어떤 것들이 있을까?

- 이 책에 나오는 물리학자들은 노벨물리학상이라는 최고의 영광을 받았음에도 그것에 취하여 우쭐거리거나 연구를 게을리하는 등의

'가면증후군'이 거의 없었다고 한다. 그러나 때로는 가면이 필요해서 스스로의 한계를 훌쩍 넘어 위대한 업적을 이룬 경우도 있지 않을까?

- 노벨물리학상을 받게 된 것이 그 시대가 요구하는 분야를 연구하게 되어 운이 좋았다고 하는 학자가 있었다. 그것은 단순히 겸손한 발언일까? 아니면 실제로 대단한 연구를 했음에도 그 시대에 유행하는 학문적 조류가 아니라면 수상에서 배제되었을까?

- 이 책은 물리학자들이 노벨상을 받기까지 남다르게 노력한 부분을 담고 있다. 그렇다면 그들이 성공을 이룰 때까지 수없이 실패한 과정은 숨겨져야 할까?

이런 질문들은 책의 내용을 다른 각도에서 추론해 볼 수 있고, 새로운 관점에서 책 내용을 바라볼 수 있으므로 독후활동에 꼭 필요한 부분이다. 비판력뿐만 아니라 창의성도 길러지기 때문이다.

『한입에 쏙싹 편의점 과학』이라는 책을 읽고 학생들이 만든 질문지다.

- 저자는 우리나라에서 바나나는 제주도와 전남 일부에서 재배될 뿐, 거의 생산되지 않는다고 말한다. 그렇지만 우리나라 바나나 재배 지역은 전국적이다. 그리고 점점 생산량도 증가하고 있다. 인터넷 검색을 해 보면 전국적인 바나나 재배 분포도가 나오는데 이 정보가 옳다고 할 수 있을까?
- 바나나 마름병 TR4균주가 세계의 바나나를 모두 사라지게 할 거

라는 예상을 제기했는데, 수많은 과학자들이 노력한 바에 의하면 인간의 전염병도 대부분 항체를 발견했으므로 바나나 또한 전염병에 대한 항체를 개발할 수 있으며, 바나나 재배 지역에 균주가 침입하지 않도록 한다면 멸종위기는 사라지지 않을까?

이렇게 저자와 생각이 다른 부분을 찾아보면 독자는 책을 주체적으로 읽게 되며, 그에 따라 독해력이 더욱 향상될 수 있다. 학생 대부분이 독서를 할 때, 자신의 생각은 접어 둔 채 수동적으로 정보를 받아들이기 때문에 중심 내용을 파악하는 면이 약하다.

자신의 생각을 책에 적용해 내용을 재구성하면, 책의 의미가 더욱 깊이 있게 다가올 것이다. 그러므로 이 부분에는 독서 코칭을 적용하여 독자의 역할에 대해 적절한 질문을 해주면 생각이 샘솟게 될 것이다. 생각이 많을수록 저자의 생각에 딴지를 걸 수 있고, 그럴수록 생각은 가지를 치며 더 풍성하게 확장하기 때문이다.

9. 질문하기- 토의하고 싶은 것을 묻는다.

독후활동에서 학생이 만든 질문으로 토의나 토론을 하는 것이 매우 바람직하다. 토의 주제를 스스로 만드는 것은 독후활동을 자기주도적으로 이끌어 가기 때문에 학생들의 호응도 다르다. 일단 질문지를 만들 때는 대여섯 개 정도 작성하고, 서로 돌려 읽은 뒤 가장 인상 깊은 질문에 스티커를 붙여 베스트 질문을 선정한다. 그리고 그 질문을 토의 주제로 삼는 방법이 있다.

질문지 만들기 활동을 더 효과적으로 하기 위해서는 질문을 어떤 의도로 만들었는지 발표 시간을 갖는 것도 필요하다. 학생들이 만든 질문의 의도를 들으면 질문이 더욱 심도 있게 느껴진다.

요즘은 텍스트 내용을 넣어주고 AI로 질문지를 만들기도 한다. pdf 파일로 Chat GPT에 텍스트를 넣으면 세련된 질문이 쏟아져 나오지만, 학생들의 관심사와 맞닿지 않아서 질문 내용이 흥미롭지 않게 보인다. 덜 세련되어도 스스로 만든 질문지가 학생의 사고력을 더 깨운다. 학생들이 선택한 주제로 서너 개 정도 자유토론을 거치면 즐겁고 창의적인 사고가 발산된다. 토론 주제가 너무 많으면 학생들이 지루해하고, 자칫 독후활동에 대한 부담이 커지기 때문에 토의 시간은 길어도 한 시간이 넘지 않는 게 좋다.

요즘 학생들이나 일반인은 긴 호흡으로 독서하는 것을 힘들어하므로 되도록 짧은 분량을 가볍게 읽고 간단한 독후활동을 하는 게 좋다. 독후활동이 신바람이 나고 재밌으며 성취감이 손안으로 들어와야 지속될 수 있다. 아무리 의미 있고 훌륭한 내용이 실린 책이라도 독자가 수용하지 못하면 의미를 느끼지 못한다. 그래서 독후활동은 유연하게 접근하는 것이 중요하다.

학생들이 만든 토론하기 질문지는 매우 다양하다. 다음은 차인표의 소설 『언젠가 우리가 같은 별을 바라본다면』을 읽고 중학생들이 만든 토의 주제들이다.

- 순이는 늙어서 고향으로 돌아온다. 그런데 평생 순이를 그리워했던 용이와는 서로 만나지 못하고 소설이 끝난다. 만약 두 사람이 만났다면 내용은 어떻게 달라졌을까?

- 용이가 위안부로 잡혀가는 순이를 구출하여 백두산으로 숨어 들어갔을 때 일본군은 포수들을 모아서 용이를 쫓게 하는데, 용이 아버지와 함께 포수 생활을 했던 포수들 중 7명은 돌아가고 3명은 남아서 친구 아들을 잡으러 간다. 한국 사회에서 나라가 어지러울 때 매국노가 될 확률은 이와 비슷할까?
- 일본인 대위 가즈오는 나라를 배신하고 순이를 살리기 위해 탈영한다. 이런 행동이 올바른 것일까?
- 개인의 의지와는 상관없이 오로지 국가적 재난에 의해 삶이 파괴되어 버린 순이와 같은 사람들을 위해 국가가 해야 할 일은 무엇일까?
- 위안부 사건의 아픔을 조금이나마 해소할 수 있는 우리의 활약은 어떤 것들이 있을까?

이런 질문지 작성은 토의 활동을 통해 사고가 더욱 확장되고 집단지성이 실현되는 즐거움이 발생하기 때문에 독자에게 또 다른 성취감을 느끼게 한다. 자신이 만든 질문지가 토의 주제로 선정되었을 때도 흐뭇하지만 다양한 의견들이 쏟아져 나올 때 나를 넘어서 타인을 이해하게 되는 기쁨도 뒤따른다. 배움에서 즐거움이 동반될 때만큼 효율적인 일도 드물다.

무엇보다 독후활동은 즐거워야 한다. 어른이든 아이든, '자기 자신이 실현되는 경험'을 할 때 비로소 즐거움을 느낀다. 스스로 만든 질문지로 동아리 친구들과 토론하고, 그 과정에서 색다른 의견이 오가며 사고가 확장되고, 문제 해결력도 자연스럽게 길러진다. 그래서 토의 주제는 참신한 것이 나올 때가 좋고, 그렇기 위해서는 독자들이 텍스트를 바라보는 관점이 다양하게 열려 있어야 한다.

토의 활동에서 나온 내용은 글쓰기의 소재가 된다. 단순히 독후감을 쓸 때는 줄거리 중심의 내용이 나오지만 토의 활동을 거치면 주제가 다양해진다. 사실적 이해를 넘어 추론적 이해를 거친 후 비판적 감상이 이뤄지기 때문에 본인의 삶에 적용할 수 있는 내용을 구상할 수 있다.

독서 활동이 힘을 지니려면 한 권의 책을 읽고 행동이 바뀌어야 한다. 우리가 어떤 결심을 하면 제일 먼저 언어가 달라진다. 새롭게 생긴 의지는 언어로 표현되고 그다음에는 행동하는 쪽으로 나아간다. 내가 다짐했던 것들을 행동으로 옮기고 나면 생활이 바뀌게 되고 인생이 바뀌게 되는 것이다.

토의는 이렇게 인생이 바뀌는 전환점이 될 수 있으며, 그 전에 질문 만들기가 있는 것이다. 토의 주제를 만들고, 그것으로 토의 활동을 하면서 생각이 달라지고 또 인생을 바꿀 수 있는 전환점으로 이어진다. 그래서 '한 권의 책 인생을 바꾼다'라는 명제를 증명할 수 있는 것이다.

성숙한 독자라면 앞부분의 질문 만들기를 뛰어넘어 곧바로 토의 주제를 만들 수 있다. 질문 만들기의 핵심은 바로 토의 주제 만들기에 있다. 토의 주제가 좋으면 토의 활동도 즐겁고, 거기서 얻은 정보나 깨달음으로 글을 쓸 수 있기 때문이다.

좋은 질문을 만들려면 좋은 질문을 많이 경험해야 한다. 그러므로 질문을 돌려 읽는 활동이 또한 중요하며 질문을 벽에 붙여 놓고 갤러리 워킹을 하는 것도 좋으나 요즘 청소년들은 자신의 질문이 공개되는 것을 꺼리는 경우가 많다. 이런 경우에는 질문노트를 돌려 읽으면서 개인별 피드백을 하는 것도 권장한다.

독후활동의 어떤 과정이나 독자들과 상의해 진행하는 것이 좋다. 독서코치가 자신의 뜻대로 진행하면 주도성이 바뀌게 되므로 독자가 흥미를 잃게 된다. 항상 독자에게 주도권을 주고 뒤에서 돕는 형식으로 독서 코칭이 이뤄져야 한다.

10. 토의 활동 – 경청에 주의해야 한다.

독서 코칭은 독서 활동으로 독자들의 능력을 최대한 끌어올리는 활동이므로 토론이나 토의 활동에서도 일정한 기술이 필요하다. 일반적인 토론은 매뉴얼에 의해 진행됨으로 듣는 사람의 개입이 필요하지 않지만 비경쟁토론에는 청자의 반응이 요긴하다.

적극적 공감은 토의를 듣는 사람의 기본적인 태도이다. 발표자가 책에 대한 소감을 말하거나 질문을 작성하여 발표할 때 고개를 끄덕이거나 박수를 쳐 주거나 하는 호응을 보여 주면 발표자는 더욱 신이 나서 긍정적인 반응을 보인다. 무표정하게 듣고 있거나 부정적인 표정을 짓고 있으면 발표자의 자세도 위축된다.

의미 있는 발언에는 미러링 기법으로 반응해 주면 이 또한 발표자를 응원하는 데 효과적이다. 이는 발표자의 발언 중에서 중요한 단어나 구절을 인용하여 대꾸해 주는 것을 말한다. 예를 들어 발표자가 『언젠가 우리가 같은 별을 바라본다면』이란 책에는 위안부 할머니들의 아픔과 더불어 일본의 제국주의 만행을 알게 되어서 일제강점기가 얼마나 잔혹한 시대였는지를 간접적으로 배울 수 있었어요"라고 말을 했을 때 미러링을 이렇게 해줄 수 있다.

"일제강점기의 잔혹상을 수선을 통해 체험할 수 있겠고요. 위안부의 고통을 함께 느껴보고 싶어요."

표정이나 제스처 또한 발표자에게 힘을 실어주는 경청의 태도이다. 앞에서 말한 것처럼 고개를 끄덕이거나 미소 짓는 일, 박수 치는 일 등은 상대방의 발표에 긍정을 드러내기 때문에 자신감을 북돋아 준다. 반면에 팔짱을 끼고 고개를 갸웃하거나 입을 내밀고 굳은 표정을 짓는 등 부정적인 반응을 보이면 발표자는 의욕이 떨어진다.

적절한 추임새를 넣어주는 것도 긍정적인 분위기를 고조시키는 데 기여한다. 가끔 '맞아', '그래! 그렇구나', '옳지' 등의 낮은 목소리로 속삭이는 추임새는 발표자의 기운을 북돋운다.

독서토론을 주재하는 코치뿐만 아니라 토의에 참석한 사람들에게 적극적인 경청의 자세를 길러주어서 시너지 효과가 나도록 하면 토의의 효과가 더 커지고 무엇보다도 토의에 참석한 사람들이 만족도가 높아진다.

독서 코칭의 초점이 개인의 역량 계발에 있기 때문에 어느 활동에서나 개인의 강점이 표출될 수 있도록 분위기를 조정해야 하며 이런 분위기에서 토의를 한 사람들은 의욕이 솟아나고 자신감이 형성된다.

사람들은 별 내용이 아니어도 듣는 사람이 공감해 주면 신바람이 나고, 아무리 훌륭한 이야기를 해도 상대방이 호응하지 않으면 흥이 깨져 토의에 다시 참여하고 싶은 마음이 사라지게 된다. 따라서 경청의 태도를 보이면 상대방의 기를 살리기도 하고 훨씬 좋은 결과와 가까워지기도 한다.

한편으로 발표자의 태도를 가르칠 때는 다음과 같은 사안에 유의해야 한다. 독서토론은 경쟁을 하는 것이 아니기 때문에 긴장할 필요가 없다. 논리적으로 완벽하게 이야기할 필요도 없다. 마음에서 일어난 생각을 자연스럽게 발표하도록 한다. 주제에 대한 자신의 생각을 있는 그대로 발표하고 목소리의 크기나 속도, 성량 등은 발표가 끝난 후 자연스럽게 교정해 줄 수 있다. 이 부분에서 피드백을 너무 딱딱하게 하거나 정색하며 전달하면 발표자가 부담을 느낄 수 있다. 따라서 의식되지 않을 정도로 자연스럽게, 예를 들어 '아, 발표가 정말 좋았는데 속도가 조금만 느렸으면 더 잘 들렸을 것 같아. 약간 빨라서 듣는 사람이 내용을 놓칠 수도 있겠는 걸' 정도로 말하면 부담이 줄어든다.

토의가 익숙지 않은 사람들은 발표할 때 특별하게 반복되는 제스처를 쓰거나 같은 단어를 반복적으로 사용하는 사례가 있다. 이런 경우에도 한 번에 그런 자세를 고치려고 하지 말고 미러링을 거치든지 하면서 자연스럽게 본인 스스로 알아차릴 수 있도록 하는 것이 좋다.

말하기 능력도 하루아침에 길러지는 것이 아니기 때문에 반복이 가장 큰 스승이다. 발표자가 부담을 느끼지 않고 계속 발표해 나갈 수 있도록, 그리고 발표를 통해 성장을 확인할 수 있는 분위기를 조성해 주는 것이 중요하다. 이 부분에서도 역시 인정과 칭찬이 함께 이루어져야 성장 속도도 빨라진다.

칭찬은 겉으로 드러난 결과를 치하해 주는 것이므로 잘한 사람만 받을 수 있다. 그러나 인정은 태도나 준비 자세에 대해 언급해 줄 수 있으므로 칭찬보다 더 편안한 감정을 줄 수 있다.

'책을 아주 꼼꼼하게 읽고 발표를 준비했구나.'
'발표하는 태도가 신중하고 예의 바르구나.'
'서두르지 않고 체계적으로 발표를 잘하는구나.'

이런 종류의 인정 언급은 발표 과정과 존재에 대한 인정이므로 '말을 조리 있게 잘하는구나' '목소리가 맑고 투명하구나'와 같은 칭찬과 관점이 다르다. 우리가 인간관계에서 가장 편안함을 느낄 때는 함께 있는 상대의 반응이 거북스럽지 않을 때다. 그러므로 발표자에 대해 인정받고 있다는 경청 분위기를 형성하는 것이 중요하다.

대부분의 사람들은 토의에 참여했을 때, 자신이 그 모임에서 쓸모가 있다고 인정되면 토의를 부담스러워 하지 않고 다음에도 또 참여하려고 한다. 그러나 뭔가 거부당하는 분위기에 압도되면 저절로 발걸음을 끊는다.

소모임에서 토의를 이끌어 갈 때는 한 사람도 소외되지 않고 자연스럽게 화제를 펼쳐 나가도록 분위기를 형성해야 한다. 발표를 잘 못하고 어눌하더라도 유머로 대화 속으로 끌어들이는 기술이 필요하다. 사실 경청만 잘 해도 토의에서는 한몫한다.

11. 글쓰기 활동

쓰기는 이제까지 나눈 정보나 느낌, 깨달음을 저장하는 역할을 한다. 읽기나 말하기는 휘발성이 강해서 활동이 끝나면 그냥 날아가 버린다. 아무리 좋은 생각도 정리해 놓지 않으면 망각하는 것이 뇌의 속성이다. 그래서 글쓰기 과정은 이제까지 새롭게 탐색한 정보들을 저장하는 과정이다. 독후활동의 백미는 쓰기 활동이다. 이때에도 독서 코칭은 학생들에게 활력을 불어넣는다.

그런데 학생들이 가장 싫어하는 과정이 또한 쓰기 활동이기 때문에 이 부분에서도 세심한 접근 기술이 필요하다. 우선 주제 선정은 역시 본인에게 맡겨야 한다. 이제까지 활동했던 과정에서 가장 인상 깊었던 것, 가장 관심이 가는 것을 주제로 선정하게 한다. 글의 장르도 학생들이 선택하게 하는 것이 좋다.

사람마다 강점이 다르다. 학생들도 장르에 따라 선호도가 다르게 나타난다. 요즘처럼 웹툰이나 웹소설 등 짧은 글이 인기 있는 시대에서 처음부터 호흡이 긴 글을 쓰게 하는 것은 무리일 수 있다. 따라서 시, 산문, 논설문, 웹툰 등의 장르를 스스로 선택한 후 비교적 짧은 글을 작성하게 하는 것이 좋다.

산문의 긴 호흡을 가르치려면 처음에는 다섯 줄 쓰기, 그다음에는 '세 문단 쓰기' 등으로 차츰 확장시켜 나가는 것이 효과적이다. 또한 발단-전개-반전과 같은 간단한 구성 형식을 제시해 주는 것도 도움이 된다. 요즘 학생들은 읽기뿐만 아니라 쓰기에도 저항이 높다. 그래서 즐겁고 신나고 재밌는 내용을 쓰도록 권하는 전략이 필요하다.

짧은 호흡에서 긴 호흡으로 서서히 발전시켜 나가면 학생들은 쓰기 활동에서도 성취감을 손에 쥐게 된다. 성취감을 느낄 때 스스로 펜을 쥐며 글쓰기를 계속한다.

글쓰기를 시작할 때는 구상하는 시간이 길다. 머릿속에 떠오르는 생각은 많으나 그것을 한 편의 글로 완성하고자 할 때에는 많은 과정이 필요하다. 집을 짓는 것과 비슷하다. 설계도도 필요하고 철근도 필요하고 벽면을 채울 시멘트도 필요하다.

그래서 글의 설계도인 개요표를 작성하고, 중심 문단을 만들고, 그 중심 문단의 중심 문장을 만들어 보고, 뒷받침하는 문단까지 구상을 해서 시작한다면 글이 짜임새 있게 완성될 수 있다. 그러나 이런 과정을 처음부터 제시하면 학생들은 힘들어한다. 단계별로 한 가지씩 추가해야 한다.

개요표는 마인드맵을 활용해도 다양한 방법으로 작성할 수 있다. 이런 과정을 안내하고 초고를 쓴 다음 퇴고 과정을 거쳐 글의 완성도를 높일 수 있도록 지도해야 한다.

12. 글쓰기 피드백 요령

　친구들의 글을 볼 때는 몇 가지 기준이 있다. 먼저 글 전체를 읽고, 내용이 하나의 주제로 잘 모아지는지를 살펴야 한다. 이런저런 이야기를 이어가다가도 마지막 문장에서 주제가 분명하게 드러난다면, 그 글은 성공한 글이다. 그런데 문장도 좋고 표현도 좋으나 무엇을 썼는지 모를 때가 있다. 그런 글은 주제가 모호한 글이다.

　모든 글의 주제는 하나다. 소설 『태백산맥』은 열 권이나 되는 긴 글이지만 깡패 건달로 살았던 염상구가 사회주의 운동을 했던 좌익 청년 지도자인 형의 시체를 벌교역에서 끌어 내리며 "살아서 빨갱이지, 죽어서도 빨갱이냐?"라고 외치며 토벌군의 반대를 무릅쓰고 장례식을 치르는 대목에서 "아! 그래 핏줄은 다르지. 그래, 우리 민족은 원래 하나였어"라는 것이 주제라고 쉽게 파악할 수 있다. 이념을 달리해서 죽고 죽이는 싸움을 치렀지만 결국 어렵고 힘들 때는 핏줄이 함께 돕는다는 것을 느끼게 한다.

　주제가 명확하지 않은 글은, 모든 문단이 하나의 중심 주제에 연결되어야 한다는 점을 깨닫고 문단 구성을 다시 해야 한다. 그다음으로 살펴야 할 것은 문단 정리다. 하나의 문단에는 하나의 주제가 담겨야 하므로, 주제에 맞게 문단을 나누는 것이 중요하다. 또한 컴퓨터로 작성할 경우, 문단의 첫 글자는 두 포인트 정도 띄어 쓰는 것이 좋다. 들여쓰기가 되지 않은 글은 문단 구성이 되어 있지 않아, 마치 줄을 맞추지 않고 엉성하게 운동장에 서 있는 것처럼 보인다.

　생각에도 크기가 있다. 문단 쓰기를 할 때는 큰 생각부터 줄을 세우거나 작은 생각부터 줄을 세우거나 하는 기준을 정해서 써 나가야 한다.

생각의 크기가 맞지 않아서 여기저기 울퉁불퉁 튀어나오면 매끄러운 문단을 이룰 수 없다. 글을 잘 들여다보고 생각의 크기가 어떻게 정렬되어 있는지 살피는 것도 문단 쓰기에 해당한다.

　문단을 살필 때 또 하나 봐야 할 특징이 있다. 주제와 상관없는 글, 즉 타당성이 약한 문단이나 문장이 있는지 살펴야 한다. 글은 요소요소가 전체와 밀접하게 연관되어야 하는데 주제와 상관없이 늘어놓은 일화나 인용 같은 내용이 있을 때가 많다. 이런 부분은 글을 산만하게 하므로 줄을 그어 삭제하도록 지도한다.

　다음 단계는 강점 찾기다. 어느 글에나 강점이 들어 있다. 작가만의 특별한 표현법, 삶에서 건져 올린 성찰적 내용, 특별한 배경지식 등 다른 글에서 찾을 수 없는 강점을 발굴해 주는 것은 글쓴이에게 용기를 북돋운다.

　마지막으로 책을 읽고 삶의 성찰이 드러났는지를 살핀다. 독서에서 얻은 깨달음을 자기 삶에 적용할 때 삶은 변화한다. 책을 읽고 느낀 것에 대해 실행 의지를 담거나 어떤 형태라도 삶에 적용되는 부분이 있다면 줄을 긋고 칭찬해 주어야 한다.

　이런 관점에서 친구들의 글을 본다면 자신의 글이 어떻게 달라져야 하는지도 보인다. 특별히 맞춤법이나 비문을 교정해 줄 수도 있지만 보완할 것을 너무 많이 피드백 받다 보면 글쓰기에 자신감을 잃기 때문에 될 수록 지적보다는 인정과 칭찬으로 피드백이 행해져야 한다. 글에 자신감을 갖게 하는 합평회가 가장 훌륭한 피드백 활동이다.

II. 알콩달콩 재밌는 독서 전략

1. 어떤 책을 읽을까요?

　활자를 싫어하는 현대인에게 독서의 즐거움을 전달해 주려면 우선 도서 선택이 중요하다. 맛있는 요리는 재료가 신선하듯이 도서 선택은 독서의 성패를 가른다. 그러나 아무리 재밌는 책이라고 해도 교사나 부모님이 권하면 별로 반응이 없는 것이 또 요즘 학생들의 반응이다.

　책에 관심이 없는 학생들에게 독서를 할 동기를 부여하려면 먼저 도서 선택부터 자기 주도권을 주는 게 좋다. 시간이 허락된다면 독서동아리를 꾸려서 아이들과 함께 지역도서관에 가서 책을 훑어 보고 대출할 도서를 선택하도록 하는 게 좋다. 책 읽기 싫어하는 아이들을 독서로 끌어들이는 가장 좋은 방법은 동아리를 만드는 것이다. 사춘기 시절에는 또래 집단을 가장 좋아하기 때문에 질색하며 싫어하는 독서도 친구랑 함께 하라고 하면 선뜻 나선다.

　대부분의 도서관에서는 신간 소개 코너가 따로 있고, 전라남도교육청 산하 도서관에는 사서교사들이 선정한 '라이브러리 도서' 코너가 따로 있다. 이런 코너를 이용하면 도서 선정이 더 쉽다. 신간 및 베스트셀러 소개 코너는 도서관 복도에 있거나 자료실 중앙에 자리 잡기 때문에 학생들이 쉽게 책을 넘겨 보며 내용을 짐작할 수 있고, 요즘 유행하는 도서 종류도 둘러볼 수 있다.

　도서관이나 서점에 갈 시간이 없다면 온라인으로 검색하여 도서 목록을 훑어볼 수 있으며 '사단법인 아침 독서'의 권장 도서 목록을 펼쳐 놓고 검색해서 관심이 가는 책을 선택할 수 있다. '독서인' 사이트에도 도서 목록이 게시되어 있어 이런 목록을 참고하여 찾아보는 것도 권장할 만하다.

학생들에게 독서 지도를 하고 싶은 교사라면 컴퓨터실에 가서 한 시간 내내 책에 대한 정보를 검색해 보는 권장한다. 스스로 정보를 검색하고 읽을 도서를 선정하는 것은 중요한 공부다.

처음에는 시간도 걸리고 학생들이 좋은 책을 선택하기보다는 흥미 중심, 혹은 자극적인 제목 등을 선택할 수도 있기 때문에 기다림이 필요하다. 좋은 책을 선택한 것에 대해 충분히 인정해 주고 격려해 주며 안목을 기르게 해야 한다. 스스로 선택한 도서를 읽고 만족감을 느끼면서 도서에 대한 안목을 기르게 되는 것이 독서 교육의 과정이다. 그리고 비슷한 주제 도서를 더 찾아 심화독서를 할 수도 있고 반대되는 입장을 보이는 도서를 곁들일 수 있다면 균형 잡힌 시각도 갖게 된다.

어쨌든 독서 코칭의 최종 목표는 독자의 능력을 최대로 확장하는 데 있다. 그러므로 다양한 방면에서 학생들의 자기 주도성을 지원하고 스스로 성취감을 느껴보도록 코칭을 이어가야 한다.

2. 독서 과정이 모여 콘텐츠가 되어요. SNS 활용

독서 코칭은 요람에서 무덤까지 가능하다. 갓난 아이에게 책을 읽어 주거나 동요를 불러 주는 것도 독서 코칭에 해당한다. 어르신들이 오디오북을 듣고 그 소감을 나눈다면 그것도 독서 코칭이 될 수 있다. 독자의 상황에 맞게 적절한 질문을 하는 것이 독서 코칭이다.

0세부터 엄마가 아이에게 독서 코칭을 시작했다면, 그리고 그 모든 과정과 결과를 SNS에 올린다면 아이의 성장 과정을 한눈에 볼 수 있다. 그리고 그 아이의 독서 아카이브는 성인이 되었을 때 훌륭한 콘텐츠로 변신할 수 있다.

실제로 초등학교 시절부터 고등학교까지 주말 독서토론 활동을 한 학생이 카페나 블로그에 자신의 독후감을 게시했을 때, 고등학교 시절 특정 교과의 수행평가에도 독후활동 내용을 적용할 수 있었으며, 학생부의 독서 상황 기록 및 대학입시를 위한 면접 준비에도 도움이 되었다. 그뿐 아니라 폭넓게 읽은 독서량은 대학 생활에 영향을 미쳐, 교양과목과 전공과목에서 적용할 사례가 많다.

대학 입시 면접에서는 입학 후 학업 계획을 묻는 경우가 있는데, 이때 과거의 독서 활동을 언급하며 앞으로도 체계적인 독서와 탐구 활동을 이어갈 계획임을 밝히면 훨씬 설득력을 얻을 수 있다. 장학금을 신청할 때에도 독서 경험은 중요한 스펙으로 작용한다.

독서 활동은 진로 탐구에도 밀접한 영향을 미친다. 독후활동으로 웹툰을 계속 창작한 학생의 경우에는 진로를 애니메이션이나 문예 창작 등의 분야로 정할 수 있으며 역사 도서를 탐구하고 질문지를 계속 만들어 가는 학생은 사학과에 진학할 수도 있다.

이런 탐색은 모든 전공과 연결된다. 경제도서에 노출된 학생은 경제학과에 진학할 수 있으며, 이공계 또한 다양한 분야의 독서와 연관된다. 신소재에 관한 해박한 지식, 기후 위기에 관한 과학적 접근, 우주 천체에 관한 따끈한 정보 등을 담은 책들은 수없이 많아서 간접경험과 관심 분야가 만날 수 있다. 또 그 만남은 전공 선택으로 이어질 수 있다.

또한 오랫동안 해온 교직 생활 때문에 제자들의 취업 자소서를 지도하는 일을 가끔 하게 되는데, 평생 해온 독서 스펙을 넣어서 자기관리의 강점을 드러내는 것도 보았다. 결론적으로 이런 독서 활동을 SNS에 저장하는 것 역시 중요한 콘텐츠가 된다.

도서 선택하기, 책 내용으로 퀴즈 문제 만들기, 생각질문 만들기, 토의하고 글쓰기 등의 과정에서 나온 산출물을 자기만의 블로그나 카페, 인스타, 밴드 등에 게시해 놓으면 그것은 보물창고가 된다. 언제 어디서나 꺼내 쓸 수 있는 자신만의 지적 소유권이다. 그러므로 자녀나 학생들에게 독서 코칭을 할 때는 반드시 자료를 남길 수 있도록 지도해야 한다. 이것은 성인도 마찬가지다. 지금 읽고 있는 한 권의 책에 대한 나의 독후 활동을 남기면 언제 어디서 필요할지 모르는 소중한 자료가 된다.

유년 시절부터 노년기까지 자신의 독서 활동을 기록하면 그 자료만으로 아주 많은 것을 창작할 수 있다. 자료만 모아도 자서전을 출간할 수 있으며 소설의 소재나 다른 글의 소재로 활용할 수 있다. 광고나 보고서 작성 등등 많은 것에 활용할 수 있다.

3. 편식은 안 돼! 영양 균등 독서

학생들의 독서 활동을 살펴보면 편식이 심하다. 초등학교 때 동화를 많이 읽다 보니 중학생이 되어도 청소년 소설은 재밌어하는데 비해 비문학 도서는 읽지 않으려고 하는 경우가 많다. 여학생은 유독 소설을 좋아하고 과학이나 사회적 정보를 담은 글을 읽지 않으려고 한다. 그렇다고 남학생이 비문학 독서를 잘하느냐, 그것도 아니다. 웬일인지 학생들은 문학이 독서의 전부라고 생각하고, 시는 거의 읽지 않는다.

음식을 먹을 때 편식하지 말고 골고루 먹어야 건강에 이롭듯이 독서도 마찬가지다. 다양한 분야의 지식을 접해야 사고의 균형이 이뤄진다. 또한 대학입시로 치러야 할 수능 모의고사 속 국어 지문은 문학과 비문학이 비율이 같다. 비문학의 경우에는 인문(철학, 역사, 경제, 사회), 과학, 기술, 예술사 등에서 고르게 출제되기 때문에 다양한 분야의 책을 읽는 것이 꼭 필요하다.

특히 비문학 분야는 독해력이 없으면 단기적으로 극복하기 어렵다. 초·중학교 때 독해력을 키운 학생들은 큰 노력 없이 도달할 수 있는 것이 국어 수능점수다. 부모들이 이 점을 잘 이해하고 있다면, 자녀가 어릴 때부터 알찬 독서 습관을 형성할 수 있도록 도와주어야 한다.

수능 모의고사만이 아니라 우리가 살아가는 데는 다양한 다양한 정보와 함께 균형 잡힌 시각도 필요하다. 문학작품만 읽는 학생은 비유나 상징을 잘 이해하고 상상력이 풍부하지만, 새로운 정보를 수용하는 능력은 약하다. 반면 이과적 성향이 강한 학생들은 텍스트에서 사실적, 추론적 이해는 잘하지만 비유나 상징을 파악하지 못하는 약점을 드러내기도 한다.

독서 편식은 성향보다 습관에 훨씬 큰 영향력을 받는다. 처음 독서를 시작할 때, 부모나 교사들이 다양한 분야의 도서를 접할 수 있도록 지도해야 하며, 성장기에도 독서 성향을 잘 살려서 편식을 바로잡아 주어야 한다.

시적 감수성 역시 인생을 살아가는 데 중요한 역할을 한다. 삭막한 세상을 윤기 있게 만드는 것은 우리의 정서가 아니던가? 중국 고전에서도 이를 확인할 수 있다. 『시경』에 수록된 시 300편은 마음의 사악함을 없애는 수단으로 여겨질 만큼 중요한 장르였다. 그러나 안타깝게도 현대인들은 시를 잘 읽지 않는다. 연애편지에 기본적으로 등장했던 시 구절은 다양한 매체의 영향에 밀려 어느 순간 우리 곁에서 사라져 버렸다. 그러나 여전히 시는 문학에서 중요한 부분을 차지하고 있으며 인생을 풍요롭게 할 수 있는 미학의 한 분야다. 수능 모의고사에서 문학 지문 절반을 차지하는 장르가 바로 시다. 그러므로 학생들이 생활 속에서 시를 읽을 수 있도록 권장할 필요가 있다.

시 읽기 또한 온라인 매체를 활용하면 좋다. 시를 읽을 수 있는 다양한 앱이 있어서 스마트폰에 설치하고 활용해 보는 것을 권하고 싶다. 시를 감상할 수 있는 대표적인 앱으로는 창비 출판사에서 제작한 '시요일'이 있다. 요일마다 새로운 시가 한 수씩 제공된다. 고시조부터 현대시, 동시 및 청소년 시까지 폭넓은 장르를 아우르며 학생들이 손쉽게 시와 가까워질 수 있도록 적절히 활용해 보는 것을 권하고 싶다.

4. 세대별 독서 코칭 방법

유아기에는 그림책을 많이 보고 대화를 나누는 것이 좋다. 아이들은 말을 배우기 전에도 언어를 수용하는 폭이 넓어 엄마가 곁에서 말을 많이 해주면 말이 터질 때 다채로운 언어를 구사하는 것을 자주 볼 수 있었다. 영아기 때부터 다양하게 말을 걸어 주는 것은 아이의 언어발달에 좋은 영향을 미친다.

유아기에 가장 삼가야 할 것이 텔레비전을 켜 놓는 일이다. 영상은 집중력을 강하게 끌어들여서 아기들도 시선이 단박에 텔레비전으로 향한다. 한번 영상을 접한 아이들은 계속 영상의 포로가 된다. 아기들이 가장 집중해서 보는 영상은 광고다. 빠르고 자극적인 영상이 흘러가기 때문에 광고는 아이들의 눈을 사로잡는다. 광고와 애니메이션을 보고 자란 아이는 활자에서는 그런 매력을 발견하지 못한다.

이런 폐해를 줄이려면 텔레비전 대신 FM 라디오를 들려주거나 오디오북으로 동화를 듣게 하는 것을 권한다. 그림책을 펼쳐 놓고 엄마가 이야기를 들려주는 것만큼 훌륭한 독서는 없으나 엄마들이 바빠서 시간을 낼 수 없다면 양질의 오디오북을 추천하고 싶다.

아이들이 말을 할 수 있는 나이가 되면 그림책을 보고 아이 스스로 이야기를 만들어 보는 것이 사고를 넓히는 데 좋은 영향을 준다. 유아기용 도서는 거의 다 그림이 수록되어 있기 때문에 글밥을 함께 읽으면서도 아이들이 그림을 보고 느낌을 자유롭게 표현할 수 있게 한다면 더욱 사고를 촉진할 수 있을 것이다.

아이들이 글을 읽고 글씨를 쓸 수 있는 나이가 되면 동화책을 보고 골든벨 문제를 만들게 하는 것이 사실적 이해를 돕는 데 효율적이다. 스스로 책 내용에 대한 문제를 만드는 것은 책을 정독해야 가능하므로 어린이들의 주의력을 깨울 수 있다.

골든벨 문제는 가장 쉽게 O×, 단답형, 괄호 채워넣기, 서답형을 들 수 있는데 서답형도 선택지를 두서너 개로 줄여서 만들면 쉽다. 어린이들이 5지선다형을 만드는 것은 좀 어려울 수도 있기 때문이다. 어린이들이 만든 문제를 가족들이 함께 풀어 보거나 친구들이 함께 풀어 보면 문제를 만드는 어린이가 매우 뿌듯해한다. 자기가 만든 문제를 타인이 풀고 틀릴 수도 있어 즐거움을 안겨 준다. 채점은 출제자에게 맡기는 것이 오히려 흥미를 더욱 끌어올릴 수 있다.

골든벨 문제는 두 가지 측면에서 효능을 발생한다. 첫째는 책 내용을 정확하게 파악하는 것, 우리가 독서 활동에서 가장 중요하게 생각하는 독해를 제대로 할 수 있다. 둘째는 문제를 자유자재로 만들 수 있어서 독자의 창조성이 발휘된다는 것이다. 실제로 어린이들이 만든 골든벨 문제는 매우 신선하다.

어린이들이 만든 골든벨 문제 예시

4번 달걀의 비밀
-닭장 안에서 사는 닭들이 낳은 달걀은 번호가 몇 번일까요?
-가장 넓은 들판에서 자란 닭들이 낳은 달걀은 번호가 몇 번일까요?
-가장 맛있는 달걀은 몇 번일까요?
-가장 작은 달걀은 몇 번일까요?
-사람들이 가장 많이 사 먹는 달걀은 몇 번일까요?

초등학생의 독서 코칭은 저학년, 중학년, 고학년으로 나눠서 설명할 수 있다. 저학년의 경우에는 도서를 보여 주고 스스로 책을 선택하여 읽도록 한 후 골든벨 문제를 5개 정도 만들도록 하는 게 좋다. 한 권의 책을 읽고 너무 많은 문제를 만들라고 하면 지루해할 수도 있다. 그렇지만 저학년은 호기심이 많고 상상력이 풍부하기 때문에 O×문제를 열 개도 넘게 만들어 내기도 한다. 될 수 있으면 독후활동을 즐길 수 있도록 인상 깊은 장면을 그림으로 표현하게 해도 좋다.

코칭 심리학에서 보면 정보를 받아들이는 반응이 세 가지 유형으로 나타나는데 이 중 시각형은 텍스트의 정보를 머릿속에 그림으로 받아들인다. 이런 시각형에게는 독후활동으로 독후화를 그리게 하는 것이 좋다. 시각형들은 창의적으로 독후화를 그려내기 때문에 스스로 능력을 발휘하면서 만족감도 증대된다.

청각형은 새로 만난 책에서 주로 언어적인 부분을 느끼면 반응이 크다. 맘에 드는 구절이나 단어, 주제 문장에 줄을 그으며 메모를 잘 한다. 청각형의 반응은 언어로 드러나기 때문에 언어활동 중심으로 독후활동을 펼치면 역시 효과가 크다. 가장 인상 깊은 단어 모으기, 뜻깊은 구절 쓰기, 중심 문장 이어보기 등으로 단어나 문장을 나열하고 이것으로 새로운 문장을 만들거나 새로운 내용의 글을 작성할 수 있다. 청각형의 독후활동에서는 색종이를 나뭇잎이나 꽃 모양으로 잘라서 그 안에 단어나 문장을 쓰고 벽에 붙여서 서로 연관된 것들끼리 모아가며 새로운 문장을 만들어 가면 어린이들이 매우 즐거워한다.

체각형은 텍스트 내용을 몸으로 표현한다. 이들은 동화책에서 드러나는 중심 갈등을 몸으로 해결해 주고 싶어 하기도 하고 등장인물에 말을 거는 등 다양한 생각들을 신체적으로 표현하려는 경향이 강하다. 이런 어린이들에게는 역할극을 하거나 등장인물을 차례로 인터뷰하는 활동이 효과를 증폭한다. 역할극은 텍스트의 내용을 하는데 이때 개인의 생각이 반영되기 때문에 또 다른 창조 활동이 되고 이는 텍스트의 내용을 색다르게 수용하는 계기를 준다.

이렇게 저학년 어린이들의 성향을 파악하고 세 가지 유형의 독후활동을 적용하면, 독후활동을 통해 독서의 효과를 더욱 증폭시킬 수 있다. 어린이들의 유형을 파악하기 힘들면 세 가지 독후활동을 안내하고 어린이 스스로 선택하게 하면 된다. 그림을 그리기 좋아하는 어린이는 계속 독후화를 선택하고 활동하기를 좋아하는 어린이는 역할극을 선택할 수 있다.

저학년 어린이들은 글밥이 많고 내용이 어려운 책을 대하면 독서에 관한 관심이 사라질 수도 있으므로 글밥이 적고 내용이 좋으며 생각을 자유롭게 표현할 수 있는 도서를 안내해 주는 것이 바람직하다. 이 시기에 책에 대한 관심이 없어져 버리면 생애 전반적으로 독서를 하지 않아서 문해력이 떨어질 가능성도 높아진다.

어린이들의 성장 과정에서 문해력은 눈에 띄지 않기 때문에 많은 학부모들이 자녀들의 문해력이 심각하게 낮다는 것을 제때 인식하지 못하고 있다. 초등학교 3~4학년이 되어서야 자녀가 문해력이 낮은 것을 알아차리기도 하고, 중학생이 되어서야 자녀의 문해력이 심각하게 낮다는 것을 발견하는 학부모도 많다.

그래서 부모들은 유아기 및 저학년 때 어린이가 책과 친숙하게 지낼 수 있도록 각별하게 신경써야 한다. 유아나 어린이도 스스로 책을 보고 감상하고 노는 것을 좋아하지, 부모님이 시켜서 하는 독서에는 거부감을 보인다. 어떤 활동을 하더라도 어린이가 성취감을 손에 쥘 수 있도록 분위기를 형성하는 것이 좋다.

스마트폰 때문에 가족 간의 대화가 점점 사라져가는 요즘, 저학년 자녀를 기르는 학부모님들이 식탁에 앉아서 자녀들이 읽은 책을 소개하는 시간을 마련해 주는 것도 효율적인 독서 교육이다.

"엄마는 바빠서 그 책을 못 읽었는데 네가 무슨 내용인지 알려줄래?"
"그 책 주인공의 어떤 점이 마음에 들어?"

아이들이 책 내용을 즐겁게 펼칠 수 있도록 운을 떼어주고 이야기에 연신 고개를 끄덕이면 아이는 신이 나서 계속 책을 읽게 된다. 식탁에서 독서에 관한 이야기를 5분만 이어가도 유년 시절의 독서 습관을 형성시킬 수 있게 된다.

유아기나 저학년의 독서 교육이 꼭 자녀를 안고 책을 읽어 주는 형태가 아니어도 되므로 부모들은 자녀들의 관심을 부추기는 활동을 찾는 게 좋다. 교사들도 마찬가지다. 어린이집이나 유치원 교사들도 아이들이 책을 읽고 스스로 독후활동을 할 수 있도록 코칭해 줄 수 있다.

저학년의 글쓰기 활동은 학생 부담을 줄이고 즐겁고 신나게 참여할 수 있도록 세 줄 쓰기나 삼행시 짓기 등으로 전개하면 좋다. 주인공의 활동을 시작-전개-반전으로 소개하는 글이나 주제어를 스스로 선택하게 하여 삼행시를 짓는 등의 활동은 어린이들에게 글쓰기의 즐거움을 느낄 수 있게 한다.

중학년(초등학교 3, 4학년)의 독서 코칭은 어린이들이 독서도 할 수 있고 글쓰기도 할 수 있는 나이대가 되었기에 기본적인 독후활동 메뉴얼을 적용할 수 있다. 우선 책을 골라서 읽게 하고, 독해 활동으로 골든벨 문제를 만들어서 함께 풀어 보고, 질문지를 만들어서 베스트 질문을 뽑고, 그 질문지로 토의 활동을 거쳐 글쓰기 활동으로 들어간다. 이때 골든벨 문제나 질문지 문제는 공개하고 벽에 게시하거나 SNS에 올려서 서로 돌려보면 효과가 크다. 독서코치의 설명보다도 예시 자료가 어린이들에게 확신을 갖게 하므로 친구들끼리 활동 결과물을 돌려보는 것은 매우 유용하다. 글쓰기 작품도 서로 돌려보면서 강점을 찾는 합평회를 하다 보면 어느 순간 어린이들의 글쓰기 실력이 쑥쑥 올라가 있다.

중학년 도서에도 지식을 쉽게 풀어쓴 설명문이나 논설문이 담긴 도서들이 있기에 동화만 고집하지 말고 비문학 도서를 곁들여 읽혀야 한다. 유년 시기의 도서가 거의 동화책이 대부분이어서 그것만 읽히다 보면 사실적 정보가 부족할 수 있기 때문이다. 결국 공부는 개념을 익히는 것이므로 개념 습득이 약하면 이해력이 부족하여 학습에 영향이 있다.

그래서 다양한 개념을 접할 수 있는 도서들을 선택하여 어린이들이 늘 접할 수 있도록 해야 한다.

저학년 권장 도서에 『이토록 불편한 플라스틱』이라는 도서가 있다. 플라스틱에 대한 정보를 제공하는 글인데, 이런 글을 익힐 때는 모든 정보를 다 수용할 수 없으므로 독후활동으로 가장 흥미 있던 것을 다섯 가지 뽑아서 내용을 정리하는 활동이 효과적이다. 또한 5명의 어린이가 한 모둠이 되어 플라스틱에 대한 골든벨 문제를 5개씩 만든다면 25문항의 독해 문제를 풀이할 수 있어서 내용 이해에 도움이 될 수 있다.

이런 정보제공의 글에서 글쓰기는 소감이나 깨달음보다는 플라스틱에 대해 새롭게 안 사실을 친구나 부모님에게 소개하는 글로 시도해 보는 게 좋다. 모든 지식이 말랑말랑하게 어린이들의 정신 속으로 들어가 재미나 흥미라는 효소를 만나 화학작용이 날 수 있도록 독후활동을 이끄는 게 좋다.

중학년 역시 독후활동으로 시각형, 청각형, 체각형에서 한 가지를 선택하여 진행할 수 있으며 이는 도서의 종류에 따라 다양하게 응용할 수 있다. 중학년의 독서 활동에 대한 성취감은 눈에 띄는 것이 효과적일 수 있으므로 한 권을 마쳤을 때 스티커를 붙이거나 막대그래프를 그리는 등의 방법으로 결과를 시각적으로 드러내는 것도 필요하다.

고학년(초등 5, 6학년)의 독서 코칭은 본격적으로 프로그램을 짜서 적용할 수 있다. 우선 고학년은 다양한 장르의 도서에 노출될 수 있도록 분야별로 도서 목록을 구성하는 게 좋다. 고학년의 경우에는 도서에 대한 선호도가 뚜렷하다. 우선 문학과 비문학에 대한 선호도가 다르다. 소설을 좋아하는 어린이는 과학이나 정부를 담은 글을 싫어한다. 정보, 기술, 과학 등의 비문학 도서를 좋아하는 아이들은 소설을 싫어한다. 이런 어린이들에게 여러 분야를 골고루 읽히려면 기술이 필요하다. 고도의 기술을 활용하지 않으면 어린이들은 대부분 편독을 유지하려 한다.

우선 독해 활동에서 고학년들은 골든벨 문제 만들기 외에도 마인드맵이나 색다른 방법들을 적용할 수 있다. 독서 코칭 단계는 일단 독해 활동, 질문과 토의 활동, 글쓰기 활동을 전개하며 독해 활동에서 다양한 전략을 활용한다. 모둠별 독해 활동도 가능하다. 4절지를 펼쳐 놓고 모둠별로 마인드맵을 그리고 비교해 본다거나 의미 있는 단어들을 모두 종이에 써서 붙이는 등의 활동을 할 수 있다.

고학년의 경우에는 질문 만들기를 본격적으로 활용한다. 앞서 제시했듯이 질문은 잘 모르는 것, 더 알고 싶은 것, 저자와 생각이 다른 것, 토의해 보고 싶은 것들 등으로 만들게 하는데, 어린이들이 창의적인 질문을 만들려면 책을 뒤적거리며 생각하는 시간을 많이 주어야 한다. 몇 개의 질문을 만들었나보다는 질문을 만드는 과정을 즐길 수 있게 하는 분위기를 조성해야 한다.

독후활동 시간을 넉넉히 잡고 수업에서는 두 시간 정도 연강을 하거나 동아리 활동으로도 중간에 간식을 챙겨주고 두 시간 정도 하는 게 좋다. 초등학생의 두 시간은 80분이므로 그 정도가 가장 적절하다. 실제로 어린이들이 120분 동안 독후활동을 하면 굉장히 지루해할 것 같다.

질문지를 벽에 붙이고 개인별로 그 질문을 만든 의도를 발표시키는 활동도 매우 중요하다. 질문을 만드는 과정은 개인적인 배경지식이 드러나고 관심사도 작용함으로 개인의 강점을 발견하는 계기가 된다. 독서 코칭은 개인의 강점을 발굴하고 그것에 불을 질러서 활활 타오르게 해야 하므로 어떤 활동이든 개인의 특성이 드러날 수 있도록 구성하는 것이 바람직하다. 고학년의 글쓰기 활동은 다섯 줄 쓰기로 시작해서 세 문단

쓰기로 확장하고, 나중에는 다섯 문단 쓰기로 발전시킨다. 역시 합평회를 통해서 친구들의 글을 보고 모방할 수 있도록 하고 지속적인 인정과 보상을 받으며 자신감을 갖고 이어질 수 있도록 한다.

또한 고학년에서 유의해야 할 사안은 장르별 독서 코칭을 적절히 분배해야 한다는 것이다. 시, 소설, 과학, 경제, 기술, 사회, 법 등의 다양한 장르의 도서를 접할 수 있도록 해야 하며, 장르에 따라 독후활동지가 달라야 한다. 장르에 따른 독후활동은 따로 뒷부분에 제시할 것이다.

중학생의 독서 코칭은 세심한 주의가 필요하다. 바야흐로 사춘기에 접어든 중학생은 외부에서 밀어붙이는 것을 무조건 싫어한다. 부모님이 독서하라는 소리를 소중하게 받아들이는 중학생은 거의 없다. 잔소리로 여길 뿐, 책으로 손이 가지 않고 눈길은 오로지 스마트폰이다. 스마트폰에 중독되어 있는 아이들을 책으로 눈길을 돌리게 하는 일이 쉽지 않다. 그래서 대부분의 부모는 독서 전략을 만드는 데 실패한다.

중학생에게 강제로 밀어붙이는 일은 설득력을 잃는다. 스스로 독서에 나설 수 있도록 동기를 유발하는 데 최선을 다해야 한다. 한번 동기가 부여되면, 그다음부터는 순풍에 돛을 단 듯 독서 여정을 이어갈 수 있다. 사춘기 아이들에게 가장 큰 동기 부여는 또래 집단이다. 중학생 독서 코칭은 독서동아리를 활용하라고 적극 권하고 싶다.

이 시기에는 부모나 어른들의 조언보다도 친구들과 연대가 중요하다. 친구와 함께라면 아마 어떤 아이돌 앞에서도 주눅 들지 않을 것이다. 친구들과 독서동아리를 구성해 토론하고, 글을 쓰고, 합평회를 한다면, 성장은 자연스럽게 따라온다. 사춘기 아이들에게 또래 집단은 법보다 더 큰 영향력을 가진다. 또래가 모두 하면 자신도 해야 한다고 생각하고, 또래가 모두 포기하면 본인의 의지와는 상관없이 쉽게 포기하게 된다.

독서동아리를 구성할 때는 5명 정도가 적당하며, 그 이상은 효과가 떨어질 수 있다. 토론을 진행할 때 모든 구성원에게 발언 기회가 주어지지 않으면 소속감이 낮아지고, 특정 인물이 발언을 독점하게 되면 전체 참여율이 떨어진다. 5명이 골고루 관심을 받고 활동에 참여할 수 있도록 구성하는 것이 바람직하다.

도서 선정 역시 학생이 주도적으로 할 수 있게 해야 한다. 편독을 막기 위해, 고등학교 시절 독서의 중요성과 역할을 미리 안내하고, 입시를 대비하여 지금부터 천천히 준비해야 한다는 점을 강조하면서, 다양한 분야의 도서를 스스로 고르게 선택할 수 있도록 조언한다.

독후활동은 시, 소설, 비문학 장르에 따라 다르지만 먼저 책을 읽은 후 소감을 나누고, 질문지를 만들고, 질문지를 서로 돌려보고 가장 마음에 드는 질문지에 스티커를 붙이고 베스트 질문지를 다섯 개 정도 뽑아서 그걸로 토의 활동을 한다. 그다음 그 과정에서 의미 있었던 주제를 선정하여 글쓰기를 한다.

중학생들은 자기를 과시하려는 학생들도 있지만 자기 노출을 매우 꺼리는 학생들도 있기 때문에 늘 상황에 맞는 프로그램을 진행해야 한다. 학생들의 의사를 물어보면서 활동을 진행해야 한다. 질문지를 만들고 질문을 발표하길 꺼리면 질문지를 돌려보며 피드백을 하도록 하고 발표 방식이 괜찮다고 하면 질문지를 만든 의도를 설명하고 질문지도 이젤패드에 적어 붙이고 갤러리 워킹으로 모두 둘러볼 수 있도록 한다. 친구들의 질문지와 글쓰기 작품이 가장 훌륭한 교과서다. 거기서 배움이 이루어진다.

질문지가 베스트 질문으로 선정된 학생들은 은연중에 성취감을 느끼기 때문에 동아리 활동에 적극적으로 임한다. 그런데 만든 질문지마다 베스트 질문에 들어가지 않는 학생들은 약간의 소외감을 느낄 수 있어 독서코치는 상황을 섬세하게 살피고 이런 학생들의 질문지에 대한 느낌도 언급해 준다. 질문지는 모두 소중하다. 스스로 만든 지적 생산물은 모두 자원이다. 학생들에게 스스로 만든 질문지는 지적 재산이라는 것을 알려주고 특별한 점을 발굴하여 인정하는 형태의 칭찬을 곁들여야 한다.

코칭의 철학에서는 모든 존재는 각자 다르며 존귀하기 때문에 질문지에 우열이 있을 수는 없다는 것을 알려주어야 한다. 하지만 모둠의 선호도에 의해 선택된 질문지에 대해 토의한다는 것도 알려준다. 시간이 있다면 모든 주제에 대해 짧은 토의를 이어가는 것도 좋다.

독서 코칭의 목적은 개인의 역량을 확장하는 것이므로, 경쟁적인 분위기는 지양해야 한다. 잘하는 사람을 선발하기 위한 것이 아니고 서로를 통해 동반 성장을 하는 과정이므로 친구들의 의견을 존중하고 수용하는 것이 발전을 위한 지름길이며, 집단지성을 발휘하여 더 큰 성장을 도모할 수 있다는 것도 실행을 통해 터득하게 한다.

또한 중학생 독후활동에서는 한 분야의 귀재들이 출연하기도 한다. 초등학교 시절을 거쳐 오면서 특정 분야에 관심이 높아 그 분야에 전문적인 지식을 갖춘 학생들도 있으며, 여행이나 가족들의 직업 등을 통해 특별한 분야에 두드러진 지식을 갖춘 학생들도 있다. 그런 학생들의 배경지식을 활용하여 다른 분야와 연결하여 다채로운 창작활동을 펼칠 수 있다.

역사에 해박한 학생과 웹툰을 잘 그리는 학생이 만나서 역사 웹툰을 제작할 수 있고, 영상 제작에 능력이 뛰어난 학생이 있으면 북트레일러를 제작할 수도 있다. 중학생 정도면 강점이 뚜렷이 드러날 때이기에 이런 점들을 독후활동에서 다채롭게 활용하면 독서동아리 효과를 증폭시킬 수 있다.

사춘기 학생들의 특성 중 하나가 강한 존재 과시욕이다. 그렇기 때문에 독서 모임에서 자기가 발현되면 강한 소속감을 형성하게 된다. 따라서 중학생의 독후활동은 개인기를 활짝 펼칠 수 있게 코치가 조정을 잘 해 나가야 한다. 아울러 동아리 내에서 역할을 골고루 맡게 하여 소속감을 높이게 해야 한다.

중학생의 글쓰기 합평회는 피드백에 따라 압도적인 영향력을 발휘한다. 이 시기는 교사나 코치의 인정보다도 또래 집단의 인정이 더 영향력을 미친다. 그래서 친구들이 글의 강점을 발굴해 주는 과정이 중요하고, 친구의 글이 본인에게 강한 자극이 되기 때문에 친구보다 더 좋은 글을 쓰기 위한 시도가 발생한다. 이런 특성을 잘 활용하면 독후활동의 효과가 가장 크게 발생하는 시기가 바로 중학교 과정이다.

한편으로 중학교 과정에서 독서를 제대로 하게 되면 고등학교에 입학하자마자 첫 모의고사에서 국어가 1, 2등급을 차지하며 자신감을 품게 되므로 이런 연유를 안내해 주고 체계적으로 독서를 할 수 있도록 제안하는 게 좋다.

고등학교에 입학해서 독해 능력을 키우려면 늦은 감이 있다. 수업량이 많고 공부 시간은 부족해서 독서를 차분히 할 시간적 여유가 없게 마련이다. 게다가 독서 능력은 단기간에 길러지지 않는다. 콩나물이 하루아침에 자라지 않듯, 독해력도 매일 조금씩 꾸준히 읽을 때 비로소 길러지는 능력이다.

따라서 중학교 시절은 생애 전반에 걸쳐 탄탄한 기초 실력을 다져줄 인문학적 소양을 기르는 시기라고 할 수 있다. 읽고 말하고 듣고 쓰는 과정을 거치면서 자기 의사를 바르게 표현할 수 있고, 말하고자 하는 뜻을 글로 표현할 수 있으며 어떤 문제가 주어져도 해결할 수 있는 역량이 독후활동으로 길러질 수 있다.

따라서 독서 코치는 생애 전반적으로 영향을 끼칠 수 있는 독서계획을 학생과 더불어 기획하고 목표를 향해 단계적으로 접근할 수 있는 실행계획을 세우도록 코칭해야 한다.

글쓰기 합평회도 탄탄하게 진행하여 친구들의 피드백을 통해 얻은 바를 적용하여 첨삭하며 완성도를 높이는 과정을 추가하면 좋다. 독후활동에서 만든 질문지와 글쓰기 작품은 모두 SNS에 게시하여 미래의 어느 과정에서 필요할 때 사용할 수 있도록 자료 구축도 권장해야 할 것이다.

중학생의 경우에는 1학년 때 독서 코칭을 진행하며 어느 정도의 성취감을 맛본 학생들은 2, 3학년이 되면 별 무리 없이 스스로 활동을 이어간다. 그래서 기초를 닦는 일이 가장 중요하며, 처음에 제시했듯이 끌려가는 독서가 아닌 스스로 선택하는 독서 활동을 시작할 수 있도록 동기유발에 정성을 기울여야 한다.

중학생 시절에 독서 활동을 잘 하면 고등학교부터 공부가 훨씬 수월해진다.

고등학생의 독후활동은 학생부와 직결된다. 고등학생의 독서는 입시와 직결된다. 우선 국어 내신성적을 올리기 위해서도 독해력은 기본이며 수능 모의고사는 더더욱 독해력이 갖춰지지 않으면 등급을 올릴 수 없다. 수능 모의고사는 문학과 독서 문항이 반반으로 출제되기 때문에 독해력이 약하면 등급을 올리기 힘들다.

문학도 꼭 읽어야 할 작품이 많다. 고전시와 현대시가 반드시 출제되기 때문에 시도 적어도 100편 정도는 분석해 봐야 한다. 시 작품을 감상할 때는 화자의 정서가 어떠한지, 어떤 표현법을 사용하고 있는지, 시어가 품고 있는 상징 의미는 무엇이며, 운율을 살리는 요소, 그리고 마지막으로 주제를 잘 살펴야 한다. 이 다섯 가지를 분석하고 시를 읽으면 내신 문제든 수능 문제든 술술 풀린다.

소설도 현대와 고전 작품이 반드시 출제된다. 현대 소설에는 인물이 갈등을 어떻게 풀어 나가는지 살펴야 하고, 고전 소설에는 한 인물에 대한 호칭이 거의 두 개 이상으로 제시되기 때문에 동일 인물에 대한 호칭을 파악하고, 인물이 탄생하고 활약하는 데까지 공간이동이 매우 잦기 때문에 그 과정을 명확하게 파악해야 한다. 또 악인과 귀인이 함께 등장하기 때문에 이들의 역할을 잘 파악해야 한다. 기본적으로 소설의 구성은 인과이기 때문에 어떤 이유로 어떤 결과가 펼쳐지는지 상황을 알아가야 한다. 그리고 그 과정에서 드러난 인간성의 양상을 살펴야 하는 것이다.

수능 모의고사 국어 문항에서 비문학 문항은 인문(철학, 경제, 사회, 역사), 과학, 기술, 예술사 등에서 출제되기 때문에 학생들은 이런 분야의 도서를 충분히 읽어야 한다. 과학만 해도 물리, 화학, 생물, 지구과학 어디에서 출제될지 모르므로 전 분야의 도서를 읽어야 한다. 비문학 지문의 경우에는 기본 개념을 알고 있는 것이 출제되면 새로운 정보라도 긴장하지 않고 독해를 해 나갈 수 있다. 그러나 아주 낯선 개념들이 등장하면 학생들은 긴장하고 평범한 내용도 눈에 잘 들어오지 않을 경우가 허다하다. 학문에 대한 기본 개념들을 익혀두는 게 독해에 유리하기 때문에 수능 출제 분야 도서를 미리 읽는 게 좋다.

독서 활동은 학생부에서도 중요한 부분이다. 진로와 연관된 도서는 도서명만 적게 되어 세부 활동에 대한 부분이 포함되지 않지만 창체 영역에서 독서 행사에 대한 참여는 입시에 크게 영향을 미친다. 학교에서 이뤄지는 독서 행사는 반드시 참여해야 하며 대부분 독서 행사 시에는 인문도서와 자연계용 도서가 함께 주제도서로 올라오기 때문에 진학 여부에 따라 주제도서를 선택하여 독서 행사에 참여해야 한다. 독서 행사 '세부 능력 및 특기사항'은 학생들이 독서 행사를 통해 어떤 역량을 키웠는지 기록되기 때문에 입시에 큰 영향력을 미친다. 교과도서는 책 제목만 쓰이지만, 창체 행사 독서의 '세부 능력 및 특기사항'은 역량과 연결된다.

2022 교육과정에서 추구하는 인간상은 미래 역량을 갖춘 학생이기 때문에 학교생활 전반에서 학생의 역량을 키우는 활동에 대학의 관심이 집중되고 있다. 공동체적 역량, 의사소통 역량, 소통과 배려를 통한 인성적 역량, 독후활동 창작을 통한 창의적 역량 등 독서 행사에서 함양될 수 있는 역량은 다채롭다.

2025년 서울대학교 입학설명회 자료에 의하면 학생들의 인성 역량에서 공동체적 활동을 중요하게 반영한다는 내용이 포함된다. 독서캠프에서는 토론을 통해 배려와 소통으로 공동의 문제 해결을 위한 대안을 마련할 수 있으므로 이런 과정의 '세부 능력 및 특기사항'이 입시에 크게 영향을 미치게 된다.

따라서 학생들은 이런 역량을 강화하기 위해 독서 행사나 인문학 행사가 열리면 꼭 참여해서 '세부 능력 및 특기사항'으로 기록을 남겨야 한다. 또한 창체에 독서동아리가 있다면 참여하여 전공과목과 관련된 독서 활동을 이어가면 매우 유익할 것이다.

고등학교에서 독서 활동으로 여러 가지 효과를 가져오기 위한 지름길은 자율 동아리를 조직하고 운영하는 것이다. 자율 동아리는 집단들이 스스로 기획하고 운영하기 때문에 자발성이 뛰어나고 성적과 입시와 직결되기 때문에 열정적으로 참여할 수 있다. 또한 회원들의 강점을 활용하여 상보적 관계를 형성할 수 있다. 문학 독해에 탁월한 학생이 문학 독해를 어려워하는 친구들에게 독해 방법을 가르쳐 줄 수 있으며, 과학 분야에 탁월한 배경지식이 있는 학생은 다른 친구들에게 과학적 지식을 쉽게 설명해 줄 수 있다.

고등학교 학생들에게 독서 코치가 해야 할 일은 수능 모의고사와 관련한 비문학도서를 선택하는 일과 독서캠프에서 독후활동 '세부 능력 및 특기사항' 기록 방법, 장르별 독해 방법 등의 자료를 학생 스스로 모으고 정리하도록 권장하며, 이를 잘 실행할 수 있도록 코칭하는 것이다.

요즘은 AI로도 '세부 능력 및 특기사항'을 기록한다고는 하지만 대학에서는 학생들이 참여한 활동에서 얻은 독특한 배움의 과정에 관심을 보이기 때문에 독서 활동에서 본인이 만든 질문지와 토론 활동, 글쓰기 활동은 변별적 요소를 지니게 된다. 친구들과 같은 질문, 같은 주제가 발생하지 않기 때문에 독후활동으로 사고 활동이 확장되는 상황을 구체적으로 기록할 수 있다.

학생들이 스스로 만든 질문지와 토의 주제, 글쓰기 주제는 모두 창체 독서 활동 '세부 능력 및 특기사항'에 기록이 가능하다. 대학에서는 학생 역량을 파악하는 데 독서만큼 훌륭한 자료도 없으므로 학생부 전형에서는 독서 '세부 능력 및 특기사항'이 새롭게 주목받고 있다.

또한 글쓰기 역량은 대부분의 과목 수행평가에 영향을 미친다. 어떤 활동이든 글로 기록하지 않는 교육활동은 드물다. 그러므로 고등학교 시절 갈고닦은 글쓰기 실력은 고등학교 수행평가에서도 실력을 올리게 되지만 대학에 가서도 효력을 발생하여 독서 활동을 체계적으로 한 학생들이 대학에서도 성적이 우수하다. 고등학교의 독서 코칭은 이런 점을 유의해서 꾸준히 전개되어야 한다.

　성인의 독서 코칭, 이는 무덤까지 이어주는, 단단한 자아감을 형성하게 한다. 평생 책을 읽는 사람들은 나이가 들어도 꼿꼿하다. 대부분의 사람들은 나이가 들면 자존감이 낮아지고 자신감도 떨어진다. 교직 생활을 하면서 만난 사람 중에서 자녀들이 초등학교 때부터 독서동아리를 만들어서 노년기까지 독서동아리를 하며 지내는 분들이 몇 분 계셨다. 그분들은 소소하게 독서 모임을 이어갔는데 겉모습은 소박했지만 내면은 아주 튼실해 보였다. 그런 경험 때문에 평생 독서동아리 모임은 중요하다고 생각하고 있다.

　대학생 자녀를 둔 학부모들 중에는, 자녀가 대학생이 된 이후에도 정체성을 찾지 못해 방황한다며 독서 코칭을 요청하는 경우가 적지 않았다. 일선 대학교수들에 따르면, 이른바 '대2병'이라는 현상이 실제로 존재한다고 한다. 사춘기처럼 자신의 정체성에 혼란을 느끼고, 전공에 대한 회의와 고민이 깊어지면서 대학 2학년에 휴학을 선택하는 학생들도 많고, 방황의 정도도 상당하다고 한다.

　고등학교 생활까지 단단히 자기 검증을 거쳐서 진로를 선택한 학생은 그런 방황을 하지 않을 것이다. 그렇지만 대학생들 대부분이 대학을 꼭 거쳐야 하는 과정으로 생각하고 점수에 맞추어 진학을 결정했기에 신입생 시절 1년을 마치면 자신에 대한 상실감으로 대2병을 앓게 되는 것 같다.

　퇴직한 직장인들도 갑자기 들이닥친 제2의 인생에서 자신의 길을 찾지 못하고 방황한다. 인생이란 긴 여로에서 스스로에 대한 정체성이 확립되지 않으면 바람만 불어도 흔들린다. 태풍이 쳐도 뿌리를 깊게 내리고 은연히 설 수 있는 힘을 기르려면 내면이 단단해야 하는 것이다.

책 속에는 수많은 지식이 있고, 사람이 있고, 문제해결 능력이 있으며, 삶과 죽음이 있고, 이 세상을 주관하는 신들도 존재한다. 외롭고 쓸쓸할 때, 자신이 한없이 나약하게 느껴질 때, 갑자기 닥친 문제의 해답이 보이지 않을 때, 우리는 책 속에서 답을 찾을 수 있다.

그러나 책으로 가는 길은 쉬운 것만은 아니다. 일단 인내심도 있어야 하고, 시간도 내야 하고 조급증도 내려놓아야 하고 맑은 정신도 있어야 한다. 그리고 단기간에 도달할 수 있는 길도 아니다. 그래서 현대인들은 책을 버려두고 유튜브에 열광한다. 날마다 스마트폰의 노예가 되어 틈만 나면 눈길을 보낸다. 스마트폰을 노예처럼 부릴 수 있는 지혜가 우리에게 있는데도 우리는 노예를 자처한다.

올바른 성인으로 정체성을 가지고 살아가려면 성인들도 죽을 때까지 독서 코칭을 받아야 한다. 독서 코치가 없어도 된다. 셀프 코칭이 있기 때문이다. 성인 독서도 역시 시작은 도서 선택이다. 스스로 읽고 싶은 책을 찾아서 선택하고 하루에 몇 줄이라고 읽고, 저자에게 딴지를 걸며 질문을 던져야 한다. 단톡에, 밴드에, 페이스북에 질문을 던지고 이 사람, 저 사람의 견해를 들어 보고, 그것도 어려우면 혼자 투덜거리며 질문에 답해 보는 것이다.

그리고 하루 몇 줄이라도 내키는 대로 글을 써 나가는 것, 그것이 내면의 단전에 근육을 만드는 일이다. 생각근육이 발달한 사람들은 자본의 논리에 휘둘리지 않는다. 물질을 많이 가져야 행복하고 가난하면 불행하다는 공식은 생각근육이 튼튼한 사람에게 먹히지 않는다.

책 속에는 변화하는 세상이 담기고, 수많은 지혜가 담기고, 세상사의 따스한 인정도 담긴다. 우리 삶을 풍요롭게 이어갈 많은 정보가 책 속에 담겨 있다. 혼자 길을 가기 힘들면 동행자를 구하면 된다. 뜻이 맞지 않아도 된다. 사는 곳이 달라도 된다. 나이도 다르고 성별도 다르고 모든 것이 달라도 가상 공간에서 만나 서로의 생각을 나눌 수 있는 신기한 세상이 열리지 않았는가?

성인 독서도 모임이 있어야 효율적이다. 밴드나 페북이나 블로그나 독서동아리를 엮을 매체는 널려 있다. 일주일에 한 번, 한 달에 한 번, 아니면 두 달에 한 번이라도 독서 모임을 시도하는 것, 그것이 성인 독서의 지름길이다.

독서동아리는 거창하지 않아도 좋다. 명사나 깊이 있는 학식을 지닌 전문가가 포함되지 않아도 좋다. 오히려 전문가의 견해는 자기 생각을 파괴할 수도 있다. 셀프 코칭을 하며 새로운 정보에 대한 비판적 수용력을 점검하여 강물이 흐르듯이 시간 속으로 유영하며 나아가는 것이다.

그 사소한 활동이 우리에게 단단한 껍질을 씌워서 비바람에도 흔들리지 않게 하는 것이다. 자본과 경쟁으로 삶을 파괴하는 자본의 사회에서도 향기를 잃지 않고 살아가게 하는 것이다. 나의 강점을 찾아 세상에 유쾌하게 봉사하고 담담한 만족감으로 하루를 마감할 수 있는 지혜를 안겨줄 것이다.

단순한 독서 활동은 지식을 습득하거나 작품에 대한 감상력을 제공할 뿐이지만 거기에 코칭을 곁들이면 독서를 통해 끝없이 성장하는 자신의 모습을 경험할 수 있다. 독서 모임은 상호 코치가 되어 상대방을 깨울 수 있고, 셀프 코칭으로 자기 자신을 깨울 수도 있다.

독서 코칭의 기법은 단순하다. 먼저 책을 읽은 것에 대해 인정과 칭찬을 보내고, 책에서 무엇을 얻었는지 나누며, 질문과 토의로 사고를 확장하고, 그 과정을 통해 깨달은 점을 나누며, 이런 독후활동에서 얻은 경

힘을 내 삶에 어떻게 실행시켜 나갈지 발표하는 것이다. 그리고 다음 모임에서 어떤 실행을 했고, 부족했던 점은 무엇이며, 앞으로 무엇을 보완해야 할지 성찰을 나누면서 새로운 독서에 도전하는 것이다.

물방울 하나가 떨어지면 아무런 영향력을 발휘하지 못하지만 날마다 같은 장소에 떨어지는 물방울은 그 세계를 뚫어낸다. 독서 코칭도 또한 마찬가지다. 요람에서 무덤까지 이어지는 독서 코칭은 한 사람의 인생을 윤택하게 할 것이다.

III. 단계별 독서캠프 사례

1. 독서캠프와 함께한 40년

국어 수업에서 시작하여 학교의 독서캠프, 지역 사회 학생들의 독서캠프를 평생 하며 살았다. 지금은 주말마다 웨일온(네이버에서 만든 화상회의 웹 브라우저)으로 초중고 독서토론을 한 시간씩 진행하고 있다. 고흥에서 십여 년간 지역 청소년들과 주말 독서토론을 재능기부 형식으로 해 오던 일이 생활이 되어서 계속 이어오고 있다.

온라인으로 아이들을 만나는 것은 한계가 있어서 폐교를 마을학교로 개조한 보성군 득량면의 '하늘물고기 학교'에서 두 달에 한 번씩 독서캠프를 열었다. 순천과 광양, 보성, 해남, 광주까지 인연을 따라 아이들이 모였다.

하늘물고기 학교는 득량만 앞바다가 환히 내려다보이는 소박한 공간이다. 운동장에는 잔디가 깔려 있어 아이들이 다양한 놀이를 즐길 수 있고, 가득 쌓인 장작을 활용해 모닥불도 피울 수 있어 캠프 장소로 안성맞춤이다. 게다가 방에는 2층 침대와 온돌이 함께 갖추어져 있어 가족 단위 숙박이 가능하며, 친환경 로컬 푸드로 만든 뷔페식 식사도 훌륭하다.

캠프 참가자는 주로 초·중학생들이었고, 고등학생들은 캠프에 참여하는 것을 부담스러워했다. 바쁜 일정과 낯선 아이들과의 만남이 썩 내키지 않는 모양이었다. 형이나 누나를 따라온 취학 전 아이들과 저학년 어린이들이 가장 신나게 노는 캠프다.

강당, 넓은 방, 현관 소파 등에서 아이들이 각자 한 권의 책을 자유롭게 읽은 뒤, 함께 모여 질문지를 만들고, 베스트 질문지를 선정한 뒤 토론을 진행하고, 주제를 정해 글을 쓰고, 합평회를 여는 순서로 활동이 진행되었다. 여러 친구들의 질문지를 갤러리 워킹으로 관찰하고 토론하는 과정에서 아이들이 경험하는 정신적 움직임은 참으로 감동적이었다.

또래 집단이 함께한다는 것은 여러 가지를 의미했다. 우선 프로그램 전 과정을 빠지지 못한다는 묵계가 있었다. 혼자 읽으면 금방 책을 던져 버릴 아이들이 친구들이 있으니 끝까지 읽어 내고, 서로의 질문을 통하여 사고가 급속히 확장되는 경험을 하는 것을 수없이 보게 되었다.

각급 학교에 캠프 지원을 하러 나갈 때도 많았는데 이런 독서캠프는 주로 고등학교에서 많이 참여했다. 고등학교 독서캠프는 입시 스펙과 관련되어 인문학 도서와 과학도서를 각각 한 권씩 읽혔고, 학생활동에 적용되는 독서 '세부 능력 특기사항'을 작성하는 것이 필수였다.

보성군 득량면 하늘물고기 학교 독서 캠프 모습

2. 유아기 독서캠프

tip

독서캠프에 형이나 누나를 따라온 취학 전 어린이들은 캠프를 구경만 해도 제법 흉내를 잘 낸다. 골든벨 문제를 만들고, 질문지를 만들고, 독후화를 그리며 재밌게 노는데, 형들의 글 합평회를 듣고 어떤 글이 좋은 글인지 금방 알아맞힌다.

그렇기에 호기심을 자극하며 아이들이 마음대로 활동할 수 있게 열린 공간을 내주고 그림도 그리고 놀이도 하면서 독후활동을 진행하는 것이 좋다. 독서캠프 때 가장 창의적인 아이들이 바로 취학 전 아이들이다.

이 아이들은 캠프 프로그램을 따라 하라고 통제하려고 하지 말고 자유롭게 놀면서 한 단계씩 진행해야 한다. 대체로 초·중학생이 함께 모여 캠프를 진행했기 때문에 초등학생을 먼저 진행하고 그것을 구경하게 한 후 유아기 어린이들을 진행하면 좋다.

사례 책

『놀이발명가』. 진은영 글과 그림. 오늘책

가. 내용 파악 문제

꽃무늬가 있는 예쁜 이불로 무슨 놀이를 하나요?

슈퍼맨 → 이불을 허리에 묶으면 (   ) → 이불을 뒤집어쓰면 (   ) → 이불을 감고 거꾸로 매달리면 (   ) → 애들을 불러 모아 이불 속에 들어가면 (   ) → 보트를 타고 떠나면 파도가 밀려와도 (   ) → 비바람이 불어도 (   ) → 하늘로 올라가면 (   ) → 별을 모아서 (   )

나. 질문 만들기

이 책에서 궁금하거나 더 알고 싶은 것을 물어봐요.

다. 토의하기

이불을 가지고 할 수 있는 놀이는 어떤 것이 더 있을까요?

집에 있는 물건을 가지고 여러 가지 방법으로 노는 것을 생각해 봐요.

라. 독후활동

시각형 (책 내용을 머릿속에 그리는 아이)	- 이불로 하는 놀이 중에서 가장 재밌는 장면을 그림으로 그려봐요.
청각형 (언어에 반응하는 아이)	- 이불로 하는 놀이 중에서 가장 떠오르는 단어들을 적어요.
체각형 (감상을 몸으로 표현하는 아이)	- 이불로 놀이하는 친구들에게 말을 걸어요.

가장 인상 깊은 장면

다른 놀이를 찾아봤어요.

마. 독서 코칭의 유의할 점

아이들이 책을 보고 나서 어떤 반응을 보이는지 세심하게 살펴보고 아이들의 하는 말에 긍정의 반응을 보여 준다. 고개를 끄덕이거나 엄지척을 해주거나 하는 행동이 아이에게는 자신감을 심어줄 수 있다.

독후활동에서 나오는 창작품과 단어, 그리고 역할극은 적절한 피드백을 해서 아이들의 활동에 동기를 부여해야 한다. 교사나 학부모가 하는 긍정적인 피드백도 중요하지만, 무엇보다 또래 친구들이 건네는 칭찬과 인정은 서로의 성장을 자극하고 격려하는 데 더욱 효과적이다.

3. 초등 저학년 캠프 사례

에피소드

하늘물고기 학교에서 캠프가 열릴 때 몇몇 저학년 꼬마들이 참가했다. 사촌간이거나 부모님들이 친분이 있어서 서로 잘 아는 아이들도 있고, 지역 사회 곳곳에서 참가하느라 낯선 아이들도 있지만 서로 금방 얼굴을 익혔다.

처음 만난 아이들을 신선한 방법으로 소개하기 위해 『나를 봐(최민지작)』라는 책을 읽고 난 다음 친구를 관찰하고 소개하는 글을 써서 발표했다. 아이들의 시각으로 친구가 긴 머리에 핀을 꽂고 있는 모습, 땀을 많이 흘리고 화를 내는 모습을 소개해서 신선했다. 그리고 친구에 대해 궁금한 것을 인터뷰해서 줄넘기 하기, 자전거 타기 등 친구가 잘하는 것도 소개하고 좋아하는 것도 소개했다.

『삼백이의 칠일장』은 어린이들이 누구나 좋아하는 책이다. 독서캠프에서도 많이 활용했고 문해력이 약한 학생들을 대상으로 한 독후활동에도 사용할 수 있는 책으로, 여섯 동물을 다른 동물로 대체한 활동도 창의력을 유발했다.

사례 책

『삼백이의 칠일장』. 천효정 글 최미란 그림. 문학동네

가. 내용 이해 문제

아이들에게 골든벨 문제로 만들어서 하면 더 효과적이다. 친구들이 만든 문제에 관심어 크며, 자기가 만든 문제를 친구들이 맞힌다는 데서 기발한 아이디어가 떠오르기 때문이다.

1	이름이 없는 아이는 뱀한테 물려서 저승사자가 데리러 왔는데 뭐라고 하니까 그냥 돌아갔나요?
2	아이가 자라서 혼인을 하자고 하는 여자가 나타났으나 아이는 거절했어요. 왜 그랬을까요?
3	이백 살을 살았다고 말을 하는 사람에게 아이는 자기가 삼백 년을 살았다고 삼백이라고 했다가 저승사자에게 딱 걸려 버렸어요. 그런데 삼백이가 세 가지 것이 억울해서 저승으로 본 가겠다고 했답니다. 그 세 가지가 무엇일까요?
4	삼백이의 장례식은 왜 칠일장으로 치렀을까요?
5	장례식 첫 번째 날에는 구렁이가 이야기를 풀었어요. 구렁이알을 삼켰던 처자에게 지리산에 가서 쓴 풀을 뜯어 먹어야 한다고 가르쳐 준 거지가 바로 (　　)이었답니다.
6	두 번째 날은 삽살개가 이야기를 풀어냈어요. 임금이 키웠던 강아지 명도령과 혼인했던 삽살개는 명도령에게 소박맞고 누구랑 혼인했나요?
7	하늘로 올라갔던 연장군은 금강산에서 밥 짓는 냄새가 솔솔 풍겨 오자 연줄을 끊고 지상으로 내려오는데요, 금강산에서 밥 짓던 심마니는 누구인가요?
8	네 번째 날은 까치가 이야기를 풀었어요. 까치는 안져 할멈은 왜 감나무를 베어 버리겠다고 했나요?
9	다섯 번째 날은 호랑이가 이야기를 풀었어요. 백두산 호랑이는 사람들에게 속아서 담배를 피우다가 크게 깨달아서 담배를 끊고 다시 용맹한 호랑이가 되었답니다. 그때 삼백이는 어떤 일을 했을까요?
10	여섯 번째 날은 말이 이야기를 풀었어요. 부잣집 처녀가 산 집에서 날마다 도깨비가 나오니 별 처방을 다 해 보려고 했지요. 말은 어쩌다가 죽을 뻔했나요?

나. 질문 만들기

궁금한 것, 더 알고 싶은 것, 작가와 생각이 다른 것, 토의하고 싶은 것을 물어본다.

잘 모르는 것	- 개다리소반은 어떤 그릇일까?
	- 액막이연에서 액이란 무엇일까?
	- 사람들이 죽으면 보통 삼일장을 한다. 사일장, 오일장처럼 장례식이 길어지는 것은 무엇과 관련이 있을까?
	- 생선을 세는 단위는 손이라고 한다. 고등어 한 손은 몇 마리일까?
생각해 볼 것	- 삼백이가 부잣집 사람과 혼인하려고 했던 처녀가 저승사자가 아니라는 것을 알아차릴 방법은 없었을까?
	- 사람들은 왜 명도령에게 벼슬과 새색시 같은 것을 주었을까?
	- 안져 할멈은 먼저 할멈에게 계속 지기만 한다. 왜 그랬을까?
	- 안져 할멈은 잔칫집에 가다가 돌아온다. 못져 할멈보다 먼저 돌아가기 위해 잔칫집에 들어가지도 않고 돌아오는 것은 손해가 아닐까?
	- 백두산 호랑이가 담배를 못 끊었다면 어떻게 되었을까?
	- 담 큰 총각은 장가를 가고 나서 왜 겁이 많아졌을까?

다. 독후활동

웹툰 그리기

동화 속의 한 장면을 웹툰으로 그리거나 4컷 혹은 6컷으로 재구성하여 만화를 그린다.

글쓰기 활동

저학년의 경우에는 긴 글을 쓰기 어려우므로 주제를 스스로 만든 다음 세 줄 쓰기나 다섯 줄 쓰기 등으로 우선 시작한다. 동시를 써도 좋다.

여러 가지 활동을 통해 의미가 있었던 내용으로 주제를 만들도록 하고 피드백을 해 준다.

"뚱뚱해진 호랑이에게 충고해 주고 싶어요."
"안져 할멈에게 먼저 할멈으로 동시를 써 볼래요."
"도깨비를 소개해 볼래요?"
"멍도령이 사람들에게 하는 말을 써 볼래요."

이처럼 아이들은 어른들이 생각하지 못한 곳에 관심이 갈 수도 있다. 아이들이 시선이 머문 주제를 선택할 수 있도록 시야를 열어주는 과정이 필요하다. 그리고 글의 내용 작성에도 아이들의 생각에서 새로운 발상이 일어나도록 기다려 주는 것이 필요하다.

라. 독서 코칭에서 유의할 점

저학년의 경우에는 호기심도 많고 질문이 아주 많이 나온다. 이를 포스트잇에 써서 벽에 붙여 돌려 읽어도 좋지만, 더 눈에 띄게 하려면 이젤 페드나 4절지에 큰 글자로 적어서 질문지를 공유하는 것이 효과적이다. 질문지는 서로 돌려보면서 더 깊은 생각을 유도하므로 질문지를 많이 볼수록 좋은 질문을 만들게 된다.

독후활동 작품도 서로 돌려보며 합평회를 하면 좋다. 자기 작품에 대한 설명을 스스로 발표하면서 표현력이 향상되고, 또래 집단의 상호 코칭은 관심을 환기하는 역할을 한다. 골든벨 문제나 질문지를 만드는 것에서 멈추지 말고, 반드시 서로 돌려보며 사고의 확장을 경험할 수 있도록 해야 한다. 그래야 진정한 독서 활동의 의미가 살아난다.

4. 초등 고학년 사례

사례 책

『책 읽는 고양이 서꿍치』. 이경혜 글 이은경 그림. 문학과 지성사

가. 내용 이해를 위한 골든벨 문제 – 학생들이 만들면 더욱 좋다.

1	꿍치의 엄마 이름은 서명월이지요. 서씨는 한자로 무슨 글자인가요?
2	다섯 남매 중에서 첫 번째로 태어난 고양이를 서명월은 왜 꿍치라고 불렀나요?
3	엄마 고양이 이름은 나비라고 불렸어요. 나비는 왜 주인집을 나왔나요?
4	꿍치는 만선호를 타고 도시로 나갔어요. 그리고 서점에서 누구를 만났나요?
5	꿍치가 보물섬에 빠져서 영미 누나 집에서 계속 보물섬을 읽다가 들켜서 방송에 나갈 뻔했어요. 우리에 갇힌 꿍치를 꺼내 준 것은 누구인가요?
6	섬을 떠나는 꿍치가 사랑호에 탔을 때, 선원이 꿍치를 바다에 던지려고 했을 때, 꿍치를 살려준 사람은 누구인가요?
7	꿍치가 커다란 고양이 투투랑 먹잇감을 가지고 다투고 있을 때 꿍치를 덮친 것은 무엇인가요?
8	투투가 꿍치를 다림이네로 데려다주어 꿍치는 치료를 받게 되었답니다. 꿍치가 투투에게 준 선물은 무엇인가요?
9	꿍치가 하루 만에 사랑에 빠져 결혼한 고양이는?
10	꿍치가 흑묘도로 데리고 들어간 새끼 고양이는?

나. 질문 만들기

궁금한 것, 더 알고 싶은 것, 작가와 생각이 다른 것, 토의하고 싶은

것을 물어본다.

- 나비가 새끼들을 데리고 집을 나간 까닭은 무엇일까?
- 나비는 왜 아빠고양이의 도움을 받지 않고 혼자 새끼들을 키울까?
- 꽁치는 책을 읽을 줄 알아서 다른 고양이보다 행복했을까?
- 영미 누나의 요구대로 방송에 나갔다면 꽁치의 삶은 어떻게 되었을까?
- 사랑호 선장을 만나지 않았다면 꽁치는 어떻게 되었을까?
- 다림이처럼 동물에게 친절한 사람들이 얼마나 될까?
- 부엉이가 먹잇감을 노릴 때는 어떤 순간을 조심해야 하는가?
- 투투는 꽁치와 먹잇감을 놓고 싸우려고 했는데 꽁치는 부엉이를 왜 다림이네 집에 데려다주었을까?
- 꽁치는 흰눈을 만나자 흰눈에게만 자신을 무엇이라고 부르라고 할까?
- 흰눈이가 새끼 고양이를 잃지 않고 키우려면 어떻게 해야 했을까?

다. 독후활동

토의하기

아이들이 만든 다양한 주제로 토의 활동을 펼친다. 독서토론은 비경쟁토론이므로 자기 생각을 자유로이 표현할 수 있도록 허용적인 분위기를 제공하는 게 좋다.

라. 글쓰기 활동

고학년의 글쓰기는 역시 주제를 스스로 정하고 세 문단 정도로 글을 쓰도록 제시하는데, 처음 중간 끝으로 구성을 정하고 첫 부분에는 신선한 접근으로 책에 대한 소감을 한마디로 표현한다거나 이용하는 등의 표현 방법을 사용하면 좋다. 두 번째 문단에서 하고 싶은 말을 쓰고 세 번째는 정리, 강조하는 단락으로 간단하게 글의 구조를 익혀 가는 것이 좋다.

웹툰이나 동시 같은 형태로 독후활동을 할 수 있으며 학생들 대부분은 창의력이 뛰어나므로 독후활동 동안 시간을 넉넉히 제공하고, 서로의 작품을 돌려보며 긍정적인 피드백을 하는 활동이 매우 중요하다.

tip
요즘 반려동물을 기르고 있는 집이 많아서 아이들이나 교사들에게 반려동물 이야기는 매우 따끈한 화제다. '서꽁치'를 읽고 난 다음, 반려동물을 키운 경험에 대해 화제를 풀어 나가는 것도 좋은 방법이다. 경험만큼 좋은 자료는 없기 때문에 서꽁치를 보면서 반려동물에 대한 이해 폭을 넓힐 수 있다면 훌륭한 독후활동이 될 것이다.

또한 이 책에는 동물을 대하는 세 종류의 인물이 등장한다. 동물을 학대하는 인간, 동물을 도와주고 공생하는 인간, 동물에 관심이 없는 인간. 우리가 삶을 살아가는 방법도 위와 같은 것으로 생각된다. 이 세 가지 관점을 통해 자신의 삶을 돌아보고 동물권에 대해 새로운 알아차림이 생겼으면 좋겠다.

5. 중학교 독서 코칭 사례

가. 문학 1

> **에피소드**
>
> 중학교에서 이 책으로 독후활동을 했다. 학생들이 가장 즐거워하는 것이 급식 시간이어서 어떤 급식을 먹으며 어떤 친구와 어떤 이야기를 나누고 싶은지에 관한 활동을 했는데 매우 활발한 토의가 이뤄졌다. 여중생들에게는 교우 관계에 갈등이 많기에 이를 해결하는 방법으로 함께 밥을 먹은 행위는 썩 괜찮은 방법이다.
>
> 그런데 책 이야기를 나누다가 가정 과목이 전공인 교장선생님이 '음식을 만들어서 함께 먹고 싶은 사람'을 발표했던 경험을 이야기해 주었다. 아이들이 요리에 관심이 많으므로 이 책을 읽고 어떤 음식을 만들어서 어떤 사람을 초대해서 무슨 이야기를 나눌지 그림으로 표현해 보거나 대화를 나눠 보는 활동도 아이들에게는 꽤 흥미로운 일이 될 것 같다.

사례 책

『오늘의 급식』. 기사라기 기즈사 저. 김윤수 번역. 라임출판사

1) 배경지식을 확인하는 질문

우리 학교 학생들이 가장 좋아하는 급식 메뉴는?
친구들이 가장 싫어하는 급식 메뉴는?
어떤 메뉴가 학생들에게 가장 이로운 급식이 될까?

2) 독해 문제

1. 젤리 - 새콤달콤 차가운 화해의 맛
- 미키의 고민은 무엇인가요?
- 고즈에가 미키에게 젤리를 준 이유는?
- 젤리는 둘 사이를 어떻게 만드나요?

2. 마파두부 - 보드랍고 달콤한 성장의 맛
- 다나카시 모모가 미키를 흉내 내는 이유는?
- 미키는 자신을 따라 하고 싶어 하는 모모에게 어떤 말을 하나요?
- 모모는 마파두부를 먹으면서 무엇을 느끼나요?

3. 흑당 크림빵 - 두근두근 아릿한 첫사랑의 맛
- 미치하시가 급식소에서 가져간 흑당 크림빵을 시오리 누나와 나눠 먹으며 무엇을 느꼈을까요?
- 시오리 누나가 다시 학교에 나가게 된 계기는 무엇일까요?

4. 마카로니 수프 - 어정쩡함을 날려 버릴 결의의 맛
- 마사토가 마카로니 수프에 떠 있는 change를 한데 모은 이유는?
- 마사토는 왜 우유를 챙겨 먹었을까요?
- 마사토의 고민은 무엇일까요?

5. 초코우유 - 짜릿할 만큼 강렬한 용기의 맛
- 기요노가 마사토를 부러워한 이유는?
- 기요노가 특훈에 함께해 달라는 고즈에의 부탁을 들어준 두 가지 이유는?
- 기요노는 초코우유를 못 마실 줄 알았다. 그것을 만드는 방법은?

6. 크레이프 - 한 겹 한 겹 포개지는 약속의 맛
- 전학을 가는 고즈에에게 미치하시가 권한 것은?
- 미치하시가 대출한 책에는 어떤 카드가 들어 있었을까요?
- 고즈에의 마지막 급식에 나온 크레이프는 누가 먹었으며 그 대가로 약속한 것은 무엇이었을까요?

3) 질문 만들기(예시) – 급식에 얽힌 특별한 의미에 관한 질문을 작성한다.

- 이 글에서 특별한 음식은 아이들에게 어떤 의미를 주었을까요?
- 내가 먹은 특별한 급식 메뉴는 무엇이며 어떤 의미가 있었을까요?
- 내가 특별한 친구에게 권하고 싶은 급식은 무엇이며 왜 그럴까요?
- 내가 가장 먹고 싶은 급식은 무엇이며 누구랑 어떤 이야기하며 먹고 싶을까요?
- 관계가 어려워진 친구랑 함께 먹고 싶은 음식은 무엇이며 그 음식을 먹으며 무슨 말을 하고 싶을까요?

4) 독후활동

- 토의 활동

이 텍스트의 토의 활동은, 급식을 통해 일상에서 발생하는 갈등을 해결해 본 경험을 바탕으로, 급식이 주는 의미를 되돌아보게 하는 데 목적이 있다. 따라서 학생들이 자신의 경험을 나눌 수 있도록 유도하는 것이 바람직하다. 그런 경험이 없는 아이들은 친구의 경험을 들으면서 간접적 경험을 해도 유익한 활동이 된다.

- 창작활동

급식에 관한 책을 읽고 친구들과 나눈 대화들을 모아 보며 가장 인상 깊었던 일을 주제로 정하고 웹툰을 그리거나 시 창작, 콩트 쓰기, 감상문 쓰기 등의 창작활동을 하도록 한다.

글쓰기는 다섯 문단을 정하고 첫 문단은 동기 유발, 두 번째부터 네 번째 문단은 하고 싶은 내용을 작성하고 마지막 문단은 요약, 정리로 마무리될 수 있도록 안내한다.

5) 합평회 활동

창작활동을 마치면 작품들을 서로 돌려보고 주제가 잘 담겼는지, 문단 정리가 잘 되었는지, 개인의 강점이 무엇인지 포스트잇에 적어서 작품 아래 붙이거나 서로 돌아가면서 피드백을 해준다. 또래 집단의 피드백은 아이들에게 많은 격려가 되므로 반드시 합평회 활동을 열어야 한다. 아울러 다른 친구들의 작품을 보면서 시각이 트여서 성장이 빠르게 진행되게 돕는다.

나. 문학 2

에피소드

노벨 문학상이 발표되고 나서 우리 학교 도서관에 있는 『소년이 온다』 10권이 슬슬 대출되었다. 중3 학생들을 대상으로 독서토론을 했는데 애들이 한꺼번에 읽기는 너무 버거울 것 같아서 한 번에 1장씩 읽혔다. 에필로그까지 7장이었고, 수업 시간을 할애하기에는 너무 오랜 시간이 걸려서 관심 있는 학생들을 서너 명씩 모아서 자투리 시간에 토의를 했다.

아이들이 시대적 배경을 잘 모르고, 시점이 각각 다르기 때문에 설명이 많이 필요했다. 역사적 사건을 연대기적으로 설명하면 아이들이 흥미를 갖기 어려우므로 '서울의 봄', '택시 운전사' 같은 것을 집에서 보고 오라고 했다.

주인공 동호와 정대가 자신들과 같은 나이의 중3이라는 것에서 아이들은 놀라움을 표현했고, 그 나이에 죽음이 다가오고 있다는 것을 알고도 도청에서 피하지 않는 동호의 행동을 매우 어렵게 생각했다.

역사는 현실의 삶에 대안을 제시하고, 미래의 삶에 대한 비전을 볼 수 있게 하기 때문에 이 소설에 등장하는 인물들의 삶의 방식에는 많은 토의가 필요했다. 그 모진 고통을 받고 '죽지 않고 살아내기 위해 꼭 필요한 것은?'이란 질문에 연대라는 답을 했다.

아들을 보낸 상처를 딛고 싸우는 동호 엄마와 '우리들은 고귀하다'고 외쳤던

> 성희 언니의 삶과 상처에 저항할 수 없었던 은숙과 선주, 결국 죽음을 택한 진수의 삶에 무엇이 더 필요했는지, 시민들이 무엇을 지원해야 했는지 묻는 질문들이 오늘 우리가 살아가는 세상의 민주주의를 지키는 일이 될 것이다.

사례 책
『소년이 온다』. 한강 저. 창비출판사

1) 시대적 배경 소개

1979년 유신 독재정권 18년에 마침표를 찍고 박정희 대통령이 사망한다. 군부독재를 종식하고 민주화 바람이 부는 것도 잠시, 그해 12월 전두환을 중심으로 한 신군부가 쿠데타를 일으키고 정권을 잡으려고 했다. 그것에 반대한 시위가 광주에서 일어났고 1980년 5월 17일 계엄사령관 전두환은 전국에 계엄을 선포하고 시위 중인 광주 시민을 무차별하게 살해했다. 그다음 날 광주시민들은 일제히 일어났고 5월 27일 계엄군이 광주를 점령할 때까지 10일간 군부정권 반대 시위를 이어갔다. 이 책은 5월 18일에서 5월 27일까지의 일을 배경으로 한다.

2) 질문 만들기

① 어린 새
- 이 글은 왜 2인칭 시점으로 쓰였을까?
- 상무관에서 추도식을 할 때는 왜 애국가를 불렀을까?
- 동호가 상무관에서 시체들을 들여다보는 이유는 무엇인가?
- 정대 누나는 왜 동호에게 중학교 교과서를 달라고 했을까?

- 동호는 왜 5월 26일 밤 도청에 남았을까?

② 검은 숨
- 제목이 왜 검은 숨일까?
- 그들은 왜 시체를 태웠을까?
- 죽으면 혼은 어디로 가는 것일까?
- 정대의 혼은 왜 동호에게로 갔을까?
- 정대는 동호가 죽는 것을 어떻게 알아차렸을까?

③ 일곱 개의 뺨
- 은숙은 왜 뺨을 일곱 대나 맞았을까?
- 편집장이 은숙보다 먼저 경찰서에 갔는데 왜 아무렇지도 않을까?
- 은숙이 분수가 나오는 도청에 전화한 이유는 무엇인가?
- 경찰은 왜 대본의 내용을 거의 다 잘랐을까?
- 대본은 거의 다 잘렸는데 연극은 어떻게 진행할 수 있었을까?

④ 쇠와 피
- 제목이 상징하는 의미는 무엇일까?
- 진수는 왜 자살했을까?
- 모나미 볼펜으로 남자들을 고문한 이유는 무엇일까?
- 도청을 사수했던 남자들은 정신적 고통을 해결하는 방법이 죽음이라고 말한다. 죽음만이 그들을 자유롭게 할 수 있는 일이었을까?
- 그들이 도청을 사수하지 않았다면 계엄군은 시민을 총으로 쏘았을까?

⑤ 밤의 눈동자

- 제목이 왜 밤의 눈동자일까?
- 성희 언니는 노동조합 사람들에게 왜 '우리는 고귀하다'고 말했을까?
- 윤의 녹음 부탁은 역사적으로 어떤 의미를 갖게 되었을까?
- 선주는 왜 녹음을 할 수 없었을까?
- 정미는 노동조합에 가입하지 않았는데 왜 실종되었을까?

⑥ 꽃 핀 쪽으로

- 엄마는 도청 사수 마지막 날 형이 동호를 찾으러 도청에 들어간다고 했을 때, 왜 말렸을까?
- 아버지 삼우제에서 큰형과 둘째 형은 왜 멱살 잡고 싸웠을까?
- 엄마는 정대 때문에 동호가 죽었다는 까닭에 문간방을 내준 것을 후회했을까?
- 유가족의 투쟁 활동은 동호 엄마에게 어떤 의미가 있었을까?
- 엄마의 가슴속에 남아 있는 동호는 어떤 존재였을까?

⑦ 에필로그

- 작가는 이 소설의 소재를 어디에서 얻었는가?
- 이 소설을 쓰기 위해 어떤 과정을 거쳤는가?
- 이 소설은 세상에 어떤 영향을 미쳤을까?
- 이 소설을 통해 본 작가의 소명은 무엇인가?

3) 토론 활동

- 우리는 소년의 죽음을 어떻게 받아들이고 어떤 일을 해야 할까?

- 5·18 희생자들을 위해 국가나 사회가 해야 할 일은 무엇이었을까?
- 고통스러운 정신적 상처를 치유하기 위해 주변에서 해야 할 일은 무엇일까?
- 5·18 민주화 운동이 우리나라 현대사에 끼친 영향은 무엇일까?
- 5·18에 영향을 미쳤던 역사적인 사건은 무엇일까?

4) 글쓰기 활동

여러 가지 독후활동을 통해 얻은 지식 중 가장 인상 깊었던 내용을 주제로 선정한 뒤, 그에 적절한 장르를 선택하여 글쓰기 활동을 진행하고, 완성된 작품은 SNS에 게시한다.

5) 합평회 활동

친구들의 글을 읽고 주제가 잘 드러났는지, 문단 정리는 잘 되었는지, 삶의 성찰력이 반영되었는지, 강점은 무엇인지 분석하고 적절한 피드백을 주고받는다.

6) 글쓰기 예시 자료

> 동호는 죽었지만 그 장소에 있었던 사람들은 동호를 잊지 못한다. 고작 중학교 3학년이었던 동호. 나와 동갑이다. 단순히 죽음에 대한 두려움을 벗어던지고, 부당한 현실에 맞서 싸운 그 용기에 대해 나는 부끄러움을 느꼈다. 동호는 죽음으로 정대와 저세상으로 가 버렸고 은숙과 함께 도청에서 살아남았던 사람들은 숨을 죽이며 그날의 아픔을 고발하지도 못하고 서서히 죽어간다. 죽음만이 그 고통을 잊게 해줄 수 있기에.
> 동호의 엄마와 가족들은 다른 인물과는 달리 온몸으로 저항했다. 그리고 그 저항이 5·18을 전 세계로 빠르게 알렸다. 어떻게 보면 너무나도 당연한 일

이라고 생각한다. 내가 감히 자식을 잃은 부모의 마음을 헤아릴 순 없지만 동호의 가족들이 하는 노력에 나도 가슴이 아렸다.

독재정권의 폭력에 죽음으로 저항한 사람들이 오늘 대한민국을 만들었다. 우리가 그분들의 희생을 헛되이 하지 않는 것은 지금 이 땅의 민주주의를 올바르게 이어가는 것이다. 이 책을 덮으며 나도 한 단계 더 나아가야 한다고 생각했다. 선조들이 이뤄놓은 우리 조국을 사랑하고 아끼는 방법은 개인의 삶에 최선의 노력을 해야 하는 것을 의미한다.

중3 ○○○

다. 세계사

에피소드

이 책은 지난 겨울방학 동안 중학생들을 모아 벌교 보성여관 카페에서 6주간 독토 프로젝트를 운영했을 때 토론한 책이다. 보성여중생들과 벌교중, 광양제철중, 구례중 학생들이 7명 참여했다.

학생들이 세계사에 대한 지식이 매우 부족하여 인터넷으로 여러 가지를 검색하면서 배경지식을 보충하며 읽었다. 보통 질문지 만들고 토론하고 글을 쓰는 데 3시간을 진행했으나 이 책은 3시간으로는 부족했다. 두 번 나눠서 진행하거나 학교에서 운영하는 창체 동아리나 한 권 읽기 시작에는 하루에 1장씩만 독후활동을 실시하면 더 적절할 것 같다.

배경지식을 찾을 때도 교사가 알려주는 것은 별 의미를 갖지 못하고 학생들이 궁금한 것을 스스로 찾아갈 때 오래도록 기억이 되는 것 같았다. 요즘 학생들이 의외로 사회, 지리, 역사에 대한 지식이 부족하다. 그래서 이렇게 딱딱하지 않게 세계사를 접하게 해야 할 듯싶다.

> 사례 책

『빵으로 읽는 세계사』, 이영숙 저, 스몰빅 인사이트

1) 골든벨 문제

① 인류 최초의 빵은 요르단에서 발생합니다. 식물 뿌리로 만든 납작한 빵이 최초로 발견되었는데 1만 4,400년 전이죠. 이때는 신석기 시대로 본격적으로 농경사회가 시작된 때입니다. 납작하게 직화로 구워 낸 고대의 빵을 무엇이라고 하나요? ○○브레드

② 시큼한 반죽이라는 뜻을 가진 빵입니다. 천연 발효종을 사용하여 만든 이 빵은 고대 이집트에서부터 크게 발전했어요. 밀가루와 소금, 발효종만 넣어서 만든 빵이랍니다.

③ 이탈리아를 대표하는 빵이랍니다. 해산물이 풍부했던 이탈리아 남부지역에서 빵 위에 각종 재료를 올려서 구워낸 것에서 유래했다고 합니다. 밀가루 반죽 위에 토마토소스를 바르고 버섯, 페퍼로니, 햄 등의 토핑을 얹은 후 치즈를 듬뿍 뿌린 후 오븐에 구운 이 빵은 무엇일까요?

④ 아몬드 가루로 만든 이 빵은 달걀흰자가 들어가죠. 프랑스를 대표한 이 빵은 사실 이탈리아에서 건너왔다고 합니다. 무엇일까요?

⑤ 마카오는 중국인과 포르투갈 혼혈인인 메케니즈들이 많은데요. 이 메케니즈의 퓨전 음식을 대표하는 빵을 무엇이라고 하나요? 작고 동그스름한 페이스트리에 커스터드 크림이 들어 있는 빵이랍니다.

⑥ 일본인들이 포르투갈인들에게 전해 받은 빵으로 스펀지처럼 부드럽다는 뜻을 지닌 빵은?

⑦ 필리핀 사람들이 먹는 국민빵이랍니다. 밀가루와 소금과 물로 만든 빵인데 필리핀 사람들은 빈부와 상관없이 이 빵을 애용한답니다.

⑧ 옥수수를 재료로 전처럼 얇게 부친 고소한 빵입니다. 멕시코의 전통 빵이에요. 무엇일까요?

⑨ 기름기도 없고 단맛도 적고 딱딱한 도넛 모양의 빵은 유대인들이 주로 먹었던 베이글이에요. 베이글은 무슨 뜻일까요?

⑩ 러시아를 대표하는 빵이랍니다. 호밀을 재료로 하면 빵의 색이 밀가루를 쓴 것과 달라진답니다. 러시아에서 이 빵을 부슬부슬 잘라서 수서도 녀믹기도 했답니다.

2) 독해 문제

1	전설의 도시 폼페이는 어떻게 발굴되었나요? 그 속에서 나온 음식에 대한 유적은 무엇이 있었을까요?
2	마카롱에 얽힌, 메디치 출신 프랑스 왕비들에 대한 에피소드를 소개해 볼까요?
3	포르투갈의 수도원에서 달걀노른자 요리가 발달한 사연은 무엇일까요?
4	엔리케 왕자의 해양 탐험을 소개해 볼까요?
5	일본은 개방정책과 더불어 쇄국정책도 씁니다. 이 책의 배경이 되는 시대에는 일본이 외국인 상인들을 모두 처형했는데 유독 네덜란드 상인들만 구제되어 히라도에서 살아갑니다. 그들이 살아남을 수 있었던 비결은 무엇일까요?
6	필리핀은 마젤란이 들어왔을 때 사살합니다. 그럼에도 불구하고 왜 식민지가 되었을까요?
7	멕시코를 비롯한 중앙아메리카는 옥수수 산지로 유명합니다. 수려한 문명을 이루었던 아즈테크왕국이 멸망하게 된 이유는 무엇일까요?
8	잉카제국이 스페인에 점령당한 이유를 설명해 주세요.
9	유대인들은 러시아에서도 핍박을 심하게 받습니다. 왜 그랬을까요?
10	표트르 대제의 유럽대륙 침공을 막은 데는 빵의 역할이 컸어요. 일화를 소개해 볼까요?

3) 질문 만들기: 이 책을 읽고 궁금한 것, 더 알고 싶은 것, 토론하고 싶은 것을 질문으로 만들어 봐요.

발효를 시켜야 맛있는 빵이 나온다는 것을 사람들은 어떻게 알았을까요?

지역마다 다른 종류의 빵이 나오게 된 배경은 무엇일까요?

마카롱은 아몬드 가루로 만든다고 합니다. 그 많은 아몬드는 어디에서 구할까요?

스페인 사람들이 신대륙에 들어섰을 때는 총, 균, 쇠로 수만 명의 원주민들을 학살하는데 마젤란은 왜 필리핀에서 죽임을 당했을까요?

엔리케 왕자는 왕자로서 누려야 할 이득을 버리고 왜 해양 탐험에 나섰을까요?

잉카제국이 스페인 군대에 멸망하게 된 가장 큰 이유는 무엇일까요?

멕시코가 주산지인 옥수수는 빵과 어떤 관련이 있을까요?

유대인들은 우수한 두뇌와 빼어난 가정교육을 받았음에도 역사 속에서 계속 핍박받은 이유는 무엇일까요?

빵은 전 세계인들의 주식이 될 수 있을까요?

세계사를 바꾼 빵의 영향력에는 어떤 것들이 있을까요?

4) 독후활동

- 토의 활동

학생들이 만든 질문지를 벽에 붙여 놓고 갤러리워킹을 하면서 가장 토의하고 싶은 질문지에 스티커를 붙이게 한 후 베스트 질문지를 선정한다. 이렇게 선정된 질문지 중 5개 정도를 골라 자유롭게 토의 활동을 진행한다. 배경지식이 많은 학생들에게 발언권을 주어서 사고의 확장이 이뤄지게 한다.

- 창작활동

빵에 관한 이야기이므로 열 종류의 빵을 그림으로 그리거나 사진으로 소개하는 활동, 빵에 관한 일화를 재구성하여 몇 컷의 만화로 창작하는 활동, 빵을 소재로 하여 웹소설을 짧게 쓰는 활동 등 다양한 창작 활동을 펼치게 한다.

산문을 쓰는 학생은 역시 다섯 문단 정도로 하여 A4용지 한 장 정도의 글을 쓰게 하고 합평회를 실시한다.

- 합평회

주제가 잘 드러났는지, 문단 정리는 잘 되었는지, 문단은 하나의 주제를 향해 타당성을 갖추었는지, 개인의 강점이 잘 드러났는지 등을 분석하고 피드백한다.

에피소드

이 책은 중학생 동아리에서 독후활동을 했는데 요즘 아이들이 거의 다 빵을 좋아했기 때문에 자신이 좋아하는 빵을 소개하며 라포를 형성했다. 먹는 것만큼 즐거운 것이 없어서 각자 좋아하는 빵을 먹으며 그 빵에 얽힌 세계사를 알게 된 소감을 나누다 보니 색다른 맛이 있었다.

프랑스에 갔을 때 거리마다 엄청난 마카롱 가게가 있어서 저 많은 마카롱을 누가 다 먹을까? 궁금했다. 그런데 마카롱이 이탈리아의 그 유명한 명문가 메디치가에서 유래했다는 사실을 알고 흥미로웠다.

러시아 역사에 대한 이야기는 어려워했지만 유대인의 흑역사에 대해서는 아이들이 공감을 잘했다. 이 책의 독후활동에는 아이들이 좋아하는 빵을 준비하라고 하면 동기유발이 듬뿍 될 것 같다.

사례 책

『이토록 다정한 기술』, 변택주 저, 김영사

1) 독해 활동

① 건강한 소비를 일깨우는 금융정책

현대사회에서 돈의 역할은 중요한 생필품을 구입하는 기능을 넘어, 투자의 대상으로 전환되었다. 화폐의 중심 역할에 맞는 금융제도를 운영하는 나라들을 소개하고 그 제도가 어떤 효과를 주는지 설명해 보자.

② 발상의 전환을 이루는 기술들

이 책에는 기존 관념을 깨고 신선한 발상으로 사회에 순기능을 창출하는 많은 기술이 소개된다. 그중에서 다섯 개를 고르고 기술이 탄생할 수 있는 생각과 나의 의견을 덧붙여 보자.

③ 위기의 시대를 극복할 수 있는 대안들

지구촌은 현재 기후환경 문제로 인해, 인류 전체가 멸종 위기에 처해 있다. 정치만으로는 이러한 위기를 극복할 수 있는 충분한 대안을 마련하기 어렵다. 그렇다면 세계의 시민은 어떤 방식으로 지구촌의 문제를 해결할 수 있을까? 이 글에서 대안을 찾아보자.

④ 내가 발굴할 수 있는 다정한 기술

이 책에서 새로운 기술을 발견하는 사람들은 위대한 과학자가 아니다. 평범한 시민일 뿐이다. 그렇다면 내 주변을 둘러 보고 내가 발굴할 수 있는 다정한 기술을 탐색해 보자. 실현 가능성이 없더라도 호기심을 가지고 몰두해 보고 글로 소개해 보자.

2) 질문 만들기

이 책을 읽고 잘 모르는 것이나 더 알고 싶은 것, 작가와 생각이 다른 것, 토론해 보고 싶은 것을 질문으로 만들어 보자.

(중학생들이 만든 문제 예시)

1	플라스틱의 문제점이 많은데 아주 없애려면 어떤 대안이 필요할까?
2	친환경 소재로 말라리아를 퇴치할 수 있을까?
3	디지털 약국을 노인들이 잘 이용할 수 있을까?
4	지구에 식량이 부족하면 곤충 버거를 개발하게 될까?
5	춤추는 신호등을 모방하여 버스 정류장에는 기다리는 지루함을 달래기 위해 어떤 것을 설치할 수 있을까?
6	자동차 회사들이 환경에 기여하기 위해 두 번째로 곤충을 기른다면 어떤 곤충을 기르게 될까?
7	버리는 잔반이 아주 많은데도 우리나라에서는 굶어 죽는 사람도 있다. 잔반을 없애고 남은 음식을 공유하는 방법에는 어떤 것들이 있을까?
8	코로나 같은 호흡기 질병을 치료할 수 있는 백신 개발이 가능할까?
9	포장재 쓰레기가 문제라고 할 때 포장재를 모두 없애면 안 좋은 점은 무엇일까?
10	비건 식단 외에 비건 패션이 있다고 한다. 우리들의 생활용품 중에서 또 비건이 될 수 있는 것은 무엇일까?

- 주제 토론

친구들이 만든 질문들을 윤독하고 가장 흥미 있는 주제 하나를 선택하여 토론 활동을 해 보자. 나의 의견을 근거에 맞게 발표하고 상대방의 의견에서 주장과 근거가 타당한지 메모하며 듣도록 하자.

- 쓰기 및 합평회 활동 예시

> 접을 수 있는 종이집이 가능할까?
>
> 나는 불가능하다고 생각한다. 일단 종이 를 접으려는 목적 중 하나가 이동을 할 수 있는 것인데 집에서 잠도 자야하고, 음식도 먹어야 하고, 화장실도 이용할 수 있어야 하는데 그러려면 물과 전기가 필요하다.
>
> 물과 전기를 쓰려면 수도도 있어야 하고 전선도 있어야 하기 때문에 구조가 무거워진다. 무거워지면 접는 것이 어려워진다.
>
> 또 다른 이유는 열전달의 문제이다. 온도가 다른 공간이 서로 마주하고 있으면 시간이 지나면 열 평행이 이루어진다. 종이집은 외부 온도와 열 평행이 이뤄져서 여름에는 덥고 겨울에는 추운 최악의 환경이 될 것이다.
>
> 그걸 막기 위해서는 이중창과 비슷한 원리의 벽이 설치되어야 하는데 그걸 종이로 만들기는 어려울 것 같다.
>
> 마지막으로 종이집은 무너질 수 있다. 종이는 잘 찢어지고 물에 젖는게 특성이다. 그래서 종이로 집을 만드는 것은 매우 어렵고 만들었다고 해도 돈이 많이 들기 때문에 비싼 가격에 판매될 것이니 굳이 종이집을 살 사람은 없을 것이다.

피드백

★ 책에 나온 종이집에 대한 다른 의견을 제시한 것이 좋다.

★ 서로 온도가 다른 공간이 마주하고 있으면 열평행이 일어난다는 과학적 지식을 적용한 것이 훌륭하다.

★ 이런 불가능한 점을 어떻게 극복했는지 찾아보면 더 많은 것을 얻게 될 것 같다.

5. 고등학교 코칭 사례

가. 인문

> **에피소드**
>
> 이 책은 가스라이팅이 한참 이슈가 되었을 때 어느 고등학교 독서캠프 주제도서로 정하여 독후활동을 펼쳤는데 학생들의 반응이 뜨거웠다. 가스라이팅에 대한 확실한 정의를 이해하며 가스라이팅을 당했던 경험을 나누고 그것이 사회적으로 어떤 문제를 일으키는지 활발한 토의가 이뤄졌다.
>
> 그런데 흥미로운 일은 이 책을 읽고 나서 여러 명의 아이들이 가스라이팅을 주제로 소설을 쓴 것이다. 주변의 경험과 인터넷으로 접한 정보를 활용하여 콩트 수준의 소설을 썼는데 꽤 재미있었다. 아이들이 자신의 글을 공개하는 것을 원치 않아서 여기에 싣지 못했다.
>
> 학생들의 글쓰기 주제 또한 다양하게 드러났다. '가스라이팅은 어디에서 시작되는 것일까?', '내가 만약 사랑하는 사람에게 가스라이팅을 당한다면?', '나는 가스라이터일까? 가스라이티일까?', '가스라이팅과 조언의 차이는 무엇일까?' 등등이었다.
>
> 전체 부분을 다 읽히기 힘들 때는 국어 시간에 한 쳅터씩 읽게 하고 토론수업을 해도 좋을 것 같다.

> **사례 책**

『이토록 치밀하고 친밀한 적에 대하여』, 신고은 저, 샘터 출판사

1) 읽기 전 활동

1. 가스라이팅에 대해 아는 바를 적어 볼까요?
2. 가스라이팅의 문제점이 무엇일까요?
3. 가스라이팅의 사례를 알고 있나요?
4. 가스라이팅은 주로 어떤 사람이 할까요?
5. 가스라이팅을 당하지 않으려면 어떻게 해야 할까요?

2) 질문 만들기 - 학생들이 만든 질문

가스라이팅의 범위는 어디까지일까?

가스라이팅은 무조건 부정적인 영향만 있을까?

가스라이팅을 무조건 신고해야 하는 세상일 때, 부모님이 '다 너를 위한 일이야'라고 가스라이팅을 한다면 신고해야 할까?

가스라이팅과 조언의 경계는 어디일까?

'넌 위해 그런 것인데 반응이 왜 그래?'라고 상대방이 말한다면 어떻게 대답해야 할까?

자신이 가스라이팅을 당하고 있다고 스스로 자각할 수 있는 방법은 무엇일까?

가스라이터의 무리한 요구를 거절하는 방법은 어떤 것이 있을까?

내 호의가 상대방에게 권리가 되지 않게 하려면 어떻게 해야 할까?

가스라이팅은 왜 하는 것인가?

나도 모르게 가스라이팅을 한 적이 있을까?

3) 글쓰기 사례

가스라이팅과 조언의 차이

"내가 사랑하는 사람이 가스라이팅을 한다면?" 이라는 토론을 하고 나서 여러 가지 생각이 들었다. 가스라이팅이 시작되는 부분은 굉장히 다양할 것 같다. 누군가는 사랑에서, 누군가는 신뢰에서, 누군가는 가족에 대한 애정에서 시작될 것이다. 내가 만약 가스라이팅을 당한다면 과연 나는 어느 부분에서 가스라이팅이 일어나게 될까?

사랑하는 사람에게는 모든 믿음을 쏟을 것이기에 사랑과 신뢰를 지닌 관계에서 가스라이팅을 당할 것 같다. 가스라이팅을 당하는 상대는 사람마다 다를 것이다. 왜냐하면 각자 개인 간 믿는 사람이 다르고 쉽게 마음을 빼앗기는 부분도 다르기 때문이다.

나를 아끼는 마음으로 가스라이팅을 했다면 과연 조언과 어떤 차이가 있을까? 내가 그 사람을 온전히 믿고 안전한 사람이라 믿는 상황에서 상대방이 나에게 '널 위한 말이야'라고 했을 때 나는 과연 그 말이 가스라이팅으로 다가올까? 분명 아닐 것이다. 정말 저 사람이 날 여전히 이렇게 생각하는 사람이구나 하는 믿음이 있다면 어떤 말을 해도 믿을 것이다.

그렇다면 내가 신뢰하지 않는 상대방에게 저 말을 듣는다면 가스라이팅으로 받아들일까? 그건 또 그것 나름대로 아니다. 지금 이 상태라면 그냥 '무슨 이상한 소리야' 하고 넘길 것이다. 하지만 이것들도 내가 온전히 믿을 사람이 있고 완전한 상황에서 생각할 수 있는 일이다.

따라서 조언은 어떤 말을 해도 사랑과 신뢰에 대한 관계에 의심이 생기지 않는 것이고 나를 위해 하는 말이지만 사랑과 신뢰가 깨지면 가스라이팅인 것 같다.

고2 ○○○

4) 독서 행사 관련 '세부 능력 및 특기사항' 기록

교내 독서캠프에 참가한 학생의 경우에는 다음과 같이 '세부 능력 및 특기사항'을 학생부에 기록할 수 있다. '세부 능력 및 특기사항'은 교육활동으로 얻은 역량을 기록하되, 풀어서 써야 한다.

> 교내 독서토론 캠프에 참여하여 『이토록 치밀하고 친밀한 적에 대하여』라는 책을 읽고 토론 주제로 '가스라이팅을 빠르게 알아챌 방법에는 무엇이 있을까?'라는 주제와 '가스라이팅은 무조건 부정적인 영향만 있을까?'라는 주제를 만들어 발표함. 모둠원들이 제시한 토론 주제 중 본인이 제시한 토론 주제가 채택되어 '가스라이팅은 무조건 부정적인 영향만 있을까?'에 대해 월드카페 토론을 진행함. 이 과정에서 '악의적 의도가 없는 가스라이팅은 조언과 충고의 역할을 할 수 있다'라는 주장을 펼침. 토론을 마친 후 '사랑하는 사람이 나에게 가스라이팅 하려 한다면?'이라는 주제로 글쓰기 활동을 했으며 피드백을 받고 본인의 글을 객관적으로 바라보는 시각을 기르게 됨. 이를 통해 본인 글의 강점이 주장이 명료하다는 것을 알았고 문단 정리가 약한 점을 보완했음. 이런 과정을 거치면서 정보를 수합하여 글쓰기에 적용하는 정보처리 역량을 확장시켰고 표현력이 늘어났음.

나. 고등학교. 문학

> **사례 책**
>
> 『57번 버스』. 대슈카 슬레이터 저. 돌베개 출판사

> 이 책은 챕터를 세세히 나누고 내용이 길지 않아서 학생들이 읽기에 수월하다. 내용도 어렵지 않고 주제가 다양해서 부분 부분으로 나눠서 토론 활동을 펼칠 수 있다. 이 책에는 많은 소주제가 담겼다. 빈부, 제3의 성, 인종, 회복적 대화, 여성, 친구 등의 사회 문제가 다양하게 제시되었고, 그 문제들이 회복적 프로그램에 의해 해결되는 과정을 보여 준다. 미국 사회의 복잡한 문제들이 비단 미국만의 문제가 아니고 우리 사회에도 일어날 수 있는 문제들이다.
>
> 학생들의 시선이 머무는 것이 학교마다 다양했다. 성 문제에 관심이 많은 곳도 있었고, 빈부나 교우 관계에 대한 부분, 흑인 여성인 리처드의 엄마를 통해 본 인종문제에 대한 관심이 뜨거운 곳도 있었다.
>
> 소설 한 권으로 다양한 문제를 제기하여 한 권 읽기 자료로도 권장할 만하다.

1) 읽기 전 활동

제3의 성이 존재한다는 것을 알고 있나요?

미국의 사립학교는 공립학교와 어떤 차이가 있을까요?

청소년 시절의 친구들의 관계는 개인의 삶에 어떤 영향을 미칠까요?

소년 시절 범죄는 성인의 범죄와 비교하면 처벌에 어떤 점이 다를까요?

회복적 정의는 폭력에서 가해자와 피해자가 어떤 활동을 하는 것일까요?

2) 독해 활동

내용 이해 문제

① 사샤

- 사샤는 무엇에 대해 관심이 많았으며 어떤 생활을 하고 있었나요? 사샤를 소개해 봐요.
- 사샤는 자신의 성정체성을 어떻게 느끼고 있으며 그런 자신의 삶에 대해 어떻게 대처하나요?
- 사샤의 친구들을 소개해 보세요. 사샤는 친구들과 어떻게 지냈나요?

② 리처드

- 리처드는 어떤 환경에서 성장했나요?
- 리처드의 친구들은 왜 리처드에게 사샤의 치마에 불을 붙이라고 했을까요?
- 리처드는 친구들의 요구를 왜 거절하지 않았을까요?
- 리처드 주변에서 일어났던 친구들의 죽음은 리처드에게 어떤 영향을 미쳤을까요?

③ 불

- 리처드가 사샤의 치마에 불을 질렀을 때 도움을 주는 사람은 누구인가요?
- 언론은 리처드를 어떻게 소개하나요?
- 사샤의 아버지는 언론과 세상의 오해에 대해 어떻게 대처하나요?
- 리처드가 감옥에서 사샤를 위한 한 일은?

④ 저스티스, 사법 혹은 정의

- 리처드의 형벌은 어떻게 달라지나요? 변화 과정을 서술해 보세요.
- 사람들은 리처드를 위해 어떤 활동을 하나요?
- 리처드의 엄마는 사샤를 위해 어떤 일을 하나요?
- 회복적 정의는 어떻게 이뤄지나요?

핵심 단어 찾기 : 이 책의 핵심 주제어는 무엇일까요?

제3의 성, 인종차별, 여성문제, 빈부 차이, 회복적 정의, 소년 범죄, 친구

3) 질문 만들기 – 학생들이 만든 질문

샤샤가 바지를 입었다면 리처드가 불을 붙였을까?

정신적으로 아직 미성숙하다고 해서 청소년 범죄의 형을 줄여주는 일은 합당한 것일까?

리처드에게 불을 붙이라고 부추긴 자말과 로이드는 리처드가 혼자 잡혀갔을 때 어떤 심정이었을까?

제3의 성을 가진 사람들을 우리는 어떻게 대해야 할까?

성소수자를 인정하는 법을 제정한다면 어떤 문제가 발생할까?

샤샤가 흑인이었다면 사건은 어떻게 진행되었을까?

샤샤는 자신을 에이젠더로 인식하고 남자이지만 치마를 입고 다닌다. 샤샤의 옷차림이 사람들에게 불쾌감을 준다면 제재해야 할까?

리처드 주변의 흑인 청소년들의 범죄율은 매우 높은 편이다. 왜 그럴까?

미국 언론들은 리처드와 샤샤에 대해 사실을 과장하여 보도한다. 이런 상황에 어떻게 대처해야 할까?

회복적 정의를 통해 리처드가 샤샤에게 전달한 편지는 샤샤에게 어떤 영향을 미쳤을까?

학생의 글 소개

> '존재하는 것을 부정할 때 그 순간 폭력이 된다'라는 주제인 강의를 듣게 된 경험이 있다. 성소수자는 분명 존재한다. 하지만 사회에서는 부정하려고 한다. 존재하지만 인정하지 않고 받아들이지 않는 게 현실이다. 사실 본인의 의지와 상관없이 상대방을 혐오하는 그 마음 자체에는 시시비비를 가릴 수 없다. 하지만 논리 없는 혐오가 표출되는 순간 폭력이라고 할 수 있는 것이다. 많은 사람들은 이 자체가 폭력이라는 것도 알고 있을 것이다. 하지만 사회에서조차 성소수자를 희화화하며 조롱거리, 그저 관심을 끌기 위한 수단으로 이용하는 경우가 허다하다. 심지어 학교에서도 은연중에 일어나는 차별 발언 등이 셀 수 없이 많다. 동성끼리 조금이라도 붙어있으면 "너 게이야?", "너 레즈?" 이런 말들이 오갔다. 과연 이러한 말들이 장난이라고 해서 차별적인 발언이 아니라고 할 수 있을까라는 생각이 들었다.
>
> -고2 ○○○

> 며칠 전 촉법소년에 대해 조사하면서 기사를 찾아본 적이 있었다. 촉법소년은 형벌 법령에 저촉되는 행위를 한 만 10세 이상 14세 미만의 형사미성년자로, 이들은 형사처분 대신 소년법에 의한 보호처분을 받는 것을 말하는데 이들은 2017년부터 2021년까지 점차 증가해 오고 있다. 이 촉법소년이라는 점을 악용한 사례 또한 계속 증가하고 있었다. 나는 57번 버스 토론주제였던 '성숙도로 인해 죄수의 형을 줄여주는 것이 합당할까?'에서 교도소에서도 충분히 교육을 받기 때문에 합당하지 않다고 주장했다. 이를 보충하고 싶다. 교도소에서도 충분히 교육받을 수 있을 뿐만 아니라 촉법소년과 연관을 지어본다면 둘의 공통점은 첫 번째는 '범죄율이 증가한다'와 두 번째는 '악용할 가능성이 있다'인데 성숙도로 판단해 버린다면 법의 가치가 떨어질 것 같고, 촉법소년 문제점을 해결하는 방법 중 '연령을 하향하자'라는 주장이 있었지만 이는 미국의 사례에서 보듯 재범률이 높아질 것이고, 역효과를 불러올 것이라고 했는데 형을 줄여준다면 이런 일이 발생할 것 같다. 그러므로 나는 합당하지 않다고 한 번 더 주장하고 싶다.
>
> -고2 ○○○

문학 - 보건고에서의 토론

> **사례 책**
> 『용기의 쓸모』 이옥수 외 5인 공저. 뜨인돌 출판사

에피소드

전남보건고등학교에는 두 개의 학과가 있다. 보건간호학과와 의료전자과. 의료 관련 직업인을 양성하는 학교이다. 국어과 교사 김근령 선생님의 초청으로 이 학교에 가서 『용기의 쓸모』라는 책으로 캠프를 두 번 진행했다. 학생들이 캠프 때 쓴 글을 네이버 밴드에 올리고, 그 후로도 계속 이어가게 했는데 그 지역에서 낳고 자란 유성이가 글을 계속 올렸다. 유성이는 요즘 보기 드물게 아버지를 도와서 집안일을 많이 했고, 그 사연들이 줄줄이 글로 엮여 나왔다. 거미가 집을 짓듯이 자꾸만 나오는 유성이의 글. 농촌에서 자라면서 농사일을 어른 못지않게 하고 아버지 시대의 팝송을 부르며 농약을 치고 논을 매는 유성이, 기계를 조립하는 것이 신기해서 세탁기까지 분해해서 고장난 것을 찾아 고쳐내는 유성이의 생활이 담긴 글을 소개해 본다. 유성이의 버킷리스트는 LP판을 들을 수 있는 전축을 구입하는 것이고, 전국을 여행하고 싶은 것, 그리고 방송국에 가 보는 것이란다. 그래서 이 중에서 가장 쉬운 것으로 우선 전남지역 몇 군데를 함께 돌아보았다.

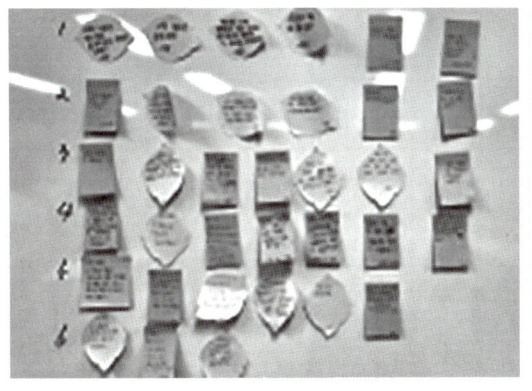

1) 독후활동지

가. 기차가 달려간 곳에는(이옥수)

1. 연우가 수업 시간에 생라면을 씹는 행동은 바람직한 것일까?
2. 연우가 아빠한테 시골로 내려가자고 한 것은 옳은 선택일까?
3. 연우는 서울에서 살아가는 아빠를 보고 어떤 생각을 하게 되었을까?
4. 연우 아빠는 서울 생활에서 성공할 수 있을까?
5. 연우가 사촌에게서 자존심이 상하는 것은 어떻게 극복해야 할까?

나. 결과의 결과(조규미)

1. 성민재는 왜 동우를 괴롭혔을까?
2. 동우는 민재의 학폭 신고에 어떻게 대처해야 했을까?
3. 동우는 달리기 평가에서 세만이에게 왜 보조를 맞췄을까?
4. 세만이는 동우를 위해 무엇을 해야 할까?
5. 성민재 앞에서는 침묵을 지키는 친구들은 어떻게 해석해야 할까?

다. 매직 아워(강미)

1. 아름다운 번짐이란 무엇일까?
2. 매직 아워에 세워준다는 것은 무엇을 의미할까?
3. 은결이 방송에 출연했다면 어떤 일이 벌어졌을까?
4. 매직 아워를 스스로 만들 수 있을까?
5. 은결이 큰이모 댁으로 이사를 하는 것은 옳은 선택일까?

라. 반사경(명혜정)

1. 수림이 왕따를 당했을 때 어떻게 대처해야 했을까?
2. 부모님이 동생에게만 관심을 가질 때 어떤 요구를 할 수 있을까?
3. 친구들이 나의 진로에 대해 부정적으로 말할 때는 어떻게 대처해야 할까?
4. 수림의 피아노와 같은 존재가 나에게 있다면 무엇일까?
5. 수림이는 앞으로 어떤 진로를 열어갈까?

마. 엄마의 최애(최현주)

1. 엄마는 왜 잔소리를 할까?
2. 엄마가 집에 없으면 진짜로 편안할까?
3. 엄마의 최애는 무엇일까?
4. 엄마는 왜 자기관리를 하지 않을까?
5. 잔소리를 듣고 크면 잔소리를 하게 될까?

바. 나의 얼굴을 처음 봤을 때(최은규)

1. 우리 반에 지나 같은 아이가 있다면 주인공처럼 대할 수 있을까?
2. 내가 지나를 대하는 방법은 바람직한 것일까?
3. 지나와 같은 아이가 있다면 친구가 될 수 있을까?
4. 요술공주 친구들이 지나랑 친하게 지내지 말라고 한 것은 옳은 충고일까?
5. 지나는 왜 주인공에게 친구가 아니라고 했을까?

2) 독후활동으로 글쓰기

토론하고 주제를 하나 정해서 밴드에 글쓰기를 시작했는데 1회로 끝나지 않고 학생들이 글을 계속 올렸다. 거의 1년 동안 이어진 글쓰기에서 가장 눈에 띄는 성장을 보여준 학생은 정유성이었다. 요즘 보기 드물게 유성이는 집안일을 많이 돕는 학생이었다. 사시사철 농사일이 담긴 유성이의 글을 책으로 편찬해 보려고 노력 중이다.

캠프 날의 글
사람에게 언제가 매직 아워일까?

매직 아워란 일출 또는 일몰 후 수십 분 정도 체험할 수 있는 일광이 충분하면서도 인상적인 효과를 낼 수 있는 황혼 시간대이다. 내가 생각하기에 우리의 삶에서 매직 아워란 자신을 가꾸는 시간이다.

사람에게 매직 아워는 여러 번 찾아올 수 있다. 지구에 살아가면서 해가 뜨고 지듯이 일출과 일몰은 계속 돌아온다. 사람의 일생을 장작불이 켜지고 활활 타오르다가 불씨가 꺼지는 것에 비유하기도 한다. 어리면 어리고 늙으면 늙는 거지 불타는 거에 비유하는 것은 늙은 사람을 너무 안 좋게 취급하는 거 같다. 늙어도 대중들에 빛나는 삶을 살 수 있지 않던가?

우리나라 배우 중 전원주는 젊은 시절 작은 키와 못생긴 얼굴로 주역은 받으신 적이 없고 조연만 하다가 70대가 지나서야 주역을 받고 강연하시면서 대중들에게 빛을 발하고 계신다.

나는 이 주제를 생각하면서 의문이 한 가지가 계속된다. 내가 생각하기에는 매직 아워는 자신을 가꾸는 시간이라고 생각하는데 내가 원하는 대로 자신을 가꾸는 건지 타인과 사회의 입맛에 맞게 자신을 바꾸는 건지 모르겠다. 문신으로 예를 들면 보통 사람에게는 깨끗하고 맑은 피부가 선망의 대상인데 문신으로 자신의 미를 표현하는 것은 타인을 의식한 깃 같다. 이떤 것이 매직 아워일까? 일출 일몰의 매직 아워로 표현을 하자면 구름 하나 없는 맑은 매직아워와, 먹구름이 가득한 하늘 아래 해가 희미하게 드러나는 매직아워 중, 더 마음을 사로잡는 풍경은 어느 쪽일까?

캠프 이후의 글쓰기
눈이 가장 빛날 때

글을 시작하기 전에 사람들은 의문이 들 것이다. 대체 눈이 가장 빛날 때라니 이게 대체 무슨 말일까? 진짜 눈에서 빛이 나올 때인지 아니면 흥분하거나 놀라서 눈이 반짝거릴 때인지.

내 눈이 가장 빛날 때는 호기심으로 가득 찰 때다. 여러가지 생각이 나는데 옛날 집에서 바닥이 뻥 뚫린 변소가 있는데 전등과 전선이 너무 낡아서 아버지 없을 때 우리집 차단기를 다 내리고 전선과 전등을 모두 교체했던 적이 있었다. 호기심이 얼마나 넘쳤으면 배짱도 없던 내가 이렇게 대담한 일을 벌인 것이 지금도 민망하다. 전기에 대해 잘 알지도 못한 내가 그렇게 대담한 일을 한 것이다. 그런데 새것과 헌 것이 선명하게 차이가 났는데도 지금도 우리 부모님은 모르신다. 시간이 흐르면 다시 새것이 헌 것으로 변할 것이다.

내가 또 대담한 짓을 벌인 게 있다. 우리집 세탁기를 분해 청소를 했던 건데 2015년에 LG사에서 12kg 용량 DD모터 통돌이 세탁기를 샀는데 계속 잘 쓰다가 7년 후 2022년 우리집 세탁기가 잘 돌아가지 않아 내가 분해해 보았다. 필요한 연장은 멀리 가서 구할 필요가 없었는데 그 연장들은 아버지 1톤트럭에 실려있는 연장통에 다 들어 있었다.

나는 혼잣말로 야! 시골에 태어난 게 이래서 좋구나. 도시에 살면 연장들 산다고 해도 다시 언제 써먹어. 나는 연장통이랑 곳간에서 드라이버 10mm 복스왈, 깔깔이, 바이스플라이어, 쇠망치하고 수건을 챙겼다.

세탁기 바깥 커버를 벗기고 난관이 두 가지가 있었다. 첫 번째는 회전하는 빨래판이 아무리 힘을 써도 안 빠지는 것이 아닌가? 가루세제를 쓰니까 녹지 못한 세제들이 딱딱하게 굳어서 뜨거운 물을 담가놓고 계속 잡아당기는데 허리가 끊어지는 줄 알았다. 어떻게든 빼내려고 38mm였나, 세탁통을 고정시키는 복스왈 사이즈인데 플라이어를 꽉 물리고 아버지가 수제로 만든 쇠망치

손잡이로 톡톡 치는데, 소리가 너무 커서 손잡이에 수건을 둘둘 감고 쳐 가면서 겨우 빼냈다.

와! 그때 일은 너무 충격이었다. 안쪽 면은 아주 깨끗한데 보이지 않는 면은 세제 찌꺼기랑 먼지 등등 들러붙어서 바로 솔로 빡빡 문지르고 때를 빼내고 했다. 마지막 관문인 세탁통 밑에 회전축이랑 고정시키는 부분이 있는데 그곳에서 가루세제가 녹지 못한 것이 쌓이고 쌓여 돌이 되어서 완벽하게 지워지지 않아서 계속 씨름하고 있었다. 땀을 줄줄 흘리며 마무리가 거의 다 되었을 때 잠시 뒤를 돌아보니 아버지의 눈빛이랑 마주쳤다.

나는 속으로 '오늘 혼이 나겠구나' 했는데 내 생각과 다르게 아버지는 한마디만 하셨다.

"잘 정리해 놔라."

나는 안심을 하고 빨리 정리 조립해서 결과는 말 안 해도 잘 되어서 지금도 우리 집 빨래를 잘 맡아주고 있다. 앞으로도 몇 년은 계속 잘 작동될 것이다.

심지어 나는 우리 집 보일러에 손을 댔는데 나는 중학교에 입학하면서 더 호기심이 늘어서 경운기, 기름보일러, 연탄보일러, 가스보일러 화목보일러, 우리나라 재봉틀을 다 뒤져서 재봉틀 디자인하고 상표만 보면 어느 회사 제품인지도 다 알고 있었다. 물론 재봉질도 잘했다.

본론으로 돌아와 보일러에 분배기라는 부품이 있는데 보일러에서 따뜻하게 데워준 물을 각 방으로 물을 분배하여 뿜어줄 수 있게 길을 내주는 부품이다. 거기에서 에어를 뺄 수 있게 하는 부품이 있는데 돌리다가 부품은 빠져서 물이 솟아오르자 나는 또 눈이 반짝반짝 해졌다. 부품을 찾아서 조였는데 이 고무 패킹이 오래되어서 물이 뚝뚝 새는 것을 방지하기 위해 테프론 테이프를 감는데 물이 계속 뿜어져 나오자 마음이 더 급해져 어찌어찌 해결은 했는데 내 발은 이미 물에 빠져 있었다. 시멘트 바닥이라 물을 전부 퍼내고 정리를 했다. 그중에서 제일 다행인 건 아버지가 그 시간 동안 외출을 하신 것이다. 아버지에게 들켰다면 그날은 또 혼쭐이 나는 날이었을 것이다. 정리를 다 했을 때 아버지가 돌아오셔서 나는 슬쩍 보일러에게 속삭였다.

"보일러야! 내가 돈 벌 때까지 고장 나지 마, 아버지한테 혼나기 싫어."

만감이 교차하는 밤

오늘 해거름부터 이 글을 쓸 때까지 나는 새로운 경험을 했다. 학교에서 집에 들어오고 피곤해 빨리 잠들어서 한창 꿈속에 들어가 있는데 집 대문을 두드리듯이 나를 깨우는 소리가 들렸다. 바로 내 이름 유성이를 부르는 소리였다. 나는 잠에 취해서 바로 못 일어났는데 현관을 두드리는 소리가 들렸다. 아버지였다. 나는 얼른 밖으로 나갔다. 아버지는 우리 집 터줏대감이나 다름없는 경운기로 발을 옮기셨는데 나는 그때도 잠이 안 깨서 멍하니 있었다. 아버지가 빨리 일을 도우라고 해서 경운기 짐칸에 약통과 호스를 올렸다. 해도 떨어졌는데 아버지가 왜 약을 치러 가는지 알 수 없었다. 그런데 아버지는 장마철이라 내일 오후부터 비가 쏟아지니 미리 약을 쳐야 병충해를 예방할 수 있다고 했다.

어떻게든 정비할 것은 정비하고 챙길 것은 챙겨서 논으로 향했다. 경운기에 달려 있는 분무기로 물을 약통에 담고 농약과 섞었다. 그때는 매직 아워라고 하는 시간도 다 끝나가고 주변에 가로등이 켜졌을 때라 아버지는 어둠 속에서 약을 쳐야 하니 마음이 급해서 경운기를 나한테 맡기고 멀리 농약줄을 끌고 가셨다.

농약물도 다 담아졌고 촛대로 향하는 벨브를 열고 클러치를 연결했다. 나는 그때가 제일 긴장이 되는 순간이다. 왜냐하면 분무기에서 농약이 새서 뿜어져 나올까 봐 마음을 졸인다. 내가 벨브를 연 줄 알았는데 농약통으로 물을 받는 벨브를 잠가서 물은 분무기 안으로 들어오는데 나가는 출구가 없으니 그럴 때 물이 새는 것이다. 그것을 대비해서 분무기에 설치하는 게 있다. 바로 조압변이라고 하는 장치가 있는데 그곳으로 물이 나와서 바로 벨브를 연다. 하여간 농약물이 새지 않게 해야 한다.

논에 약을 치는 방법은 네 모퉁이를 먼저 치고 논 한가운데로 들어가 약을 친다. 아버지가 논 깊이 들어갈수록 내 마음속에 걱정이 생겼다. 대체 경운기 약 분무하는 걸 언제 끄지? 라는 생각이 계속 든다. 대낮이면 아버지가 약 다 쳤다는 표시로 촛대로 사방으로 마구 휘두르시는데 이미 해는 졌지 논으로 들어간 아버지는 안 보이지 산을 보면 밤안개가 껴있어서 아득하다.

나는 그냥 포기하고 현미 가수의 밤안개를 잠깐 불렀다. 몇 초 동안 밤안개가 가득히 쓸쓸한 밤거리라는 가사만 읊으면서 경운기를 언제 꺼야 하나 초조해하는데 아버지의 목소리가 들렸다.
"꺼라!"
나는 바로 시동을 끄고 클러치를 정지로 위치하고 벨브를 잠갔다. 와아! 그때 내 심정은 언제쯤 다시 느낄 수 있을까? 바로 답답했던 가슴이 샤악 퍼지는 느낌, 농약을 옮겨주는 호스줄을 당기면서 내 귀에 들렸던 건 약하게 들리는 개구리 울음소리였다. 경운기 시동이 돌아가며 농약을 뿌릴 때는 시동 소리와 개구리 울음소리가 이상한 조화를 이루어서 몇십 마리가 우는 것처럼 요란했는데 시동을 끈 순간 개구리 소리가 잔잔해진 것이다. 그때 내 마음도 차분히 가라앉았다.
일을 다 끝내고 나는 경운기 짐칸에 앉아서 별을 바라보는데 바로 드는 생각이 별빛 위치가 달라 보였다. 자세히 살펴보니 몇 개는 별이 아니라 비행기였다. 나는 이런 상상을 했다. 저 비행기가 사람이 탄 게 아닌 외계인이 사람들을 관찰하기 위해 우주선을 변장한 게 아닐까?
우리 인간이 집단으로 살아가는 개미를 관찰하듯이 저들도 우리 인간들을 관찰하고 있는 것은 아닐까? 오만가지 상상을 하는데 또 과거 생각도 난다. 지금은 아버지가 담배를 끊고 계시지만 작년만 해도 담배를 피셨다. 작년에도 농약을 다 치고 집으로 가는데 아버지가 담배를 피시는 거다. 문제는 담배 연기가 바로 내 면상을 후리는 것이다. 독한 담배 연기가 아직도 내 기억에 남아있었다. 그래서 아버지가 담배를 안 피워서 다행이란 생각을 하며 또 노래가 흥얼거려졌다.
떠오르는 노래는 가수 패티김의 '가을을 남기고 사랑'. 그 노래의 한 소절이 자꾸 생각이 난다.
'아~ 그대 곁에 잠들고 싶어라. 날개를 접은 철새처럼 눈물로 쓰인 그 편지는 눈물로 다시 지우렵니다. 내 가슴에 봄은 멀리 있지만 내 사랑 꽃이 되고 싶어라'라는 부분을 부르는데 그 소리가 경운기 엔진소리에 묻혀 흙먼지가 바람에 흩날리듯이 흩날렸다. 경운기 시동 소리가 박자를 잘 쪼개줘서 은근 박자가 착착 맞았다. 정신을 차려보니 어느새 집이다. 몸을 씻고 고구마순 반찬에 된장쌈으로 저녁 밥을 먹는데 맛이 참 각별했다. 일을 한 후에 먹는 밥이 가상 맛이 좋다.

4) 조도고등학교의 시각형 독후활동

　팽목항에서 배를 타고 조도에 갔다. 세월호의 기억이 깃든 그 바다는 항상 슬픔과 함께한다. 야트막한 언덕에 있는 조도고등학교의 도서관에서 전교생과 함께 독후활동을 했다.

　'용기의 쓸모' 중에서 '결과의 결과'로 독후활동을 시작했는데 제목의 의미에 대해 먼저 대화를 나누었다. 이 제목에는 네 가지 의미가 담겨 있다. 수학 시간에 무단으로 빠져나온 동우는 무단 결과이다. 당번이어서 동우를 데려오겠다고 나선 세만이는 인정형 결과, 출석의 결과가 첫 번째 의미. 성민재는 동우를 괴롭히다가 동우에게 반격을 당해 학교폭력으로 동우를 몰아간다. 가해자와 피해자가 뒤바뀐 상황에서 폭력의 결과는 어떻게 이어지는지, 그게 두 번째 결과의 의미. 세 번째는 세만이는 일찍이 동우에게 진 빚이 있다. 체육 수행평가날 하필 달리다가 넘어진 세만이를 기다려 준 동우, 동우는 왜 체육 수행을 포기하고 세만이를 먼저 골인하게 만들었을까? 동우가 베풀어준 선행이 어떤 결과를 가져다주는지, 그게 세 번째 결과의 의미다. 네 번째는 세만이와 동우가 하나로 뭉쳤으니 동우의 피해를 방관하고 있던 학급 분위기가 이젠 달라질 것이다. 그 결과가, 어떠할지…

　아이들에게 "소설의 장면들이 머릿속에 그려지느냐"고 물었다. 대여섯 명이 손을 들어서 그 애들은 시각형으로 작품의 주내용을 그리게 하였고, 소설 속의 대화나 구절이 떠오르는 아이들은 청각형으로 질문 만들기를 실시했다. 소설 속의 인물들에게 행동으로 뭔가를 보여 주고 싶은 사람은? 역시 대여섯 명이 손을 들었다. 체각형 아이들은 역할극을 하기로 했다. 그런데 역할극 준비를 하더니 모두 시각형으로 가 버렸다.

고등학생이라 남 앞에 서는 것이 꺼려졌나 보다. 시각형에서는 갈등의 정점인 상황에 대한 그림이 많이 나왔고, 내용을 바꾸어서 세만이를 여학생으로 만들어서 동우와 커플이 되게 하고 둑방길 대신 하조도 등대길을 걷게 한 것이 여간 재밌지 않았다. 아이들은 역시 기발하다.

성민재가 동우에게 반격을 당해서 볼이 벌겋게 달아오른 부분도 그리고 동우가 성민재에게 목을 졸리는 부분도 그러서 재창작의 의미가 있었다. 청각형도 다양한 질문이 나왔다. 수학 선생님이 왜 교실을 나가는 동우를 잡지 않았는지… 담임교사는 왜 문제의 핵심을 파악하지 않고 성민재의 말만 듣고 피해자인 동우를 가해자로 몰아가는지…

작품은 역시 여러 각도에서 감상이 필요하다. 그냥 읽으면 제맛을 느끼지 못한다. 새로운 시도로 한 독후활동이 제법 즐거웠다.

다. 고등학교. 과학1

> 이 책은 이해하기 쉽고 우리가 극복할 수 없는 노화에 대한 대안 가능성을 제시하고 있어서 자연과학계열로 진학하고 싶은 학생들에게는 인기가 좋았다. 대학입시에서 학생부의 독서 기록이 중요시되고 있어서 독서캠프 주제 도서로 안내했을 때 학생들이 많이 참여했다.
> 노화에 대한 관심사를 표현한 토론 주제와 글쓰기 주제가 많았으며, 노화세포를 주인공으로 한 글쓰기 활동도 흥미로웠다.

사례 책

『매우 작은 세계에서 발견한 뜻밖의 생물학』. 이준호 저. 21세기북스

1) 읽기 전 활동

1. 생물학은 어떤 학문일까요?
2. 생물학에 관한 책을 읽어본 적이 있나요?
3. 거시생물학과 미시생물학은 어떤 차이점이 있을까요?
4. 생물학은 물리, 지구과학, 화학과 어떤 관련을 갖게 될까요?
5. 생물학은 인간의 삶에 어떤 영향을 미칠까요?

2) 질문 만들기 – 학생들이 만든 질문

1. 변이와 진화의 가장 큰 차이점은 무엇일까?
2. 유전자 돌연변이가 종 생태계에 어떤 영향을 미칠까?

3. 예쁜 꼬마선충의 수명을 늘린 것처럼 인간의 수명이 두 배로 늘어난다면 어떤 문제점이 발생할까?

4. 예쁜 꼬마선충의 연구로 인하여 인간의 수명을 연장할 수 있을까?

5. 우리가 생물학에 대해 알아야 하는 이유는 무엇일까?

6. 매우 낮은 확률로 염색체에서 돌연변이가 발생했다면 환경의 영향을 받았을까?

7. 만약 노화를 막을 수 있는 방법을 발견한다면 윤리적인 문제는 없을까?

8. 예쁜 꼬마선충은 영하 70도에서 얼었다가 해동이 되면 다시 살아난다. 이런 경우에서 인간도 냉동시켰다가 다시 살아나는 방법을 발견할 수 있을까?

9. 노화는 과연 극복해야 하는 것일까? 노화로 인하여 좋은 점은 없을까?

10. 유전자 조작은 심각한 생태계 교란을 가져온다. 그럼에도 유전자 조작을 계속해야 할까?

3) 글쓰기 사례

노화의 입장에서 본 노화 억제

안녕! 나는 노화라고 하지. 나이가 들면서 정신적, 신체적으로 약해지는 현상이야. 그런데 사람들은 말이야. 나를 끔찍이도 싫어해. 그래서 어떻게든 나를 쫓아내려고 별별 연구를 다 하고 있어. 이 책은 꼬마선충에서도 나와 닮은 세포를 제거해 보잖아? 그러니까 실제로 꼬마선충도 수명이 길어졌어.

그런데 나는 너희 인간들에게 해줄 말이 좀 있어. 무조건 나를 쫓아내는 것이 대수가 아니란다. 나이가 들고 늙고 병들어 죽는 것이 너희들은 정말 싫지? 그렇지만 이제 내 말을 좀 들어봐.

나는 너희 인간이 살아온 세월을 보여 주기도 하고 삶에서의 시련과 고통, 흔적을 보여 주는 역할을 해. 나로 인해 사람들은 삶과 시간에 소중함을 느끼면서 살아가지. 인생이 한시적인 것이기에 더욱 소중한 거야. 만약 내가 없어진다면 사람들은 자신들이 지닌 삶의 소중함을 잃고 말걸!

내가 약화되어서 계속 살게 된다고 생각해 봐. 세상은 아수라장이 될 거야. 너희 인간들이 지금 얼마나 욕망을 부풀려서 지구가 엉망이 되었잖아? 나를 약화시키는 약을 개발해서 인생이 길어진다면 돈 많은 사람들은 오래 살고 돈이 없는 사람들이 빨리 죽게 되는 등 온갖 문제가 발생하고 지구는 또 어떻게 되겠어? 사람들이 죽지 않는 지구를 생각해봐. 끔찍하잖아?

그래서 나는 너희들에게 충고하고 싶어. 나는 그냥 놓아두라고.

고2 ○○○

4) '세부 능력 및 특기사항' 기록 사례

교내 독서토론 글쓰기 캠프에 참여하여 『매우 작은 세계에서 발견한 뜻밖의 생물학』을 읽고 '난자와 정자를 모두 가지고 있는 인간 돌연변이가 발생한다면 어떤 일이 일어날까?', '만약 자신이 100세 노인이라면 야마나카 인자를 사용할 것인가?'라는 질문지를 작성했고 '유전자 가위로 비모델 생물을 깊게 연구할 수 있게 된다면 어떤 이점이 있을까?'라는 주제로 월드카페 토론에 참여하여 급우들에게 '더 빨리 연구 결과를 도출할 수 있을 것이고 연구의 방향성이 더 넓어질 것'이라는 주장을 펼침. '인간 돌연변이와 유전자 가위'로 글을 작성하여 새로운 정보를 적용해 합평회 시간에 급우들의 의견을 수용하여 작품을 수정 보완함. 캠프에 참여하여 의사소통 역량을 키웠으며 토론 과정에서 공동체 역량을 확장시킴.

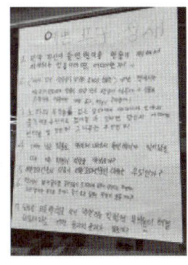 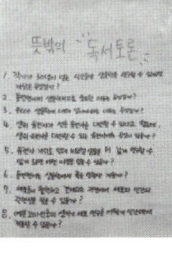 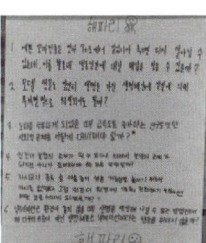 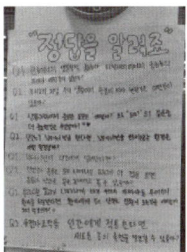

다. 과학 3

> **에피소드**
>
> 이 책은 겨울방학 동안 노화고등학교에서 독후활동을 펼쳐보았다. 노벨물리학상을 받은 9명의 과학자를 인터뷰한 책 내용은 물리학에 대한 전문지식을 안내하는 것이 아니라 학문을 시작하는 동기, 연구에 대한 태도 등이 담겨서 흥미로웠다. 세계적인 석학, 물리학자들의 연구의 시작은 대부분 호기심이었다. 그리고 그 호기심의 대상이 일상 주변에 있는 사물이었다는 것에서 우리들에게도 가능성이 있다는 것을 제시해 준다.
>
> 노화고등학교 학생들의 다채로운 생활 경험, 관심사 등을 나누며 거기에서 끌어 올려서 개발해 나갈 것을 토의하면서 또한 많은 가능성을 느꼈다. 인터넷 시대로 편입되면서 공간의 의미가 파괴되어 이젠 어느 곳에 있어도 필요한 정보가 공유되는 세상이 열렸다. 보길도를 눈앞에 둔 아름다운 섬, 노화도에서 꿈을 키우는 학생들에게 물리학자들의 생활을 함께 나눠서 뜻깊은 시간이었다.

사례 책

『물리학자는 두뇌를 믿지 않는다』. 브라이언 키팅 글 | 마크 에드워즈 그림/만화 | 이한음 번역. 다산초당 출판사

1) 읽기 전 활동

1. 노벨물리학상은 어떤 사람에게 수여할까?
2. 노벨물리학상을 받은 사람들의 수상 후 생활은 어떠했을까?
3. 올해 노벨물리학상을 받은 사람은 누구인가?

4. 어느 나라 사람들이 노벨물리학상을 가장 많이 받았을까?

5. 우리나라 학자들도 노벨물리학상을 받을 수 있을까?

2) 질문만들기-학생들이 만든 질문

1. 세계적으로 많은 물리학자들이 있지만 노벨상은 운이 좋아야 받는 것 같다. 시기적으로 유행하는 학문의 흐름에 따라 상이 결정되는 것은 바람직할까?

2. 노벨물리학상 수상자들이 가면 증후군을 갖게 된다면 수상 후의 연구는 어떻게 변할까?

3. 친구와 함께 연구를 수행했는데 친구만 노벨물리학상을 받는다면 기분이 어떨까?

4. 생각이 다른 사람과 일을 하라고 한다. 나와 관점이 다른 사람과 일을 하면 좋은 점만 있을까?

5. 이 책에서는 잘 놀아야 훌륭한 연구를 수행할 수 있다고 한다. 그렇지만 일반 학교와 부모님들은 우리가 노는 것을 바라지 않는다. 어른들을 거스르지 않고 노는 방법은 무엇일까?

6. 우리 사회에서는 실패를 시행착오라고 생각할 여유를 주지 않는다. 학생들이 늘 실패하고 그것을 시행착오로 여길 만한 경험을 학교에서 할 수 있는 교육에는 어떤 것들이 있을까?

7. 우리나라에서 또 노벨상 수상자가 나온다면 어느 분야일까?

8. 노벨물리학상은 왜 미국에서 대부분 차지할까?

9. 물리학자가 두뇌를 믿지 않는다면 무엇을 믿을까?

10. 이 책에서 내 생활에 적용할 수 있는 물리학자들의 삶 속 요소는 무엇인가?

3) 독후활동

- 내가 호기심을 느끼는 대상은? 이에 대해 20개 정도 적어 보고 그

중에서 같은 부류에 해당하는 것을 묶어서 유목화한다. 그리고 그것을 개발하여 성장을 할 수 있는 방법을 토의해 본다.

 - 나는 얼마나 노는가? 내가 노는 방식은? 이에 대해 5가지를 적고 물리학자가 놀면서 연구했던 방법을 모방해서 자신이 탐구하고자 주제로 노는 방법을 모색해 본다.

 - 내 스스로 설정한 나의 한계는? 이에 대해 5가지를 적고 그것을 극복할 수 있는지 토의를 해 본다.

 - 내가 하고 싶긴 하지만 불가능하다고 생각하는 것은? 이에 대해 5가지를 적고 스스로 불가능하다고 생각하는 이유를 제시하고 그것을 극복할 방안에 관해 서로 토의해 본다.

4) 활동 예시

고1인 용기는 자신이 관심 있는 분야를 20개 적으라고 했을 때 다음과 같은 것을 제시했다.

> 인체, 유튜브, 요리, 영화, 범죄심리, 의학, SF소설, 몸. 친구, 식물, 책, 법, 생물, 뉴스, 토의, 대화, 글쓰기, 여행

이 중에 서로 연관이 있는 것을 묶어 보라고 했더니 인체, 유튜브, 범죄심리, 의학, 영화, 몸을 들었다. 본인은 인체에 대해 관심이 많아서 그와 관련된 유튜브, 영화, 소설 등을 자주 읽으며 뉴스도 범죄 살인 같은 것은 빼놓지 않고 본다고 했다. 그래서 자신이 하고 있는 것을 미래 직업으로 연결해 보라 했더니 범죄의학자가 되고 싶다고 했다. 범죄의학자는

범죄자에 대한 의학적 소견을 분석하는 직업으로 의사가 되어야 할 수 있는 일이었다.

용기가 노는 방식은 유튜브 보기, 영화 감상, 독서, 인체에 관한 내용 검색하기 등으로 서로 연결되어 있기에 취미가 곧 탐구로 이어지는 아주 좋은 예였다. 용기는 여러 가지 토의를 거친 후 자신의 배경지식을 살려서 인체에 관한 글을 썼는데 놀라웠다.

내가 하고 싶은 것

나는 항상 사람에 대한 궁금증이 많았다. 인체의 신비부터 시작해서 각자가 다른 생각을 가지는 것, 각자 다른 행동을 하는 것 등등 궁금한 게 많았다. 그중 인체의 신비에 관해 이야기해 보려고 한다. 그리고 이 역량을 어떻게 하면 더 성장시킬 수 있는지 고민해 볼 것이다.

난 어렸을 때부터 어른과 아이들의 생김새가 다른 이유와 남자와 여자의 신체 생김새가 다른 이유가 궁금했었다. 또 살아있는 사람과 죽은 사람의 신체 변화가 궁금했었고, 사람이 죽으면 어떻게 되는지, 어떻게 부패가 되는지, 죽는 이유가 무엇인지가 나의 궁금증이었다. 또 이러한 호기심이 더욱 생기게 된 이유는 각종 의학 드라마나 인체에 대한 다큐멘터리 등의 시청인데 이들은 나의 호기심을 더욱 자극했다. 선택과목으로 생명과학을 택한 이유도 이러한 인체의 신비가 궁금하여 택한 것이다. 그래서 법의학관, 특수청소부, 프로파일러, 과학 수사대 등의 직업을 꿈꾸기도 했었다.

이 분야의 책인 『덜미 완전 범죄는 없다 1』을 보고 나서 나의 궁금증이 더욱 커지기도 했고 궁금증이 해소되기도 했다. 이 책에서 사람은 1나노그램만 스쳐도 유전자 감식을 할 수 있고 그게 누구인지 알 수 있었다. 이것을 보고 고도로 발달한 과학기술에 놀랐고, 약간의 흔적에도 유전자가 남는다는 것에 대해 다시금 놀랐다.

또한 모든 사람의 유전자는 비슷할 순 있어도 똑같을 순 없다. 하지만 매우 극히 드문 일로 일란성 쌍둥이의 유전자가 일치해서 수사에 애먹은 일이 책에 적혀 있었다. 또한 피가 묻은 모양만을 가지고 어디서 어떻게 해서 어느 크기의 흉기로 가격해 나온 것인지 추정하는 게 정말 신기했다. 모든 사람은 흔적을 남긴다니 정말 알면 알수록 신기하다.

　사람의 몸, 인체는 알면 알수록, 연구하면 할수록 우리가 알지 못했던 신비한 것들이 나온다. 우리는 모르지만 우리는 항상 몸이 힘을 주고 있다. 사람이 죽으면 몸의 힘부터 빠진다. 그때 몸이 있던 배설물들이 전부 배출된다. 괄약근의 힘부터 빠지기 때문이다. 그리고 사망 추정 시간을 찾을 때는 시체의 상태가 매우 중요하다. 물에 빠진 시체나 불에 탄 시체는 사망 시간을 추정하기가 어렵다. 또 심하게 훼손된 시체도 사망 시간을 추정하기 어렵다. 사망 시간을 추정할 때는 시체가 부패한 정도나 사후 경직 상태, 위 속 내용물 정도를 보고 사망 시간을 추정할 수 있다.

　또한 인체의 항상성도 정말 신기하다. 인체는 항상성을 유지하기 위해 짠 음식을 먹으면 수분을 붙들고 있어 소변의 색이 진하고 양이 적은 것이고, 수분 섭취를 많이 하면 몸의 농도를 유지하기 위해 소변을 많이 배출하고 색이 연한 것이다. 또 인슐린이 분비되어 높은 혈당을 정상 범위로 만들어 준다. 인슐린이 분비가 안 되면 생기는 질병이 당뇨이다. 또 추울 때 몸이 떨리는 이유도 항상성과 연관되어 있다. 추울 때 신체가 몸의 온도를 유지하기 위해 근육을 떨어 체온을 유지하는 것이다.

　정말 이 모든 인체에서 일어나는 일들이 이유 없이 생긴 게 아니라는 것이 신기하지 않은가? 이런 흥미로운 내용을 알게 되면 멈췄던 심장이 다시 뛰는 것 같고, 심장이 온몸 전체를 돌아다니는 것처럼 설렌다. 내가 이러한 흥미를 갖고 이런 역량을 키우려면 어떻게 해야 할까? 많은 생각이 든다.

　일단 나는 이런 부류에 영화나 드라마, 다큐멘터리, 책을 보고 그에 대한 감상문을 쓰고, 새롭게 알게 된 내용을 작성할 것이다. 또 이러한 것들을 보고 어떤 부분에서 궁금증이 더 생겼는지 생각해 보고, 생긴 궁금증을 인터넷에서 찾아볼 것이다. 이런 활동을 적어도 하루에 30분 이상을 할 것이다. 또 일상생활 속에서 일어나는 인체의 원리에 대해 계속해서 찾아볼 것이다. 또한 지금 배우고 있는 생명과학1을 완벽히 익힐 것이고 그 후 생명과학2도 배울 것이다. 이런 활동은 멈추지 않고 계속해 나의 역량을 키울 것이다.

고1 ○○○

5) '세부 능력 및 특기사항' 기록 예시

독서캠프에 참가하여 『물리학자는 두뇌를 믿지 않는다』를 읽고 경제, 날씨, 정치 등 호기심을 느끼는 대상을 20개 이상 발굴했고, 스스로 노는 방식인 영상 보기 및 사진 찍기 등을 활용하여 자신의 꿈으로 이어 과학자들의 삶의 방법을 모방하고 싶은 의지를 보임. 스스로가 설정한 한계를 성찰해 보고 그것을 극복하고 새로운 도전을 할 의지를 다졌으며 물리학자들의 삶에서 협력하는 자세를 본받아 여러 친구의 능력을 활용하여 물리학자들의 연구 습관을 웹툰으로 함께 제작하여 공동체 역량을 강화함.

독서캠프에 참가하여 주제도서인 『물리학자는 두뇌를 믿지 않는다』를 읽고 여행, 인체의 신비, 그림 등의 호기심을 느끼는 대상을 20개 이상 찾아냈고, 스스로가 한계로 설정하고 있는 다섯 가지를 제시하며, 그것들을 과학자의 정신으로 극복하는 방법에 대해 토론함. 과학자의 삶에서 가장 본받고 싶은 것은 소통이라고 꼽으며 소통 역량을 키우기 위해 자신의 글쓰기 작품을 친구들이 읽고 피드백하게 하여 상대방의 의견을 수용하고 보완 작업을 하여 의사소통 역량을 강화함.

제Ⅱ부

나를 발견하고
세상을 이롭게 하는
독서 수업

오선님

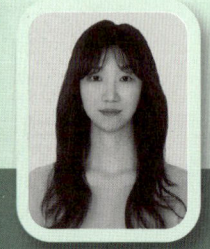

학생들이 주인공이 되는 수업을 고민하고 수업을 통해 성장하는 아이들을 바라보는 것이 즐거움이자 보람이다.
실패에 대한 두려움이 크지만 해 보고 싶은 마음으로 얼른 다시 일어나는 교사, 아이들이 "제가 해냈어요"라고 말할 때가 가장 행복하다.
광양 백운중학교 수석교사

1. 문학작품으로 세상 엿보기

'국어 능력을 높이는 수업'이란 과연 어떤 수업일까? 학생들에게 교과서에 실린 짧은 글 몇 편을 읽게 하고, 학습 활동을 하게 하면 국어 능력이 높아질까? 국어 시간에 교사가 학습 목표에 관련된 지식을 열심히 설명하면 학생들이 정말 뭔가를 잘 배우게 되는 걸까? 항상 의문이었다.

그 후 수업에 대한 갈증과 고민으로 찾아간 다양한 연수에서 독서 교육을 하시는 선생님들을 만나면서, 학생들의 언어 능력을 키우기 위해 교사가 어떤 목표를 가지고 수업을 설계해야 하는지 깊이 생각하게 되었다. 수업 시간에 책을 읽고 생각을 글로 쓰는 것. 그것은 언어 능력의 본질이다. 아이들이 국어 수업을 통해 한 권의 책을 읽으며 친구들과 의견을 나누고 자기 생각을 긴 호흡으로 정리하도록 돕는 일이 수업에서 이루어지게 된다면, 그래서 학생들이 내 수업을 떠난 후에도 좋은 책을 찾아 읽고 주변 사람들과 잘 소통하면서 생각을 글로 표현하는 것에 어려움을 느끼지 않게 된다면 좋겠다고 생각했다. 나를 만나는 학생들에게 책 읽기의 즐거움과 재미를 느낄 수 있기를 바란다. 재미를 느껴야 즐길 수 있고, 즐겨야 비로소 삶의 일부가 된다.

매 학기 수업을 설계할 때 한 학기 한 권 읽기를 중심으로 계획을 세우고, 학습 목표에 도달하기 위해 꼭 필요하다고 생각하는 활동들을 나머지 부분에 엮어 배치한다. 매년 학생들이 좋아할 만한 책의 목록을 만들고 모둠별로 한 권의 책을 선택하게 하여 책을 읽게 했다. 책을 읽는 동안 매시간 독서일지를 쓰게 하여 책을 읽은 순간의 느낌과 생각을 정리하게 했고, 책을 읽으며 떠오르는 의문이나 질문을 모아 대화를 나누게 했다. 책 대화 후에는 다양한 수행평가가 이어지는 내 수업을 학생들은 힘겨워하면서도, 한편으로는 뿌듯함을 느끼는 듯했다. 그런데 학생들이 소설을 읽고 모둠별로 책 대화를 하고 서평을 쓰는 과정을 지켜보면서 아쉬운 지점이 있었다. 소설을 읽을 때는 등장 인물에게 감정이입을 잘하고 상황을 정확하게 이해했던 학생들이, 그 소설과 관련된 사회적 이슈에 대해 발언할 때는 자신이 기존에 갖고 있던 선입견을 그대로 드러내거나, 자신이 SNS나 주변에서 접한 단편적인 글을 무비판적으로 수용하기도 했다.

몇 년 전 책 읽기 시간에 아이들에게 『82년생 김지영』을 읽혔을 때 한 아이가 쓴 독서일지 내용이 떠올랐다. '김지영의 힘듦과 어려움을 이해한다. 하지만 여가부는 없어져야 하고…', '페미들 때문에 갈등이 심화되고 있고…' 등 어린 학생들이 인터넷에서 우연히 접하게 된 댓글 한 줄, 게시물 하나로 자기 가치관을 형성하는 것을 보며, 안타깝다는 생각이 들었다.

이러한 상황들을 지켜보며 학생들이 문학작품을 통해 타인의 상황에 관심을 가질 수는 있지만, 세상의 모순과 사회 문제를 깊이 있게 이해하기는 어렵겠다고 생각했다. 문학작품은 사회현상 그 자체를 객관적으로 서술하기보다는 한 개인이 세상을 구체적이고 사적인 방식으로 받아들이는 과정을 형상화하기 때문일 것이다.

학생들이 다양한 사회 문제에 대해 이해하고 그에 대한 자신의 관점과 의견을 갖기 위해서는, 그 문제에 대해 오래 고민해 온 저자가 풍부한 식견을 담아 해결 방안을 제시한 책 한 권을 꼼꼼하게 읽는 경험이 필요하다고 생각했다. 물론 한 학기 수업만으로 학생들이 지금껏 깊이 생각해 본 적 없는 사회 문제에 대해 자신만의 해결 방안을 제시하는 것은 어렵고 위험한 일일 수도 있지만, 학생들이 이 수업을 통해 혼자서는 절대 읽지 않을 책 한 권을 힘을 내어 읽고, 저자의 생각을 신중하게 검토하고 스스로 판단하여 자신의 관점을 새롭게 세워보는 경험을 해 보길 바랐다. 또한, '나는 이 문제에 대해 이런 생각을 갖게 되었어!' 같은 단순한 인식으로 끝나지 않고, 새롭게 가지게 된 자신의 관점과 생각을 일상에서 직접 실천할 수 있다면 어떨까? 모든 학생이 자기 자리에서 가능한 변화를 만들어 가는 것만으로도 세상은 좀 더 나아질 것이다. 학생들이 나와 함께한 시간을 '책 한 권 읽었다' 혹은 '점수 잘 받자'와 같은 마음만으로 통과하지 않기를 바라며 이 수업을 계획했다.

> "애들아, 책 한 권이 세상을 바꿀 수는 없어. 세상이 그렇게 쉽게 바뀌는 게 아니잖아. 그렇지만 책을 읽은 너희들은 좀 더 나은 세상을 만들 수 있어."

이 수업에 대해 아이들에게 처음 안내하던 날, 학생들 앞에서 했던 말이다.

[9국01-01] 듣기·말하기는 의미 공유 과정임을 이해하고 듣기·말하기 활동을 한다.
[9국01-08] 핵심 정보가 잘 드러나도록 내용을 구성해서 발표한다.
[9국01-07] 여러 사람 앞에서 말할 때 부딪히는 어려움에 효과적으로 대처한다.
[9국02-10] 읽기의 가치와 중요성을 깨닫고 읽기를 생활화하는 태도를 지닌다.
[9국03-06] 다양한 자료에서 내용을 선정하여 통일성을 갖춘 글을 쓴다.

중학교 2학년 국어 교과에서는 위에서처럼 듣기·말하기, 읽기, 쓰기와 관련된 다양한 성취 기준이 제시되어 있다. 교과서 단원별로 조각조각

나열되어 있는 이 성취 기준들을 하나의 흐름으로 묶어 '사회 문제를 다룬 책 읽기'를 진행했다. 학생들에게 읽고 싶은 책과 이번 활동에서 기대되는 점을 물었다. 학생들은 다음과 같은 답변을 했다.

"책을 읽고 내가 더 좋은 사람이 될 것 같아 너무 기대되고 설렌다."

"책을 깊이 있게 읽을 수 있는 기회를 가지게 되어 좋다. 사회적 이슈를 다루는 활동인 만큼 좀 더 집중이 잘될 것 같다."

"모둠에서 나올 사회 문제에 대한 다양한 의견과 그 근거들이 궁금하다. 친구들과 토론할 것을 생각하니 설렌다."

1. 책 고르기와 읽기

책을 소개하는 날은 언제나 설렘이 있다. 미리 준비한 책들을 책 수레에 싣고 다니면서 독서 수행평가를 안내하고, 아이들에게 호기심과 궁금증이 생기도록 실감 나게 책 광고(?)를 한다. 아이들이 "다 읽고 싶은데 꼭 한 권만 골라야 돼요?" 할 때, 며칠 후 "선생님, 저 여러 권 샀어요. 읽고 싶어져서요" 이런 말을 할 때 제일 뿌듯하다. 이번 영업도 성공적이다.

모둠 구성도 중요하다. 이 수업은 쭉 모둠활동으로 진행되니까. 한 모둠을 4~5명으로 구성하고, 반별로 원하거나 추천하는 아이들을 모둠장으로 세우되 그 모둠장이 한 명의 친구를 데려오고, 나머지 2~3명을 랜덤으로 결정하는 모둠 구성 방법을 쓴다. 모둠별로 책이 겹치는 경우 가위바위보를 하되 이기는 팀이 책 선택을 양보하게 하는데, 그래야 양보하더라도 아이들이 "네가 가위바위보를 너무 잘해서 그렇잖아!"라고 말하고 웃으면서 결과를 잘 받아들이게 된다. 그 후에는 모둠원별로 역할을 나누는데, 모둠 대화를 진행하는 모둠장, 친구들에게 질문하는 질문이, 모둠 대화를 앱으로 기록하고 공유하는 기록자 등 사소하더라도 빠짐없이 역할을 나누어야 훨씬 안정적으로 작동한다.

책을 결정한 후 3주 정도 준비 시간을 준다. 책이 준비되고 읽기 수업이 시작되면 처음에는 그날 읽을 페이지 수를 정하여 서로의 의견을 모아 읽기를 시작한다. 학생들은 교사가 정해주는 목표가 아닌, '여기까지 읽자'라고 함께 정한 약속을 지키기 위해 노력하는 모습을 보였다. 30분 책을 읽고 10분 독서일지를 쓰는데, 이때 반드시 그날 읽은 부분에서 궁금하거나 같이 이야기하고 싶은 내용을 개방형 질문으로 만들게 한다. 이 질문으로 모둠 친구들과 짧은 대화를 나누는데, 이때 모둠별로 돌아가며 사회를 보게 한다. 다음은 책을 읽은 학생들이 독서일지를 작성하며 만든 질문들이다.

- 길고양이들에게 밥을 챙겨주는 것은 옳은 일인가?
- 가해자에게도 잊힐 권리가 주어지는 게 맞는 걸까?
- 무수한 탄소발자국을 줄이는 방법에는 뭐가 있을까?
- 우리나라 미의 기준은 왜 '날씬함'일까?
- 인간의 행복을 위해 동물이 희생되는 것이 옳은 것일까?
- 어른이 된 왕따들은 어떻게 그 기억에서 빠져나갈까?
- 이름을 부르면 되는데 굳이 '다문화'라고 부르는 이유는 뭘까?
- 내가 하고 싶은 일이 있는데 그 일로 생계를 책임질 수 없다면 어떻게 해야 할까?
- 궁금한 것을 상대가 불편해하지 않게 질문하려면 어떤 식으로 질문을 해야 할까?

2. 책 대화

책 읽기가 끝나고 책 대화를 나누었다. 책 대화는 어떤 책을 읽든 아이들이 무척 좋아하는 활동이다. 이번 학기 수업 후기에서도 가장 좋았던 활동으로 책 대화를 꼽은 학생들이 압도적으로 많았다. 본격적인 대화를 나누기 전, 대화 내용을 준비했다. 일단 모둠별로 그동안 각자 만들었던 질문 중 가장 의미 있다고 생각하는 질문 3개를 고른 후, 그 질문을 포함해 총 7개의 대화 주제에 대해 자기 생각을 미리 정리해 오도록 했다.

1. 작가가 이 책을 통해 전하고자 하는 핵심 메시지
2. 이 책을 통해 나에게 일어난 구체적 변화 두 가지
3. 이 책과 관련 있는 나의 경험이나 세상의 이야기
4. 이 책 속 문제와 관련하여 내 삶에서 실천할 수 있는 것 한 가지
5. 그동안 만든 질문 중에서 가장 좋다고 생각하는 질문 3가지에 대한 나의 생각

모둠 질문이 정리되면 아이들은 이를 바탕으로 대화를 나눈다.

"아. 그에 대해 엄청난 반대와 논란이 있었는데 어떻게 생각해?"
"애니메이션 캐릭터랑 이미지가 좀 다르긴 한데 이런 식으로 문화적 다양성을 어린아이들한테 알리는 것도 좋다고 봐."

아이들이 책 대화를 나눌 때면 교실은 활기가 넘친다. 눈빛과 대화, 웃음을 주고받으며 서로 배우고 생각을 확장해 나간다.

3. 책 소개와 모둠원의 대화, 실천을 담은 발표

책 대화를 마친 후 발표 준비를 시작했다. 발표 내용에는 사회 문제에 대한 작가의 생각과 모둠원들이 나눈 대화, 개인의 실천 등을 담도록 했다. 우리가 사회 문제의 해결 방안을 고민하고 실천해야 하는 이유는 뭘까? 다음 문장을 아이들에게 읽어 주었다.

"욕하고 분노하는 것이 무의미한 일은 아니지만 그것으로 무언가를 바꿀 수 없다면 그 모든 부정적 감정은 현실에 대한 냉소나 무력감으로 이어질 뿐이다."

-위근우, 『다른 게 아니라 틀린 겁니다』 중에서

참고가 될 만한 여러 실천 사례도 함께 소개했다. 잉크 사용을 최소화하고 친환경 콩기름으로 책을 인쇄하는 조건으로 출판계약을 한 타일러의 이야기, SNS를 비공개로 전환하거나, 가득 찬 메일함을 비우는 작은 클릭도 실천이라는 등의 의견을 읽고, 완벽하지 않아도 좋으니 우리가 할 수 있는 일들을 고민해 보자고 제안했다.

학생들은 자신이 맡은 역할에 따라 친구들 앞에서 발표할 대본을 작성했으며, 그 대본을 바탕으로 모둠별 공유가 가능한 구글 슬라이드를 제작했다.

이 과정에서 '무임승차'가 발생하지 않도록 하기 위해, '대본 작성 - 구글 슬라이드 제작 - 발표'의 모든 단계는 각자 자신이 맡은 발표 부분만 책임지고 진행하도록 했다. 그러면서도 내용을 구성하기 위해 대화할 때 자연스럽게 서로 도움을 주고받는 모습을 볼 수 있었다.

발표에 대한 두려움이 있는 학생들이 많았기 때문에 발표 연습을 한 시간 실시했다. 혼자서 한 번, 짝을 이루어 한 번, 모둠원들 앞에서 한 번, 총 세 번의 발표를 해 보고 피드백을 주고받으며 자신의 대본 내용이나 발표 자세를 검토하며 발표를 준비했다. 친구들 앞에서 말하는 연습을 해 본 것이 발표에 큰 도움이 되었다는 후기가 많았다.

발표에 담긴 실천안은 다채로웠다. 유기견에 대한 책을 읽은 모둠원들이 자신들의 용돈을 모아 실제로 작가가 운영하는 고양이 보호소에 기부를 하기도 하고, 학교폭력과 관련한 책을 읽은 모둠원들은 피켓을 만들어 등교 시간 교문 앞에서 캠페인을 하기도 했다. 비건 관련 책을 읽은 모둠원들이 날짜를 정해 그날 저녁은 모두 채식을 하기로 약속하고 저녁 밥상 인증샷을 찍거나 마트에서 자연 방사로 키워진 친환경 달걀을 구입하는 등 다양한 실천이 이어졌다. 친구들이 발표하는 동안 학생들은 구글 문서로 궁금한 내용을 기록하고 발표가 끝난 후 1분간 모둠별로 대표 질문을 정하여 질문했다.

아이들의 수업 소감을 읽으며 아이들이 단순한 독서만이 아닌, 독서를 바탕으로 한 소통을 하며 더 배우고 성장할 수 있음을 알 수 있었다.

> 이 발표를 준비하면서 이 세상에는 남을 비하하고 차별하는 말들이 무수히 많고, 다양하며 일상생활에 많은 영향을 끼친다는 걸 알게 되었다. 사실 차별하는 말들이 많다는 건 알고 있었는데 이렇게까지 많고, 우리도 모르게 자연스럽게 사용하게 되었다는 사실은 잘 몰랐기에 이번 기회로 알게 되어 좋았다. 발표를 위해 실행한 것들이 처음에는 아무 생각도 들지 않았는데 지금은 우리가 함께 선한 영향을 끼쳤다는 사실이 뿌듯하고 좋았다. 그리고 우리가 한 실선들을 다른 친구들도 같이해서 우리 나라, 세계를 함께 차근차근 바꿔나가고 싶다는 생각이 든다. (2-6 장OO)

4. 독서와 실천을 담은 글쓰기

발표를 마친 후 학생들은 그동안의 독서, 대화, 실천 과정을 되돌아보며 한 편의 글을 썼다. 첫 부분에는 자신이 읽은 책에 대한 간단한 소개와 인상적인 문장, 중간 부분에는 해당 사회 문제와 관련하여 친구들과 나눈 대화 내용 중에서 가장 유의미한 핵심 질문을 선정한 후 이에 대한 자신의 생각을 서술하도록 했다. 가령 '육식을 하는 것은 비난받을 일인가?', '내가 가진 직업에 대한 편견은 무엇인가?'와 같은 질문을 정한 후, 자기 생각과 근거를 써 나가는 것이다. 언뜻 보면 논설문이나 비평문처럼 보이지만, 글의 끝부분에는 자신의 삶 속에서 직접 시도한 실천 경험과 소감을 작성했기에 이 글은 그동안의 활동과 책에 대한 생각을 담은 에세이에 가깝다고 볼 수 있다.

> 처음에는 책의 목록들을 보고 평소에 관심이 없던 차별, 비건, 디지털 범죄 등 이런 주제의 책밖에 없어서 재미가 없겠거니 했었는데 책을 읽고 대화를 나누고 발표를 준비하면서 평소에 관심이 없었던 사회 문제들에 더욱더 관심이 생기고, 이 문제들을 이해하고 더 잘 알아갈 수 있도록 노력하려고 하는 마음이 생겼다. 초등학교 때와는 달리 이런 문제에 관심을 갖고 행동도 조심하는 나를 보면서 내가 이제 이만큼이나 컸다!!! 싶은 느낌이 들어서 뿌듯해졌다. 내 실천이 사소한 것일 수도 있지만 선생님의 말씀처럼 세상을 조금 더 나은 곳으로 만들었을지도 모른다는 생각이 들어 가슴이 벅차다. 쉽지 않은 과정이었지만 이런 경험을 하게 해주신 선생님께 감사하고, 앞으로도 이 문제에 대해 관심을 갖고 살아가야겠다고 생각했다. (2-1 김○○)

남의 눈치를 보지 않고 일하는 그날까지
-'저 청소일 하는데요?'를 읽고-

2-4 양○○

내가 하고 싶은 일을 하기 위해 열심히 노력해서 얻은 결과를 누가 안 좋은 시선으로 바라본다면 어떨까? 나는 이 책을 보기 전까지 이런 시선들이 남에게는 폭력으로 느껴진다는 것을 몰랐다. 그래서 청소하시는 분들이나 신기한 일을 하시는 분들을 보면 궁금한 눈으로 쳐다보곤 했다. 이 책은 청소 일을 하며 여러 수모를 겪은 김예지 작가님의 이야기를 담은 책이다. 내가 이 책을 선택한 이유는 왜 '책 제목이 저 청소일 하는데요?'인지 궁금해서였다. 이 작가는 청소 일을 하면서 이런 말을 들었던 것일까? 청소일을 하면서 어떤 일을 겪은 걸까.

자신의 일을 설명한다면?

회사에 입사하거나 자신에게 맞는 직종에 들어갔을 때 그들에게 설명이 필요하던가? 이 물음은 이해를 하지 못하던가 이 직업을 몰라서 묻는 게 아니다. 그저 '이런 직업을 왜 하는 것이냐?'를 묻고 싶은 것이다. 이 책의 작가는 자신의 직업을 소개할 때 비밀을 고백하는 사람처럼 이상하게 말문이 막혔다고 했다. 그리고 말했을 때 그들에게서 찰나의 멈칫함이 느껴지고 복잡한 표정을 지어 "무슨 생각 중일까?"라는 생각이 들기도 해 그들에게 꼭 이 일을 하게 된 이유를 설명해 주었다고 한다. 이 작가는 이런 말을 듣고서 대학교를 졸업한 20대 여성이 선택할 직업은 아니라고 생각해 창피함을 느꼈다고 한다. 이 부분을 읽고 나는 이런 생각이 들었다. 만약 내 주변에 이런 일을 하는 친구가 생긴다면 나는 어떤 대응을 할까? 이 책에서처럼 이해가 안 된다는 듯이 쳐다보거나 되묻지는 않을까? 이처럼 대부분의 사람들은 나처럼 이런 생각을 할 것이다. 하지만 내가 이런 상황을 겪는다면 어떤 기분일지를 생각해 봐야 한다. 그리고 자신이 이런 시선으로 님을 바리본 적이 있는지 다시 한번 생각해 보고 일을 하면서 남이 당황스럽지 않도록 안 좋은 시선으로 바라보지 말아야 한다.

시선을 이겨내는 방법

"남의 시선을 어떻게 이기나요?"라는 질문을 받았다고 했다. 하지만 김예지 작가님은 남의 시선을 이겨내기보단 견뎌냈다고 한다. 마음으로 이기고 싶기도 하고 신경이 쓰이기도 했지만 계속하고 싶은 일이었기 때문에 이김보단 견딤을 택했다고 한다. 이길 수 있는 사람이라면 그 방법을. 하지만 이기지 못한다면 자신의 판단에 믿음을 가지고 견뎌보는 것도 좋은 것 같다고 생각한다. 대부분의 사람들은 시선을 느껴본 적이 있을 것이다. 이 책처럼 자신의 직업에 대한 시선이라든지 실수했을 때 받는 시선이라든지 이런 시선을 이겨내기 위해서는 남의 시선을 이겨내는 나만의 방법을 찾아내면 좋겠다는 생각이 들었다. 그리고 이런 시선이 두려워 자신이 하고 싶은 일을 하지 못하는 사람들에게 말해주고 싶다. 시선 때문에 자신이 하고 싶어 하는 일을 포기하지 말라고 남이 원하는 직업만이 좋은 직업만은 아니라고.

생각을 바꾸는 방법

공부를 안 해서 저런 일을 하는 걸까? 나도 전에는 이런 생각을 했었다. 왜냐하면 이 책을 접하기 전에는 이런 일들에 대한 인식을 바꾸기 위해 노력하는 사람이 없어 이런 일이 있다는 것 자체를 인식하지 못했기 때문이다. 그리고 만약 노력하는 사람들이 생긴다 해도 사람들의 완전한 인식을 바꿀 수는 없다고 생각해 사람들의 생각이라도 바꿔보자는 생각을 했다. 사람들의 생각을 바꾸는 방법 첫째는 이런 책들을 교과서에 실리게 하거나 1년에 한 번씩 이런 활동을 하게 해 사람들의 안 좋은 인식으로 고통받고 있다는 사실을 깨닫게 해주는 방법이다. 이런 활동을 하면 전보다는 이런 일을 아는 사람들이 많아질 것이고 사람들의 생각도 조금씩 바뀔 것이라고 생각한다. 둘째는 권력을 갖고 있는 사람들부터 생각이 바뀌어야 한다고 생각한다. 아무리 우리가 캠페인을 하고 홍보를 한다 해도 사람들은 큰 관심이 없을 것 같다고 생각해 권력을 갖고 있는 사람이 먼저 행동을 하면서 이런 일들에 복지를 더 좋게 해준다던가 이런 일로 차별을 하는 사람에 대한 비판이 있어야 한다고 생각한다. 이처럼 안 좋은 인식을 바꾸기 위해 작은 단계에서부터라도 실천을 해

주면 좋겠다.

이 책의 작가는 말했다. "청소 일을 하면 남들이 안 하는 궂은일을 한다며 고마워하고 불편해하는 사람도 있다. 하지만 굳이 그럴 필요 없다. 다들 자신에게 주어진 일을 할 뿐이다"라고. 이 책을 읽기 전엔 청소하시는 분들을 고맙게 생각한 적이 있었다. 하지만 지금은 평범한 노동을 하고 있으며 자신이 맡은 일을 하는 것뿐이라고 생각한다. 물론 고맙다고 생각하는 것은 좋은 것이기도 하지만 시선을 받는 노동자들에게는 편견일 수도 있겠다는 생각이 들었다. 청소 일을 신기하게 쳐다보는 사람들, 청소는 젊은 사람들이 하는 일이 아니라고 생각하는 사람들, 그리고 지나가면서 잘못 본 건가 싶어 다시 쳐다보는 사람들의 생각이 바뀌는 날까지는 많은 노력과 시간이 걸리겠지만 우리 모두가 조그마한 생각 하나를 바꾼다면 조금씩 나아갈 수 있을 것이다. 사람들이 자신의 시선에 대해 생각하게 되는 날, 노동자들이 남의 눈치를 보지 않고 마음 편히 자기 일을 하게 되는 그날까지.

쉽지 않은 활동이었음에도 불구하고 꾸준하게 따라와 주고 배움을 즐겁게 느껴주는 학생들에게 고마움을 느낀다. 더 고민하고 공부해서 학생들에게 의미 있는 배움의 공간을 내주어야겠다고 생각했다.

II. 열여섯 살 아이들과 함께한 진로 독서 수업

새로 옮긴 학교에서 중3을 맡았다. 반당 30명 내외. 수업 태도 상에서 최상 수준(이 정도의 아이들을 만난 적이 별로 없음), 남녀 합반.

한 반당 일주일에 딱 2시간씩 들어간다. 호기롭게 진로 독서 수업을 계획했다. 2시간씩 수업을 분담하는 짝꿍 선생님께 양해를 구하고, 성취 기준을 중심으로 수업과 평가 계획을 세워보았다. 처음 만난 아이들에게 진로 독서 프로젝트에 대해 안내했다. 고등학교 입시를 앞둔 너희들의 불안함, 막막함을 책과의 만남으로, 친구들과의 소통으로, 그리고 글쓰기로 함께 나누자고 제안했다.

■ 1차시

먼저 수업 안내문을 나눠주고 이 수업을 왜 하는지, 어떤 의미가 있는지, 어떤 흐름으로 진행하고 어떻게 평가하는지 평가계획을 안내했다. 자신이 어느 정도 할 수 있을까 생각하는지에 따라 목표 설정을 하여 모둠 안에서 공유하게 했다. 그 뒤 간단한 홀랜드 진로 검사를 실시한 후 다양한 적성 유형에 따라 분류된 도서 목록을 배포했다.

■ 2차시

책 목록에 제시된 모든 책을 구해서 카트에 끌고 들어갔다. 한 권 한 권 교실 창가와 주변에 진열해 놓고, 직접 책을 들고 보여 주며 목록에 있는 책들을 소개해 주었다. 주로 내가 그 책을 읽었을 때의 느낌을 이야기해 주었는데, 15분 정도 남겨놓고 아이들이 책을 직접 만지고 살펴보면서 고를 수 있도록 했다. 아이들이 무척 고심하면서 책을 고르는 모습을 보였다. 책을 선택, 준비할 때까지 3주를 주었고, 다 선택한 뒤에는 패들렛에 선택한 책 제목과 그 이유를 올리게 했다. 이민수 선생님의 수업자료 및 책 목록을 활용했다.

■ 3차시~7차시(5시간)

아이들에게 책을 사라고 강요하지는 않았다. 도서관에서 장기 대출을 하거나 다른 반 친구들에게 빌려오는 것을 허용했지만, 되도록 한 권을 사서 읽어보도록 권했다. 60%가 넘는 아이들이 책을 직접 사 왔고, 자기 책이라는 애착을 갖고 읽어나가기 시작했다. 책에 따라 분량이 너무 다양하고 아이마다 속도가 천차만별이었는데 어떤 책은 300쪽이 넘기도 해서 평소 한 권 읽기를 할 때보다 한 시간을 더 주었다. 35분 독서, 10분 독서일지를 작성하는 방식으로 진행했다.

■ 8차시~9차시(2시간)

책을 다 읽은 후에는 본격적으로 인터뷰 준비를 시작했다. 활동지에는 크게 두 가지 내용이 담긴다.

(1) 나의 삶의 방향과 가치에 대한 이야기 : 지금까지 살아오면서 품었던 꿈, 현재 내가 가고자 하는 길, 내가 원하는 삶, 내가 꿈을 위해 해 보고 싶은 일 기록

(2) 내가 읽은 책에 대한 이야기 : 내가 읽은 책과 그 작가에 대해, 그리고 책 속에 담긴 작가의 생각과 경험, 의도에 대해 기록

아이들이 이 활동지를 작성하는 데 2시간이 걸렸다. 만만한 질문이 아니었다. 내가 쓴다고 해도 쉽지 않을 것 같았다. 그래도 아이들은 독서일지를 보면서, 책을 들춰보면서 부지런히 글을 썼다. 분량을 가득 채우지 않아도 좋으니 솔직한 생각을 담아 주면 좋겠다고 했다. 인터뷰 때 짝이 이 글을 보면서 너에 대한 질문을 준비할 거라고 이야기하며 격려했다.

■ 10차시 : 짝과의 만남, 인터뷰 질문 준비(1시간)

모든 아이들을 내가 짝지어 주었다(아이들이 그러기를 원했다). 짝을 지어줄 때 가장 고민이 되었던 부분은 조합이었다. 서로 접점이 거의 없지만, 사이가 나쁘지 않은 학생들을 한 팀으로 묶었고, 남녀 구분 없이 편성했다. 모든 반 담임 선생님들께 짝 구성안을 공유하고 검토를 요청드렸으며, 담임 선생님의 조언에 따라 일부 조합은 수정하기도 했다. 홀수 인원인 경우 3명을 하나로 묶었다. 아이들은 모두 이 조합을 의외로 신선하게 받아들였다.

친구의 독서일지, 독후활동지를 서로 바꿔 읽게 했다. 그 글을 참고로 친구에게 하고 싶은 질문 8개를 만들되, 책에 대한 질문 5개, 개인 질문 3개로 제한했다. 아이들이 짝에게 가서 서로의 글을 바꿔 읽으며 질문을 준비했다. 아이들이 질문을 만드는 걸 굉장히 어려워해서 질문의 예도 보여 주고, 유퀴즈 인터뷰 영상을 보여 주며 질문을 만드는 법, 질문을 던지는 법을 알려주었다.

먼저 인터뷰를 한 옆 반 친구들의 인터뷰 영상도 함께 보여 주었다. 아이들에게 음성이 문자로 기록되는 '네이버 클로바' 어플을 미리 다운받게 하고 작동법을 안내했다. 서로의 인터뷰 질문도 미리 확인해서 예상 답변도 마련하도록 했다.

■ 11차시 : 두근두근 인터뷰

아이들이 가장 즐거워했던 시간이었다. 아이들과 함께 나가는 내 가슴도 두근거렸다. 학교 필로티에서, 정원의 정자에서, 급식실 쪽 계단에서… 짝을 지은 아이들이 원하는 장소에서 서로 눈을 마주보며 대화를 할 수 있도록 했다. "이제부터 인터뷰를 시작할게요. 이 책을 읽은 이유를 좀 말해줄래요?"

이처럼 인터뷰를 시작하는 아이들의 목소리가 들릴 때마다 행복했다. 진지하게 대화를 이어나가는 아이들도 있었지만 서로 눈을 보기 힘들어하거나, 대화하기 힘들어하는 아이의 경우 내가 곁에 가서 도와주거나 카톡 대화를 허용했다. 인터뷰 대화 문서 파일은 메일로 보내도록 했다.

■ 12~13차시 : 글쓰기

친구 인터뷰를 끝내고 아이들과 글을 쓸 단계가 왔다. 개요 작성법을 안내하고 글의 형식을 알려주었다. 아이들이 끙끙대며 글을 썼다.

■ 14~15차시 : 돌려 읽으며 고쳐쓰기

어떻게 하면 글을 잘 고칠 수 있을까?에 관해 잘 알기 위해서는 어떤 글이 좋은 글인가를 알아야 한다. 재미없다고 '건너뛰기' 하지 않을 글은 어떻게 쓸 수 있는지 설명했다. 여기에서 내 마음을 좀 뜨끔하게 한 부분이 있었다.

설명이 끝난 후 한 아이가 말했다.

"선생님, 이런 좋은 방법을 글쓰기 전에 왜 안 알려주셨어요?"

문득 깨달았다. 그렇다. 난 방법도 안 알려주고 "써"라며 요구만 했고 애들은 그래서 힘들어했다. 나는 고쳐쓰기 단계에서야 세세한 팁을 준 것이다. 다음부터 글쓰기 수업을 할 때는 글의 부분마다, 문단마다 실질적인 쓰기 방법을 알려주고 시작해야겠다고 생각했다.

아이들이 먼저 같은 반 친구들의 글을 돌려 읽으며 포스트잇에 조언과 칭찬을 적어넣었고, 다음 시간에는 다른 반 친구들의 글을 돌려 읽었다. 아이들은 한 시간 동안 딱 두 편의 글을 읽을 정도로 진지하게 임했다. 친구들에게 글을 읽힌 후 마지막 단계에서 내가 한 번 더 읽고 피드백해 주었다. 역시 214명의 글을 하나하나 읽고 조언해 주는 게 쉽지 않았다. 그래도 해냈다. 아이들의 글을 읽으면서 새벽에 눈물이 찔끔 나기도 했다. 아이들의 막막함과 불안, 고민과 아픔, 희망이 느껴져서 마음이 짠했다. 아이들에게 글을 되돌려주고 마지막으로 한 번 더 고쳐 쓰고 검토할 수 있도록 했다.

■ 16차시~마무리 17차시까지

컴퓨터실에 가서 마지막 완성본을 타이핑했다. 45분 동안 쉼 없이 자판을 두드렸다. 구글 클래스룸 사본으로 작성하게 했더니 수합도 편리하고, 아이들의 모든 작업이 실시간으로 저장되어 좋았다.

아이들은 내 생각보다 훨씬 훌륭했다. 아이들의 이 글이 너무 아까워서 졸업식 때 책으로 만들어 나눠주려고 예산을 여기저기서 끌어모으는 중이다. 아이들이 5년, 10년 뒤 지금의 자신을 되돌아본다면 어떨까? 그때의 아이들은 어떤 모습일까? 아이들의 미래를 상상한다. 아이들에게 고맙다. 서툰 나를 잘 따라와 주어서. 기꺼이 자신을 보여 주고 나눠 주어서.

진도만 나갔다면 엄두도 못 낼 만한 엄청난 규모의 수업이었다. 해 보면서 알았다. 손이 많이 가지만 해 볼 만한 가치가 있는 수업이었다. 그래서 후회는 없지만, 5월 이후 전혀 교과서 진도를 나가지 않는다는 점에서 약간의 두려움은 있었다. 짝꿍 선생님의 도움으로 이 수업을 진행했다. 동료 선생님께도 감사하다. 아이들의 고민이 담긴 아름다운 글을, 허락을 받고 올려본다.

서로의 목표를 향하여

내가 읽은 책 : 『만약은 없다』

친구가 읽은 책 : 『축구를 하며 생각한 것들』

마주칠 때마다 친해지고 싶다는 생각이 들게 한 ○○이는 3학년 때 같은 반이 된 친구다. 첫인상은 에어팟을 끼고 가방을 한쪽 끈만 맨 무뚝뚝하고 차가운 북극곰. 하지만 지내다 보니 너무 다른 아이였다. 엉뚱하고 웃음이 많은 덩치 큰 남자애. 과학 시간에 짝꿍으로 만나 처음 대화했을 때 내 말에 반응하지 않고 무시할까 봐 두려웠던 마음이 있었지만 괜한 걱정이었다. 잘 웃어주고 나와 웃음 코드가 맞는 ○○이는 내게 새롭게 다가온 친구였다.

좋은 것을 얻으려면

○○이는 『축구를 하며 생각한 것들』이라는 책을 읽었다. 손흥민은 축구로 성공했음에도 불구하고 겸손을 지키며 지내는 그동안의 인생이 궁금해서 읽었다고 한다. 또 책 속에서 좋은 것을 얻으려면 많은 것을 포기하고 노력해야 한다는 부분이 마음에 들었다고 했다. 이 문장은 내 마음 또한 움직이게 만든 명언인 것 같다. ○○이는 이 책을 통해 스스로가 잘되더라도 겸손하고 자만하지 않아야 높은 경지에 오를 수 있다는 것을 깨달았다고 한다. 나도 ○○이의 말에 공감이 되었으며 저런 생각을 가지고 내 목표에 한 걸음 다가가야겠고, '○○이도 그랬으면' 하는 마음이 들었다.

반전 매력 있는 아이

○○는 2년 3개월 동안, 지금까지 헬스를 꾸준히 다니고 있다. 놀라웠던 게 스스로 다니기 시작한 것이 아니라 형이 시켜서였다. 그래도 형 덕분에 헬스도 시작하고 헬스장을 운영하고 싶다는 목표도 가지게 된 것 같다. 그리고 요즘에는 경제에도 관심을 기울이고 있다고 했다. 반에서 그와 관련한 책도 읽는 걸 보면 정말 진심인 것 같다. 목표도 있고, 관심 있는 것도 찾아보는 ○○가 반전 매력 있고 멋진 아이라는 것을 알 수 있었다.

성장해 나갈 나에게

나는 어렸을 때까지만 해도 수많은 꿈을 가지고 있었다. 하지만 중학교에 올라와서 현실을 깨닫게 되자 막막하기만 했다. '목표도 없는 내가 무엇을 할 수 있을까' 하고 두려운 기분이 들었다. 그러던 중 중2 때 과학을 배우며 내 심장이 뛰는 것을 느꼈고, 처음으로 확실한 내 목표를 정하게 되었다. 목표가 생기니 미래를 보는 마음가짐도 달라졌다. 그리고 현재까지 흉부외과 의사라는 꿈을 갖고 있다. 주위에서 힘들지 않겠냐고 의아해하며 내게 물어보지만 난 진심으로 이 꿈을 향해 나아가고 있어 행복할 뿐이다.

고독하지만 가야 하는 길

내가 읽은 책은 『만약은 없다』다. 이 책은 선생님께서 소개할 때부터 눈여겨본 책이었다. 왜냐하면 관심 있는 분야였기 때문이다. 저자인 남궁인 의사는 지금까지 만나온 환자들과 자신의 이야기를 이 책에 담았다. 그 모든 얘기가 나에게 생생하게 다가와 더 인상 깊었고, 그 순간 느꼈던 감정들이 세세하게 드러나 있어 읽으면서 울고 웃고, 공감이 되기도 했다. 또한 이 책을 읽으며 갈팡질팡하던 마음도 확고해져 정말 많은 도움이 되었다. 의사는 생각한 것보다도 더 고독하고 하루하루를 사명감과 죄책감 속에서 살아가는데, 힘들겠지만 자기 일에 자부심과 굳은 의지를 지니고 있는 게 존경스러울 따름이다.

이 활동은 나 스스로를 되돌아보고 목표를 향해 나아갈 수 있게 도와준 징검다리이자 새로운 시작이었다. 무려 4개월간 진행했지만 결코 긴 시간이 아니었다. 덕분에 알아가는 것도 정말 많았다. 이런 좋은 기회를 만들어 주신 선생님께 감사한 마음이 들고, 짝꿍인 ○○이를 깊이 있게 알아가는 뜻깊은 시간이었다. 이 목표가 계속 이어질 수 있을지는 모르겠지만 포기하지 않고 처음 가졌던 마음가짐 그대로 끝까지 가볼 생각이다. 꿈을 향해 달려가는 데 수많은 걸림돌이 있겠지만 잘 헤쳐 나가며 그것 또한 나를 성장시키는 계단이라고 생각하며 나아가고 싶다.

Ⅲ. 두 가지 방식으로 비경쟁 독서 토론하기

매년 소설 수업을 준비할 때마다 떠올리는 교실 장면이 있다. 소설을 읽으며 빨려들 듯 몰입하는 아이들의 진지한 뒤통수, 아이들의 환한 목소리로 가득한 교실. 하지만 소설 수업을 시작하면 10분도 되지 않아 책상 위에 엎어지는 아이들을 보며 상상은 여지없이 깨진다. 교사와 학생이 함께 행복할 수 있는 수업을 꿈꾸지만 현실에서 펼쳐지는 소설 수업은 언제나 어렵고 막막하기만 하다. 유튜브에 빠져 사는 아이들, 소설에 관심 없는 아이들의 삶과 소설을 연결하는 방법은 무엇일까?

재작년 '전국국어교사모임 겨울연수'에서 '비경쟁 독서토론'을 접한 후, 아이들과 소설을 읽고 독서토론을 시도해 보았다. 결과는 참 놀라웠다. 자기 생각을 마음껏 표현하고 상대방의 말을 경청하며 질문을 만들기 위해 서로 돕는 과정에서 아이들이 생생하게 살아 움직이는 걸 볼 수 있었다. 그때 깨달았다. 아이들이 소설을 싫어하는 것이 아니라, 흥미로운 소설 한 편과 생각을 나눌 친구들만 있다면 언제든 소설 속으로 빠져들 수 있다는 것을. 이 글에서는 고등학생 아이들과 함께 두 가지 방식으로 시도해 본 비경쟁 독서토론 사례를 나누고자 한다.

1. 첫 번째 방식-카프카의 『변신』을 읽고

고등학교 2학년 아이들에게 카프카의 『변신』을 읽게 한 후, 책을 읽으며 인상 깊은 문장이 있는 곳에 밑줄을 긋도록 했다. 밑줄 그은 여러 문장 중 가장 기억에 남는 자기만의 '황금 문장'을 선정해 보고, 포스트잇에 기록하게 했다. 작품을 읽으면서 궁금했거나 친구들과 함께 이야기해 보고 싶은 '질문'을 미리 만들어 보도록 한 후, '변신'에 대한 자신만의 평점을 매기게 하고, 그 이유를 자세히 쓰게 했다. 토론을 시작하기 전 아이들이 미리 작품을 천천히 읽어나가며 톺아볼 수 있도록 안내한 것이다.

가. 공동체 놀이, 모둠지기 선발

토론을 시작하기 전, 아이들과 공동체 놀이를 실시했다. 공동체 놀이는 한마디로 '아이스 브레이킹'과 같다. 누구나 편하게 어떤 이야기든 자유롭게 할 수 있는 친밀한 분위기를 만들기 위한 과정이다. 낯선 학생들끼리 토론을 할 때는 물론이고 같은 학급의 학생들끼리도 친한 친구가 아닌 경우 어색해만 하다가 토론이 끝나는 경우가 있다. 이때 공동체 놀이가 필요하다. 아이들과 공동체 놀이는 모두가 함께 몸을 움직이며 왁자지껄하게 움직일 수 있는 놀이가 좋은데 '진진가', '인간 제로', '선생님과 텔레파시' '1초 듣고 노래 맞히기' 등의 놀이를 학생들이 좋아했다. 학생들의 긴장을 풀고 분위기가 부드러워지는 놀이라면 어떤 놀이든 좋다.

공동체 놀이가 끝나면 모둠별로 모둠지기를 선발한다. 모둠지기는 토론을 이끌고, 대화 내용을 정리하며, 다음 사람이 왔을 때 그동안 있었던 이야기를 전달하는 역할을 한다. 다양한 학생들이 섞여 있는 일반 교실의 수업이라면 '친구들의 말을 잘 들어주고, 가장 열심히 리액션해 줄 사람'으로 지원자를 받거나 성실한 친구들로 교사가 미리 선발해도 좋고, 독서캠프처럼 열의가 넘치는 구성원이라면 무작위 형식으로 뽑아도 토론이 잘 진행된다.

나. 토론 시작

　테이블마다 4명 안팎의 아이들이 한 모둠을 이루었다. 모둠지기의 안내에 따라 각자 미리 자신이 준비한 '황금 문장'을 테이블 위의 큰 전지에 붙인다. 그 뒤, 왜 그 문장이 가장 기억에 남았는지를 모둠원들에게 이야기한다. 이때 나머지 모둠원들은 친구들의 이야기를 주의 깊게 듣는다. 이야기를 돌아가며 다 하고 나면 각자 미리 만들어 온 질문을 칠판이나 이젤 패드에 붙이고 전체 학생들이 돌아다니며 다른 친구들의 질문을 볼 수 있게 했고, 모둠원들끼리 의논하여 다른 친구들이 만든 질문 중 함께 이야기해 보고 싶은 질문을 선정하도록 했다. 자기의 질문만 생각하다가, 다른 친구들이 만든 질문을 본 아이들은 '같은 책을 읽고도 이렇게 다른 질문을 만들 수 있구나' 하며 놀라워한다. 이때 음악을 틀어주니 훨씬 분위기가 좋아졌다.

　모둠원들과 함께 선정한 '함께 이야기해 보고 싶은 질문'을 주제로 아이들이 이야기를 시작한다. 이때 모둠지기는 친구들의 말을 들으며 키워드 중심으로 토론 내용을 기록한다. 진행자가 토론 종료 5분 전을 알리면 그동안 나누었던 이야기를 바탕으로, 작품을 나의 경험이나 사회와 연결 짓는 질문을 만든다. 그 뒤 모둠지기를 제외한 모둠원들이 일어나, 다른 모둠의 질문을 보고 마음에 드는 질문이 있는 모둠 자리에 가서 앉는다. 새로운 모둠으로 가서 앉은 아이들이 다시 질문을 두고 이야기를 나누기 시작하고, 모둠지기는 그 이야기를 기록한다. 진행자가 종료 5분 전을 알리면, 모둠원들은 다 함께 머리를 맞대고 '우리 모둠이 생각하는 이 작품의 주제'나 '작가의 의도'를 정리해 본다. 시간이 다 되었음을 알리면, 모둠원들은 최초의 모둠으로 돌아온다.

다. 모둠별 확인 및 발표

    모둠지기는 돌아온 모둠원들에게 처음 만들었던 질문이 어떻게 확장되어 변화되었는지 설명하고, 모둠원들의 질문을 받는다. 모둠별 정리가 끝나면 모둠지기의 발표로 전체 질문과 각 모둠의 결론을 공유하는 시간을 가진다. 아이들이 만든 질문은 다음과 같았다.

1) 그레고르는 사람일까, 벌레일까?
2) '그레고르가 벌레로 변한 것'은 현대사회에서는 무엇으로 비유할 수 있을까?
3) 그레고르가 죽고 나서도 가족들이 슬퍼하지 않은 이유는 무엇일까?
4) 내가 지배인이었다면 회사의 손익이 먼저였을까, 사람을 잃은 상실이 먼저였을까?
5) 자본주의 사회에서 생산성을 잃은 사람은 가치 없는 사람인가?
6) 이 책에서 '변신'이 의미하는 것은 무엇일까?
7) 가족 중 한 명이 벌레가 된다면 나는 어떻게 행동할 것인가?
8) 그레고르가 벌레로 바뀐 후, 문을 바로 열지 않고 시간을 끈 이유는 무엇일까?

라. 갤러리 워킹 및 추후 활동

    갤러리 워킹은 오늘 토론에서 가장 좋은 질문을 고르는 시간이다. 각 모둠이 만든 질문들을 포스트잇에 써서 칠판에 붙여서 모두가 볼 수 있게 한다. 참가자들은 오늘 우리가 만든 질문을 살펴보며 좋다고 생각하는 질문에 스티커를 붙인다. 마지막 차례 또한 다양하게 변용할 수 있는

데, 비경쟁 독서토론에 참가한 소감, 혹은 토론 과정에서 기억에 남았던 친구와 그 이유에 대해 글을 쓰게 하거나 토론에서 만든 질문 중 기억에 남았던 질문에 대한 답을 스스로 작성하게 하고, 서평을 쓰고 발표하게 할 수도 있다.

2. 두 번째 방식 - 『팩트풀니스』를 읽고

고1 아이들에게 한스 로슬링의 『팩트풀니스』를 읽게 했다. 이 책은 약 500쪽 분량의 두꺼운 책이라 아이들이 읽기 어려워해서, 학생들이 직접 문제를 출제하며 책을 읽을 수 있도록 안내했다. 문제를 출제할 때는 책 속의 핵심 내용을 바탕으로 출제하되, 책 속에서 정답을 확인할 수 있는 사실 확인 문제를 낼 수 있도록 안내했다. 자신이 낸 문제로 골든벨 퀴즈를 실시하니 학생들이 더 적극적으로 참여하는 모습을 보였다. 골든벨 문제를 풀며 책의 핵심 내용을 이해한 후, 본격적인 토론을 진행했다.

가. 주제를 담은 키워드 선정하기

첫 번째 토론이 시작되면, 모둠별로 인상적인 부분이나 이 책의 주제를 잘 담고 있다고 생각하는 부분을 큰 포스트잇에 적고 전지에 부착하도록 했다. 그 뒤 모둠 안에서 자유롭게 이야기하고 나면, 아이들이 각자가 적은 내용을 서로 비교하면서 관련 있는 내용을 선으로 연결해 나타내게 했다. 그 뒤 연결한 내용을 통합할 수 있는 키워드를 찾아 전지에 적도록 했다. 그 키워드를 '핵심 단어'로 선정하여 해시 태그(#)로 기록하도록 했다. 진행자가 종료 10분 전을 알리면, 각 모둠원은 책을 읽으며 의문이 드는 사항이나 함께 나누고 싶은 내용을 질문으로 만들어 포스트잇에 써서 전지에 붙이고 이를 돌아가며 소개한다. 각 모둠에서는 서로의 질문을 조합해서 '나누고 싶은 첫 번째 질문'을 만든다. 질문을 다 만들고 나면 모둠지기를 제외한 다른 학생들은 다른 모둠의 질문을 보고 흥미를 느낀 질문이 있는 모둠으로 이동한다.

나. 글 속 내용을 나와, 우리 사회와 연결하기

새롭게 구성된 모둠에서 질문에 대한 서로의 생각을 자유롭게 나눈 뒤에는, 두 번째 질문을 만들기 시작한다. 이때 책 속의 내용을 '나'와 '세상의 일'과 연관 지은 질문을 만들도록 안내한다. 예를 들어, "내가 이 상황에 놓였다면 어떻게 판단하거나 행동했을까?", "우리 사회는 이와 같은 문제에 어떻게 대응하고 있으며, 어떤 점이 바뀌어야 할까?"와 같은 질문을 떠올릴 수 있도록 안내한다. 모둠원들이 자신이 생각하는 질문을 나누고 나면, 서로의 질문을 연관 지어 '이 책의 작가가 전하고자 하는 메시지(결론)'를 함께 추론해 본다. 책의 내용을 자기 경험 및 사회와 연결하고, 이를 책의 주제 의식과 연관 지어 통합적으로 사고하게 유도한 것이다.

다. 모둠별 공유하기, 추후 활동

모든 모둠원이 첫 모둠으로 돌아온 후, 모둠별 정리가 끝나면 모둠지기의 발표로 모둠원들이 선정한 대표 키워드 및 질문과 결론을 공유하는 시간을 가진다. 아이들이 만든 질문은 다음과 같았다.

1) 책 속의 10가지 본능을 모두 억제한다면 우리는 행복해질까?
2) 세상을 왜곡시켜 보는 이유에는 후천적인 요인도 있지 않을까?

3) 사실 충실성이 우리의 삶에 끼치는 영향에는 어떤 것이 있을까?

4) 간극 본능을 억제하면 우리의 삶에 끼치는 부정적인 면은 없을까?

5) 이성을 배제해야만 해결할 수 있는 문제가 있을까?

6) 본능에서 오는 왜곡에 대한 문제가 없다면 본능대로 살아도 되는가?

7) 코로나19 시대, 본능을 억제함으로써 우리가 얻을 수 있는 것은 무엇인가?

그 이후 활동은 위에서 제시한 내용과 같다.

3. 수업 시간에 비경쟁 독서토론을 하는 법

가. 신경 써야 할 것들

비경쟁 독서토론을 수업 시간에 적용했을 때 제일 처음으로 고민한 것은 '시간 안배'였다. 공동체 놀이부터 갤러리 워킹까지 50분 안에 모두 넣는 것은 불가능하다. 이것을 어떻게 쪼개야 차시가 연결될 때 자연스러울지를 고민했다. 공동체 놀이나 갤러리 워킹을 생략해 보기도 하고, 두 번의 토론으로 마무리해 보기도 했다. 그러나 역시 급하게 마무리하는 토론은 만족스럽지 않았기에, 다른 과목의 수업 시간을 빌려 블록 타임처럼 연달아 토론하는 것이 내가 찾은 최선의 방법이었다. 2시간 동안 이어지는 방과후 동아리 시간이나, 2~3시간이 주어지는 독서캠프의 경우는 이 제약이 없이 자유로워서 좋았다.

두 번째는 모둠지기의 문제다. 선발 집단을 대상으로 독서토론을 시도했을 때는 모둠지기를 가위바위보로 자유롭게 정하게 해도 토론은 순조로웠다. 그러나 수업 시간에는 토론이 제대로 이루어지지 않았다. 랜덤으로 정해진 모둠지기는 모둠을 책임지려 하지 않았고, 어쩔 수 없이 모둠지기를 맡았다는 생각이 강해서 토론을 잘 이끌어가려고 하지 않았다. 그래서 선택한 방법이 반마다 모둠 수만큼의 모둠지기를 추천받는 방식이다. 자원자가 부족할 경우 책임감이 강하고 모둠을 잘 이끌어가겠다 싶은 학생들을 추천하도록 했더니 그렇게 선정된 학생들은 친구들에게 추천받은 만큼 모둠지기라는 역할에 책임감을 갖고 임했다.(물론 학과 '세부능력 및 특기사항'을 잘 써주겠다는 약속을 했다) 선정된 모둠지기들을 학생들 앞에서 일으켜 세워 모든 학생이 보게 하고 큰 목소리로 격려하며 "오늘 가장 잘 듣고, 가장 잘 공감해 주고, 가장 크게 반응해 줄 막중한 책임을 가진 친구들이다"라며 박수를 유도했다. 추천받은 학생들이 씨익 웃으며, 혹은 수줍게 각 모둠 테이블로 흩어진다. 이렇게 책임감을 갖고 자발적으로 임한 모둠지기들은, 자기 역할에 최선을 다했을 뿐 아니라, 토론 시간 동안 가장 많이 성장하고 가장 많은 것을 얻어가는 주인공이 되었다.

세 번째는 질문 만드는 방법이다. 학생들은 생각보다 질문을 잘 만든다. 가끔 "어떻게 질문을 만들어요?"라는 질문이 들어오면 나는 주로 "서로 궁금한 점을 이야기하다가 만들어 봐"라고 대답할 뿐 특별한 방법을 알려준 적은 없는데, 신기하게도 학생들은 시간 안에 하나의 질문을 만들어 낸다. 그 질문이 교사 눈에 대단해 보이든, 그렇지 않든 말이다. 학생들이 질문을 만드는 방식은 대부분 다음과 같다.

1) 중요 키워드를 모아 질문 만들기
2) 궁금한 점을 나누고 그것을 통합하여 질문 만들기

3) 서로 질문을 하나씩 만들고 그중 제일 좋은 질문 선택하기

네 번째는 토론 과정에 교사가 어디까지 개입해야 하는가의 문제다. 비경쟁 독서토론이 워낙 자유로운 토론이다 보니, 그 분위기 자체만으로도 의미 있다고 느끼면서도 한편으로는 불안했다. 토론의 주도권이 학생들에게 있다 보니 이야기의 흐름을 예측하기 어려워서였다. 예를 들면, 아이들이 꼭 알아 주길 바라는 소설의 핵심과는 관계없어 보이는 이상한 (?) 방향으로 이야기가 흐른다거나 혹은 비윤리적이거나, 성적인 내용이 중심이 되는 경우도 가끔 있었다. 그럴 때마다 교사가 어디까지 개입해야 하나 고민했다. 고민 끝에, 토론에서 질문의 방향을 정해 주어야겠다고 생각했다.

예를 들어 첫 번째 토론은 작품의 내용과, 두 번째 토론은 작품과 나(우리)를 연결할 수 있는 질문, 세 번째 토론은 작품과 세상을 연결하는 질문이라는 범위를 정해주면 안정적으로 진행이 되었다.

또한 아이들이 만든 질문이 교사의 마음에 차지 않을 때도 있다. 아이들이 만든 질문이 너무나 뻔해 보일 때, 혹은 시야가 좁거나 수준이 낮게 느껴질 때가 있을지도 모른다. 비경쟁 독서토론이 학생들의 적극적인 표현과 공감력을 최대한 발현할 수 있는 장치이긴 하지만 그렇다고 해서 학생들이 스스로의 사고 한계를 넘는 질문을 만들어 내는 것은 아니다. 그래서 나는 이 토론 자체에 대해 지나친 기대를 하지 않는다. 학생들이 대단한 '해답'을 내놓을 거라는 생각보다 이 토론 과정 자체를 즐기는 학생들에게 집중한다. 정말 전하고 싶은 것이 있을 때는 이 토론이 끝난 후 따로 언급한다.

맨땅에 헤딩하듯 바로 소설 수업을 시작하는 것과, 독서토론을 실시

한 후 수업을 하는 것은 그 분위기에서 하늘과 땅 차이다. 비경쟁 독서토론은 수업의 끝이자 정답이 아니라, 수업의 문을 열어주는 '시작'이 아닐까? 아이들에게 텍스트가 단지 어렵고 시시한 것이 아니라 자신과 관계 있는 이야기로 느껴지는 것만으로도 충분하다.

우주가 우리에게 준 두 가지 선물은 '사랑하는 힘'과 '질문하는 능력'이라고 한다. 비경쟁 독서토론으로 인해 아이들이 즐겁게 책을 읽고 질문하는 능력을 키우며 스스로 '더 나은 사람'으로 만들어 갔으면 좋겠다. 그 과정에서 나도, 아이들도 성장해 가는 모습을 꿈꿔 본다.

IV. 책 대화 프로젝트
- 책 한 권으로 가늘고 길게, 말하고 듣고 읽고 쓰게 한 이야기

중학교에 온 지 4년 차에 1학년을 처음 맡게 되었다. 주당 5시간의 국어 시간을 내가 3시간, 짝꿍 선생님이 2시간씩 나눠 진행했다. 내가 만난 학생들은 전체 170여 명이었고, 남녀공학 합반. 장난꾸러기, 책을 좋아하는 학생들이 적당히 섞여 있고, 반마다 아예 아무것도 하지 않으려는 아이들이(반별 차이는 있지만) 1~2명 정도 있었다.

1. 책 친구와 나누는 대화

2학기에 1학년 주제 선택 수업을 담당하게 되었다. 수업 주제는 '책 친구와 나누는 대화'로 정했다. 2학기 들어 전면 등교를 몇 주간 하다가, 갑자기 또 코로나가 심해져서 1/3, 2/3 등교가 반복되어 온라인/오프라인 수업을 이어 붙여서 하는 게 사실상 불가능했다. 특정 요일만 온라인이 반복되는 경우 오프라인으로 이미 실시한 수업을 온라인으로 구현해야 했는데 온라인에서는 도저히 오프라인 수업과 똑같은 방식으로 수업을 운영할 수 없었기 때문이다. 결국 온/오프라인 수업 진도를 따로 나갔다. 애들이 등교하는 날은 무조건 책 대화를 수행했다.

아이들은 1학기 때 이미 책을 한 권씩 읽고 영상으로 소감을 말하고 서로 찍어주는 활동을 했었다. 2학기는 한 단계 더 나아가 모둠별로 함께 책을 읽고 대화를 나누고, 글을 쓰고 구술 평가까지 한다고 알렸다. 혼자 읽는 것보다 같이 읽고 생각을 나누는 것이 얼마나 의미 있고 재미있는지 모른다고 살살 달래 참여하게 했다.

학급당 28명 기준으로 7개 모둠을 만들었는데, (1) 일단 모둠장을 세우고(모둠장은 '세부 능력 및 특기사항'에 역할과 활동에 대해 반드시 한 만큼 쓰겠다고 약속) (2) 모둠장이 1명씩을 데려온 후 (3) 나머지는 랜덤 뽑기를 했다. 성별이 고르게 나눠지지 않아 남학생 3명에 여학생 1명, 여학생 3명에 남학생 1명인 모둠도 여럿 있었는데 막상 실시하고 보니 성별은 아무 상관 없었다. 오히려 성별보다 중요한 건 결국 '한 모둠 안에 의욕 있는 학생이 얼마나 많이 분포되어 있는가'였는데, 한 모둠 안에 심하게 뒤떨어지거나 아무것도 하지 않는 학생이 2명 이상인 경우 그 모둠 활동은 어김없이 '망했다'. 한 모둠 안에 열심히 하는 아이 2명, 적극적이지는 않으나 하자고 하면 끌려가는 아이 1명, 뭘 하자고 해도 안 하는 아이 1명 정도면 그 모둠은 그럭저럭 잘 굴러갔다(전체 42개 모둠 중 대화가 어렵고 끝까지 활동을 이어가기 어려워 포기한 모둠이 2개 정도 있었다). 이 정도면 선방이라고 평가해야 했다.

그다음 시간은 도서 목록에 있는 책 15권을 직접 가져가 보여 주면서 책을 소개했다. 내가 제일 좋아하는 시간이고, 또 아이들의 반응도 좋았던 시간. 소개가 끝나면 모둠별로 모여 책을 선택한다. 같은 반에 책이 서로 겹치지 않게 했다. 읽을 책을 선택할 때 가장 인기 있는 순위대로 보면 『회색 인간』, 『나를 팔로우하지 마세요』, 『위저드 베이커리』, 『옆집 아이 보고서』, 『장수 만세』, 『식스팩』, 『더 빨강』, 『조커와 나』, 『어느 날 내가 죽었습니다』, 『시간을 파는 상점』, 『편순이 알바 보고서』, 『아몬드』다. 그런데 활동이 다 끝나고 보니 『위저드 베이커리』, 『아몬드』는 수준이 좀 높은 학생이 아니면 버거워했고(『위저드 베이커리』의 자꾸 거듭되는 역순행적 구성, 복잡한 에피소드의 삽입, 어두운 주인공의 과거 등을 이해하기 힘들어한다. 감정 불능증 아이의 조금 다른 삶을 그린 『아몬드』도 책 안 읽는 중1은 힘들어했다), 『편순이 알바 보고서』는 읽고 나서도 얻은 것이 별로 없다고 생각하는 학생이 있었으며(중 1이라 아직 알바, 청소년 노동에 대해 생각을 못 하는 애들이 많았다) 나머지는 대체로 다 책에 만족한다고 답했다. 특히 『회색 인간』의 인기는 폭발적이었고 이 책에 진심으로 몰입하는 학생들이 많았다. 『식스팩』, 『옆집 아이 보고서』, 『어느날 내가 죽었습니다』 등은 아이들이 무난히 읽어 냈고 『더 빨강』, 『장수 만세』는 책을 별로 안 읽고 장난꾸러기 남자아이들이 많은 모둠이 선택하도록 추천해 주었다. 마침 지원되는 예산이 있어 아이들이 선택한 책을 한 권씩 사주었고, 책이 도착한 후부터는 4시간 동안 책을 읽었다. 나중에 설문조사를 하니 이 시간이 가장 행복하다고 한 아이들이 많았다. 잔잔한 음악을 틀어주었더니 마음이 편안해지고 책에 몰입하게 된다고 했다.

단축수업(40분)이라 어쩔 수 없이 30분 읽고 10분간 가장 인상적인 한 문장 옮겨쓰기, 기억에 남는 장면이나 새로 생각하게 된 점 등을 작성하게 했다. 아이들이 대부분 쉬는 시간까지 바쁘게 독서일지를 작성했다. 독서일지는 매 시간 도장을 찍고 댓글을 달아 주었다. 4시간 동안 못 읽는 아이들은 집에서 따로 읽어오게 했다. 그런데 이러면 읽어오는 아이가 별로 없다. 읽어오지 않으면 앞으로 책 대화에서 혼자 대화에 못 끼고 글도 쓸 수 없고 구술 평가는 아예 입도 못 떼게 된다고 했더니 안 읽고 버티던 애들도 결국 거의 다 읽었다(끝내 읽지 않던 최후 3~4명의 아이들은 구술 평가에서 입도 벙긋 못 했다).

책을 다 읽은 후부터는 도서관에서 모둠수업을 시작했다. 일단 책을 다 읽었기 때문에 자신이 뽑은 명장면, 명대사, 사회와 연결되는 부분, 작가의 의도 파악하기 등을 할 때 기본적으로 스스로 생각하며 쓰게 했다. 혼자 쓰는 활동이었는데도 모둠별로 앉게 한 이유는 옆의 친구들 것을 흘끗거리며 보고 배우게 하기 위해서였다. 혼자 앉아서는 시작도 못할 아이들이 옆에 친구들이 앉아서 쓰니까 그걸 보면서 뭐라도 쓰는 모습이 보였다. 책을 읽고 같이 생각하고 나누고 싶은 질문을 각자 2개씩 만들게 했고 이 질문을 모아 모둠의 최종질문을 완성했다. 질문 만드는 걸 계속 살펴보면서 어려워하는 모둠에는 적당한 질문을 던지거나 코멘트를 해 주었다. 물론 질문의 수준 차이는 컸다. 생각이 깊은 아이들이 있는 모둠에서는 수준 높은 질문이, 흥미 위주로 읽는 아이들은 가벼운 질문을 만들었다. 모둠을 돌아다니면서 질문을 살펴보았고, 웬만하면 아이들이 만든 질문을 그대로 유지하되 코멘트를 통해 질문을 조금 더 발전시켜 주었다. 책 속에 답이 있는 질문만 삭제하고 다시 만들게 했다(글 쓰고 질문 만들기, 확정까지 3시간).

그 뒤 이 질문을 바탕으로 대화를 시작. 모둠원들의 역할은 모둠장, 기록 1, 2, 3으로 나누었다. 기록을 맡은 학생이 핸드폰을 가져와 녹음하면서 동시에 기록하고, 모둠원들은 대화를 이끌어가면서 대화가 진행되었다. 기록을 맡은 학생은 숨도 못 쉴 만큼 바빴다. "이걸 어떻게 다 써요?"하고 아이들이 물었다. 키워드를 중심으로 간단히 메모하라고 했다. 녹음이라는 보조 장치가 있었기 때문에 핸드폰 녹음을 한다는 점에서 아이들이 더 집중하고 즐거워하는 모습을 보였다. 간혹 딴 길로 새려던 대화가 "야, 지금 녹음 중이야"라는 모둠장의 말로 다시 원래대로 돌아오기도 했다.

모둠 대화의 성공비법은 정확한 역할 나눔에 있다. 매시간 대화를 시작하기 전 각 조의 역할을 맡은 학생들을 일어서게 하고 서로 눈을 보며 "오늘 너희들의 역할이 크다. 너희들이 안 하면 모둠이 망한다. 정신 똑바로 차리자"라고 기합을 팍팍 주었다. 그랬더니 다른 행동을 하는 아이들이 줄었다.

책 대화가 끝난 후 책 대화의 내용을 그대로 옮겨 글로 쓰려고 했으나 갑자기 더 심해진 코로나로 체험학습을 낸 아이들이 많아지면서 책을 소개하는 글쓰기로 바꾸고, 모둠에서 개인 글쓰기 활동으로 바꾸었다. 엄청 고민했지만. 결과적으로 정말 성공이었다. 개인별 활동이 되면서 각자 자신의 글쓰기에 몰입하게 되었기 때문이다. 지금까지 다른 학교에서 해 보았던 모둠별 책 대화 보고서는 대부분 만족스럽지 않았는데 그 이유는 첫 번째, 각자 맡은 대화 내용만 타이핑하기 때문에 글에서 큰 비중을 차지하는 서론, 결론 작성이 결국 모둠장 역할이 되고, 두 번째, 실제로는 괜찮았던 대화가 그대로 글로 옮겨지면 이상하게 내용이 허술해 보이는 경우가 많아서 결국은 이걸 다듬는 게 보통 일이 아닌데 이것이 모둠장 역할이 되는 경우가 많았다. 이 문제를 해결하려 대화의 내용을 바탕으로 개인적으로 책을 소개하는 글쓰기를 하도록 했다.

2. 개인 글쓰기 초안을 작성하는 2시간

글 자체를 처음 써 보는 아이들이 많아서 개요 작성에 대해 시간을 들여 설명했다. "어떻게 시작해야 독자들이 글을 건너뛰지 않고 읽을까? 너희들도 유튜브 광고 처음에 1~2초 보고 별로면 '건너뛰기' 하잖아? 하지만 어떤 경우는 계속 보잖아. 건너뛰기 하지 않고. 왜 그럴까? 뭔가 강렬

하니까. 글도 마찬가지야. 첫 부분이 중요하지. 사람들을 잡아끌 수 있는 첫 부분, 뻔한 줄거리 설명이나 내용 요약을 그냥 긁어온 건 아무도 안 읽어. 사람들은 너의 생각을 알고 싶어 해"라고 설득하면서, 첫 부분 예시를 많이 들어주었다. 중간 부분은 대화 메모지를 바탕으로 대화 내용을 떠올리며 가장 좋았던 모둠의 질문 중 3가지를 선택하여 자신의 생각을 구체적으로 기록하게 했다. 마지막 부분은 이 책에 대한 총평과 가슴속에 남은 고민이나 질문, 깨달은 점 등을 정리하게 했다. 2시간을 주었더니 그럭저럭 쓰는 아이들이 1/3, 대충 쓰는 아이들이 1/3, 손을 못 대는 아이들이 1/3 정도 되었다.

　초안을 들고 정보 선생님의 협조를 얻어 컴퓨터실에서 두 시간 동안 글을 작성했다. 온라인 수업을 하는 것이 별로 달가운 적이 없었는데 글쓰기 수업에서 구글 클래스룸을 쓰게 된 건 신의 한 수였다. 아이들에게 모두 그 문서를 사본으로 뿌려서 책 대화 보고서를 쓰게 할 수 있었고, 모든 학생이 글을 쓰고 고쳐 쓰는 과정을 실시간으로 볼 수 있었다. 다 쓰면 내가 수정해서 돌려주고 다시 제출하게 할 수도 있었다. 게다가 모든 과정이 다 기록돼서 더 좋았다.

　컴퓨터실에서 글을 쓰게 하니 종이 위에서 거의 못 쓰던 1/3이 1장짜리의 글을 완성했다. 나머지 1/3의 학생들이 문제였는데, 수업 시간 내내 그 학생들에게 가서 조언하고 대화를 했다. 멍하니 앉아 있기만 하던 아이들도 다가가서 몇 마디 조언을 하면 그 말에 힘을 얻어 글을 썼다. 아이들이 글을 다 제출한 후 나는 이걸 출력해서 가져갔다. 10분 동안 고쳐 쓰는 방법, 좋은 문장과 고쳐야 할 문장에 대해 설명하고 같은 반 친구들의 글을 랜덤 형식으로 돌려 읽은 후 댓글을 달아 주게 했다. 고쳐 쓰는 과정에서 아이들의 반응이 엄청 뜨거웠다. 무엇보다 누가 누구의 글을 받아 고치게 될지 아무도 몰랐기 때문이고 내가 글을 고쳐 쓰고 댓글을 달아 주고 평가하는 사람이 된다는 점에서 자극받는다고 했다. 이것 때문에 온라인 수업 날 학교 나와서 자기 글을 미리 고쳐 본 아이도 있었다. 다른 아이들의 시선을 의식하는 중1, 특히 남녀공학인 점이 이 수업에서는 장점이었다(전에 만났던 남중 3학년들은 서로의 글을 보면서도 무덤덤했다). 다 돌려 읽은 후에는 자기 글을 주인에게 돌려주고 다시 온라인 클래스에 들어가서 고쳐 쓰게 했다. 나도 아이들의 글을 하나하나 읽고 고칠 점을 적어주었다. 고쳐 쓰기가 끝나고 최종 수정한 글을 제출한 후, 평가 준비를 시작했다.

먼저 구술 평가가 왜 필요한지, 말하고 듣기 능력이 얼마나 중요한지, 말하기 능력은 연습과 경험으로만 길러진다는 것을 들어 구술 평가의 필요성을 공들여 설명해서 아이들을 설득했다. 별것 아닌 것 같아도 어떤 활동을 시작할 때 힘주어 그 의미와 필요성을 설명하면 아이들은 순순히 받아들인다. 말없이 그냥 진행하려 하면 아무리 좋은 활동이어도 아이들은 "이걸 왜 해?"라는 얼굴을 한다. 6개의 질문을 미리 공개하고 어떤 기준으로 평가되는지 설명해 주고 목표를 설정하게 했다. 그리고 한 시간 동안 일단 예상 답변을 작성하고, 입을 열어 연습하게 했다.

1) 책에서 인상 깊은 한 문장을 말하고 그 이유를 설명하시오.
2) 책의 작가가 하려는 말을 한마디로 정리하고, 그 한마디가 왜 핵심인지 설명하시오.
3) 책과 관련된 자기 경험(혹은 남들에게 들었던 경험 이야기)을 말해보시오.
4) 이 책을 읽으면서 어디에 초점을 맞추면 좋은지 말하고, 왜 그런

지 설명하시오.

5) 책에서 자기에게 특별히 와닿는 부분을 이유와 함께 설명하시오.

6) 이 책이 가장 어울리는 사람이 누구인지 우리 반(우리 학교)이나 내 주변에서 찾아 말하고 그 이유를 설명하시오.

모둠별 순서를 정한 후 1, 2, 3, 4번 학생들이 돌아가며 두 번씩 주사위를 굴려 나온 문제에 대해 답했다. 물론 책상 위에는 아무것도 없는 상태로 모둠원들의 눈을 보며 대답하게 했다. 초시계 타이머를 재며 30초 이상 1분 이하로 대답하게 했는데, 아이들이 굉장히 긴장하면서 열심히 답변하는 게 보였다. 그리고 역시 대화에 적극적으로 참여하고 글쓰기가 잘되어 있는 학생은 구술평가에서도 좋은 답변이 나왔다. 제대로 책을 안 읽은 학생은 그 사실이 만천하에 드러나 스스로 반성하며 쪼그라드는 평가였다. 몰입하는 분위기 속에서 두 시간 동안의 구술 평가가 끝났다. 분위기만큼은 최고였다. 모든 활동이 끝난 후에는 소감문과 활동 자기 평가를 작성하고 책 대화 활동을 가장 열심히 한 친구 한 명을 선정해 포스트잇으로 칭찬해 주고 그 학생에게 간식과 함께 포스트잇을 직접 전달해 주었다. 아이들의 눈이 교사보다 정확하고 날카로워서 믿을 만했다.

아이들의 소감을 여기에 남겨 본다.

1. 책 대화 프로젝트 중 가장 어려웠던 활동이었고, 왜 어려움을 느꼈는가?

글쓰기가 어려웠다. 머리를 굴려서 쥐어 짜야 하기 때문에.

구술 평가. 친구들이 보는 앞에서 내 의견을 말하는 게 부끄러웠고 당당하게 말하기가 어려웠다.

구술 평가. 내 생각을 말로 표현하고 친구들에게 조리 있게 전달해야 하는데, 머뭇거리게 되고, 모두가 조용히 들어준 게 더 부담스러웠다.

구술 평가. 생각만 하던 걸 밖으로 꺼내는 게 이렇게 어려운 줄 몰랐다. 생각해 왔던 게 그 순간에는 생각이 안 났다.

사실 모든 과정이 만만치 않았다. 나는 살면서 글을 쓰거나 그렇게 쓴 글을 읽거나 한 적이 별로 없어서 사람들 앞에서 내 생각을 말하고 쓰는 게 힘들었다.

2. 책 대화 프로젝트 중 가장 재미있거나 의미 있는 활동은 무엇이었고 그 이유는 무엇이었나?

고쳐쓰기. 내 글의 부족한 점을 남들에게 조언을 들으며 다시 한번 돌아볼 수 있었기 때문이다. 또 다른 친구들의 보고서를 읽으며 좋았던 부분을 보고 칭찬을 하거나 부족한 점을 보면서 피드백할 수 있는 게 좋았다.

대화하기. 같은 책을 읽었지만 같은 내용에 대해서도 서로 다른 생각이 있다는 게 흥미로웠다.

구술 평가. 책을 읽고 내가 생각하고 내가 쓴 글을 친구들과 선생님 앞에서 이야기할 수 있어서 좋았다.

구술 평가. 처음 시작할 때 인생에 도움 된다고 이야기해 주셨는데 정말 도움이 될 것 같아서 좋았다.

글쓰기, 고쳐쓰기. 내 언어 능력치를 알 수 있었다. 내가 내 생각을 얼마나 글로 전달하고 표현할 수 있는지 측정할 수 있어서 좋았다. 내 글의 어느 부분이 잘못되고 내가 어떻게 글을 쓰는지 알 수 있어서 도움이 되었다.

대화할 때 녹음한 것. 녹음을 해서 내 의견과 친구들의 말을 들어보는 게 좋았고 솔직하게 내 생각을 말할 수 있어서 좋았다.

고쳐쓰기 활동이 이번 활동 중 가장 국어 수업에 어울린다고 생각했다. 내가 직접 글을 작성한 후 선생님이 글을 보시고 이런 점은 고치면 좋겠다고 말씀해 주셨는데 글을 쓸 때 이런 말이 하나하나가 도움이 될 것 같아서 좋았다.

글쓰기를 할 때 컴퓨터로도 한 게 뭔가 더 좋았고 애들과 말하며 도움을 받은 게 재미있었다. 내가 주어와 서술어 호응이 안 되는 채 글쓰기를 한다는 걸 몰랐는데 이번에 고쳐 쓰기를 하면서 그 습관이 고쳐진 것 같아서 좋았다.

대화하기. 책에 대한 내용으로 대화해서 책 내용도 잘 이해되고 기억에 오래 남았다. 생각이 다른 애들과 이야기를 나누니까 책의 내용을 더 깊게 생각하게 되고, 내 생각을 이야기해도 다들 들어주어서 좋았다.

책 대화 프로젝트의 활동이 모두 색다른 경험이었지만 그중에 글 쓰고 고쳐 쓰기 활동이 제일 재미있었다. 독후감, 독서노트 외에 이렇게 글을 본격적으로 쓰는 게 처음이었고 자유롭게 적을 질문을 골라서 쓸 수 있어서 좋았다.

3. 책 대화 프로젝트 활동을 하며 책에 대한 나의 평소 생각 습관에 변화가 있다면?

책 내용을 실제 현실이랑 연결 지어 보게 됨

대충 책을 읽었는데 이제는 더 꼼꼼하게 읽는 습관, 좋은 문장이 나오는 페이지를 접어두는 습관이 생겼다.

책을 읽고 '나라면 어땠을까?'라고 생각하게 됨

책을 읽기 전 제목, 표지의 의미를 예상해 보고 차례, 책에 대한 평가를 꼼꼼하게 읽어보는 습관

예전엔 내가 말을 잘하는 줄 알았는데 막상 사람들 앞에서 하니까 어려웠다. 그래서 이 구술 평가를 한 후부터 생각을 먼저 하고 말하는 습관이 생겼다.

예전엔 '이런 내용이구나' 했는데 이제부턴 '아, 이건 ~해서 그런 거구나, 나는 어떻지?'라고 생각하게 됨

뭔가를 확실히 알려면 써 보고 직접 말해 봐야 알겠구나 하고 생각하게 됨

내 주장을 말하기 어려워하는 편인데 이 활동 덕분에 내 주장을 드러낼 수 있게 되었다.

내가 원래 대화를 정말 못하는데 이번에 애들과 대화를 많이 해서 이제 은근히 편해져서 좋다.

4. 준비하며 느낀 점, 알게 된 것, 끝난 후의 소감은?

친하지 않았던 친구와 친해졌다.

올해 국어 시간을 제외하고 책을 읽은 적이 없었다. 게임이 더 재밌기 때문에 책 읽을 시간에 게임만 했었다. 하지만 이번에 이 활동을 해 보니 책이 게임만큼 재미있는 것 같다.

책을 더 자세히 읽을 수 있으면서도 친구들과 책에 대한 내용으로 대화한 것은 처음이라 즐거웠다.

아 ... 힘들었다. 하지만 책이 워낙 재미있어서, 그리고 고쳐쓰기가 재미있어서 국어 시간을 기다렸다.

글을 쓸 때 무슨 글이 좋은지, 왜 이렇게 쓰는지, 왜 이런 표현을 쓰는지, 내 글의 취약점이 무엇인지, 긴장이 나에게 끼치는 영향이 얼마나 큰지 알게 되어서 좋았다. 이런 기회가 다시 오기 힘들 텐데 좀 더 열심히 할 걸 후회되었다. 글에 대한 시야가 아주 넓어진 것 같아 굉장히 신선하고 좋은 체험이었다.

V. 심미적 체험 문학 활동

'심미적 체험을 바탕으로 한 다양한 소통임을 알고 문학 활동을 한다.' 이 성취 기준으로 중3 학생들과 소설 수업을 한다면 어떤 작품을 선정해야 할까? 다양한 의견이 오가고 생각할 거리가 많은 소설을 읽히고 싶었다.

여러 소설집을 뒤적였는데 『입동』과 『가리는 손』, 『노찬성과 에반』 중에서 마지막까지 고민하다가 『가리는 손』은 우리 반의 다문화 학생이 생각나 패스하고, 결국 『노찬성과 에반』으로 결정했다. 처음에는 그냥 단순한 소년과 개 이야기라고 생각했으나, 읽으면 읽을수록 궁금한 점이 생기고 다양하게 생각할 거리가 만들어지는 점이 매력적이었다(물론 결말이 다소 충격적이고 전반적으로 우울한 내용이긴 하지만).

■ **1차시** : 소설을 왜 읽는가, 우리에게 왜 소설이 필요한가?

얘들아, 소설이란 뭘까?
꾸며낸 이야기, 그럴듯한 이야기?
그럼, 소설이란 잘 만들어진 거짓말이라는 건가?
우리는 왜 '꾸며낸 이야기'를 읽는 건데?
"소설은 (   )을/를 담은 허구다." 이 빈칸에 어떤 말이 들어갈 수 있을까?

아이들의 대답이 쏟아졌다. 그중 '사실'을 이야기한 학생들도 많았다.

그럼, 사실이란 뭘까? 사실과 진실은 어떤 점이 다를까? 내가 딱 아침에 교실에 도착했는데 같은 반 친구가 울고 있어. 내가 그걸 봤어. 이건 '사실' 맞니? 맞지. 일어났던, 일어나고 있는 일에 대해 본 것을 바탕으로 서술하면 그게 사실이겠지. 그럼 울고 있는 친구의 '진실'은 무엇일까? 소설은 '사실'과 '진실' 중 무엇을 담고 있을까? 진실은 인물의 삶에 깊이 들어가 그의 입장에 서 볼 때, 그의 상황에 있어 볼 때 비로소 얻어지는 게 아닐까? 소설은 어느 쪽에 가까운가? 그렇다면 우리는 왜 소설을 읽는 걸까? 왜 우리에게는 소설이 필요할까?

아이들과 함께 신형철의 글, 정용준의 글을 읽었다.

> 왜 서사(이야기)라는 것이 필요한가. 이 세계에는 여러 종류의 판단 체계가 있다. 정치적 판단, 과학적 판단, 실용적 판단, 법률적 판단, 도덕적 판단 등등. 그러나 그 어떤 판단 체계로도 포착할 수 없는 진실 또한 있을 것이다. 그런 진실은, 지금 문제가 되고 있는 한 인간의 삶을 다시 살아볼 수는 없더라도, 적어도 그러려고 노력할 때만 겨우 얻어질 것이다. 세상 사람들이 '외도하다 자살한 여자'라고 요약할 어떤 이의 진실을 온전히 이해하기 위해 톨스토이는 2,000쪽이 넘는 소설을 썼다. 그것이『안나 카레니나』다. 이런 작업을 '문학적 판단'이라 명명하면서 나는 이런 문장을 썼다. "어떤 조건에서 80명이 오른쪽을 선택할 때 문학은 왼쪽을 선택한 20명의 내면으로 들어가려 할 것이다. 그 20명에서 어떤 경향성을 찾아내려고? 아니다. 20명이 모두 제각각의 이유로 왼쪽을 선택했음을 20개의 이야기로 보여 주기 위해서다. 어떤 사람도 정확히 동일한 상황에 처할 수는 없을 그런 상황을 창조하고 오로지 그 상황 속에서만 가능할 수 있고 이해될 수 있는 선택을 있는 그대로 이해하려는 시도, 이것이 문학이다."
>
> — 신형철,『정확한 사랑의 실험』65쪽.

> 나는 소설을 한 사람의 삶에 들어가 그의 마음과 감정을 살피는 일이라고 생각하고 있다. 객관적으로 알고 확인하는 것을 넘어 알게 된 것에 책임감을 갖고 그의 편에 서서 적극적으로 그를 믿고 변호하는 일이라고 생각하고 있다. 뉴스는 그 사람이 처해 있는 상황을 중계할 뿐 그 사람을 설명해 주지는 않는다. 그건 소설이 할 수 있는 일이고 잘할 수 있는 일이다. 전후 사정과 내면과 이면에 대해 묘사하고 진술하는 일. 인물이 보인다고 하는 것을 작가도 보인다고 해주는 일. 보이지 않는다면 보이게 만들어 주는 일.
>
> -정용준, 『소설 만세』 45쪽.

얘들아, 우리가 타인을 완전히 이해할 수 있을까? 너희들은 어떻게 생각해?

불가능하다고? 그러나 그 불가능한 것을 향해 자꾸 나아가는 것이 소설이야. 우리는 소설을 통해 전혀 모르는 사람의 인생에 들어가, 그의 입장에 서서 그의 마음으로 세상을 보게 돼. 나 아닌 다른 사람의 삶을. 내가 관심도 없던 타인, 그리고 인간에 대해 들여다보게 돼. 자기만 생각하는 습자지처럼 얇고 납작한 인간이 아니라 두텁고 멀리 바라보는 사람이 돼. 그래서 우리에게는 소설이 필요해. 같이 손잡고 걸어가는 게 삶이라는 걸 배우기 위해.

■ 2차시: 퀴즈의 빈칸 채우며 소설 읽기

모둠별로 읽고 싶으면 모여 읽고, 혼자 읽고 싶으면 혼자 읽게 했다.
교실을 벗어나지 않고 편안한 자세로 읽어도 좋다고 했더니 교실 바닥에 앉아 읽기도 했다. 결말까지 다 읽고 눈물을 흘리며 "샘, 이거 뭐에요? 이 작가 너무해요"하며 우는 아이들이 반별로 2~3명이었다.

흔치 않아서인지 아이들이 더욱 좋아한 시간이었다.

■ 3차시: 모둠별 퀴즈 대결

아이들에게 『노찬성과 에반』을 꼼꼼하게 읽어야 풀 수 있는 퀴즈를 풀게 한다. 지난 시간에 소설을 읽으면서 개별적으로 이미 다 푼 문제지만, 정답의 근거까지 스스로 이야기해야 맞춘 것으로 한다. 일렬로 앉아 있는 한 분단이 한 팀이 되어 화면만 보고 퀴즈를 푼다. 팀 친구들이 한 명도 빠짐없이 퀴즈의 답을 맞추면 그 팀에게 간식을 준다. 아이들이 놓칠 수 있는 세부적인 내용까지 꼼꼼하게 읽게 하는 데는 퀴즈가 효과적이다.

■ 4차시: 인물 탐구

찬성, 할머니, 찬성의 아버지, 에반의 특성이나 성격에 대해 소설 내용을 바탕으로 추론하게 했다. 모둠별로 인물을 한 명씩 맡았고, 최종 발표자가 인물의 성격이나 특성을 찾아내고 설명했다. 모든 설명에는 반드시 소설 속 내용이 근거가 되어야 함을 덧붙였다.

모둠 토의 중 한 학생이 다가와서 속삭였던 순간이 기억난다.

선생님… 그런데 찬성이 아빠랑 에반이 닮았고… 할머니랑 찬성이도 닮았네요.

응? 어떤 면에서?

아빠도 에반도 암이고, 확실하진 않지만 둘 다 자살한 것 같고, 많이 고통을 겪었다는 점에서 닮았구요. 음… 그리고 할머니도 아빠를 돌보지 못했고, 찬성이도 에반을 끝까지 돌보지 못했다는 점에서 닮은 것 같아요.

교사의 설명 없이도 소설을 꼼꼼하게 읽으며 토의를 통해 스스로 인물들 간의 공통점을 찾아낸 아이들이 기특했다.

■ 5차시 ~ 7차시: 비경쟁 토론

아이들에게 인상적인 문장이나, 중요하다고 생각하는 장면을 골라 포스트잇에 쓰게 하고 토론을 시작했다.

1) 최초 모둠
- 각자 작성한 포스트잇을 전지에 붙이고 자기가 선정한 문장이나 장면을 돌아가며 설명해 준다.
- 이 작품에서 가장 중요한 키워드 세 개를 선정한다.
- 작품의 내용과 관련된 질문 하나를 만든다.

<아이들이 만든 작품 관련 질문>
- 에반은 정말 죽었을까? (자루 안에 에반이 진짜 있있을까?)
- 목사님은 왜 할머니가 싫다고 했을까?

- 아버지는 자살한 것일까?
- 할머니는 습관적으로 무엇을 용서해달라고 할까?
- 마지막에 찬성이가 들은 쩍쩍 금가는 소리는 무슨 소리일까?
- 찬성이가 많은 유기견을 보았음에도 불구하고 에반을 데려온 이유는?
- 에반을 데려오면서 찬성의 악몽이 사라진 이유는?

2) 새로운 모둠으로 이동
- 첫 번째 질문에 대한 생각을 돌아가며 이야기한다.
- 현실과 관련 있는 질문, 혹은 소설 속 상황 속에 자신을 대입한 질문을 만든다.

<아이들이 만든 두 번째 질문>
- 내가 찬성이었다면 자루를 열었을까?
- 내가 만약 에반이라면 안락사를 원했을까?
- 내가 찬성이었어도, 에반을 보고 나를 닮았다고 생각했을까?
- 내가 찬성이었다면, 꿈속에서 할머니가 입을 막고 '쉿'할 때마다 어떻게 반응했을까?
- 우리 사회는 왜 할머니가 혼자 손자를 키우기가 힘든가?
- 이 사회가 찬성이를 도울 방법은 무엇일까?
- 생명에 책임이 따르는 이유는 무엇일까?
- 안락사는 사람이나 동물에게 옳은 것일까?

3) 새로운 모둠으로 이동
- 두 번째 질문에 관한 생각을 돌아가며 이야기

- 이 작품이 말하고자 하는 것은 무엇인지 서로 이야기하며 핵심을 정리한다.

모둠지기가 각 모둠의 토론 흐름과 주제를 발표한다.

마지막에는 모든 조의 토론 전지를 칠판에 붙이고, 아이들이 갤러리 워킹을 하며 마음에 드는 질문 2개(작품 내용, 현실 관련, 나와 연결되는 질문 등)를 골라 적고, 그에 대한 생각과 이유를 구체적으로 기록하게 했다.

그 뒤 핵심 키워드를 제시하고 이를 바탕으로 자신이 생각하는 『노찬성과 에반』의 주제를 다시 한번 작성하게 하고, 토론하며 가장 기억에 남는 친구와 그 이유도 작성하게 했다. 대부분 다양한 의견을 내면서 토론에 진지하게 참여한 학생들이 선정됐는데, 그 친구들을 공개적으로 칭찬하며 친구들의 의견을 전했다. 이 학생들의 활동을 '세부 능력 및 특기 사항'에 기록할 예정이다.

아이들의 토론 소감

- 토론을 통해 소설에 대해 자세히 알게 되고 친구들의 서로 다른 의견을 들어볼 수 있어 좋았다.
- 이런 식으로 하는 국어 수업은 처음이라 재미있었고 또 해 보고 싶다.
- 생각보다 다른 아이들이 생각이 깊다는 걸 알았다.
- 처음 모둠으로 이야길 나눠 보며 질문도 만들고, 다른 친구들과 새로운 모둠을 만들어 질문도 들어보며 여러 답을 들어보니 새로웠다.
- 토론으로 깊이 생각할 수 있게 되었다. 주제가 여러 가지로 나오는 소설도 처음이어서 감회가 새로웠다.
- 하나의 소설도 여러 개의 생각과 질문이 나오고 평소 나였다면 생각하지도 않고 궁금해하지도 않았을 질문들을 보니 흥미도 생기고 이 소설이 실제로 일어날 수 있는 이 사회의 현실이라는 것을 알고 나니 소름 끼치기도 했고 몰랐던 사람들의 고통을 안 것 같다.
- 토론이라고 하면 찬반으로 나뉘어서 다소 공격적인 토론을 생각했는데, 이 활동을 통해 이러한 것도 토론일 수 있다는 것을 알았고, 다양한 친구들의 의견을 들어볼 수 있어 좋았다.
- 서로 다양한 의견을 말하고 소통하는 것이 재미있었다.

수업 종료 종이 울리고 수업은 끝났지만 아이들의 소설 이야기가 끝나지 않아서 좋았다.

제Ⅲ부

고등학교 짬짬이 활동 수업

정주옥

20년 동안 고등학교에서 국어 교사로 근무하고 있다. 내신 점수에 민감한 학생들을 대하면서도 수행평가와 서술형 평가로나마 국어의 본질을 추구하려고 자주 교과협의회를 진행한다. 학생 책쓰기 동아리를 8년간 운영하며 '동아리 때문에 학교 다닌다'라고 말할 정도로 행복했다. 소심한 I형 성격이지만 할 수 있는 범위 내에서 늘 용기를 낸다.
광주광역시 정광고등학교 근무

1. 책은 사라질 것인가?

'오 나의 아뜰리에.' 나의 동아리 폴더의 명칭이다. 아뜰리에는 학생 책 쓰기를 목적으로 운영했다. 그러나 2023년을 끝으로 '학생 책 쓰기 동아리' 운영은 그만두기로 결심한다. 사랑했던 사람을 떠나보낸 것 같이 마음이 아프다. 이제 아이들은 '책 쓰기'는커녕 읽기와 쓰기에 관심이 없다.

개인적 아픔 때문에 마음이 헛헛할 때 전남국어교사모임 오픈 채팅방에 공지 하나가 반짝 별처럼 떴다.

> '교사 글쓰기 모임 하실 분 신청 받습니다.'

무언가 홀린 듯이 교사 글쓰기 모임에 가입했다. 전남 선생님들 모임에 눈치 없이 끼어들었음을 나중에야 알게 되었지만, 신경 쓰지 않았다. 매일 글쓰기를 하고 일주일에 한 번 줌(Zoom)으로 명 선생님과 두 분의 오 선생님을 만나는 자리는 다시 나를 웃게 했다. 아이들에게 책 쓰기 활동을 시키던 내가 책을 내기 위한 원고를 쓰기 시작했다.

책 쓰기 활동을 시킬 때 학생들 중 1/3이 학기가 반이 지나도록 주제를 잡지 못하거나 한참 쓰다가 갑자기 주제를 바꿔버린다. 나도 아이들과 비슷했다. 1년 내내 특별한 주제를 잡지 못하고 다양한 주제의 에세이만

썼다. 보다 못한 명 선생님이 이것저것 조언해 주셨다.

"선생님이 쓴 글들은 대부분 학교의 변화에 대한 것이더라고요. 그걸로 에세이를 써보세요."
"제가 말하는 내용들은 이미 다른 선생님들 에세이집에 비슷한 내용으로 다루어져 있더라고요."
"그럼, 선생님이 운영한 책 쓰기 동아리 학생들 이야기를 주제로 삼고 글을 써보세요. 8년 동안 운영했다면 많은 에피소드가 있을 거예요."

나는 "예……"라며 쭈뼛쭈뼛 대답했다. 학생들과 똑같다. 대답은 하면서도 속으로는 다른 생각으로 가득 차 있다. 안 될 이유만 찾는다. 책 쓰기 동아리에 대해 책 쓰기를 하기에는 특별한 에피소드도 떠오르지 않고 나만의 책 쓰기 노하우라고 하기에는 별것이 없어 보였다.
글을 전문적으로 쓰는 친구에게 물어보았다.

"내가 책 쓰기 동아리 활동을 한 것을 주제로 글을 쓰면 너는 독자로서 뭘 듣고 싶어?"

내가 독자라면 이런 책을 읽고 싶다고 쉽게 판단하겠지만 내가 주제를 잡으려고 하니 내가 말하고 싶은 바와 독자가 원하는 바의 합일점을 찾지 못하겠다. 머릿속이 온통 구름 속 같다.

"보통 책을 읽을 땐 감동을 얻거나 정보를 얻고 싶어 하지. 책 쓰기 동아리 활동에 대해 뭐 정보를 얻을 것은 없을 것 같은데? 너는 무슨 이야기를 하고 싶어?"

"나? 책 쓰기 동아리는 이제 끝났다는 거?"

"뭐야. 너무 비관적인 거 아냐? 네가 쓴 글을 읽고 그렇게 비관적인 기분만 얻고 싶은 사람이 어딨니?"

"그치? 근데 그게 사실인걸. 아이들은 소설 한 페이지도 읽기 싫어해. 단편소설을 읽으면서 한글로 쓴 수학처럼 어렵다고 해. 화법과 작문 과목도 글이 너무 많아서 싫대. 그래서 수능 때 언어와 매체 과목을 선택해. 글이 적어서."

"아이들이 학교에서 동아리 활동을 하는 건 친구들과 무언가 함께 할 수 있어서 재미있어 할 것 같은데."

"맞아. 그런데 그것도 많이 달라졌어. 아이들은 인터넷 공간에서 만난 마음이 맞는 친구들과는 릴레이 소설을 쓰더라구. 그리고 학교에서 종이책을 만들어 주는 것에 대해 더 이상 흥미를 느끼지 않아. 스스로 인터넷 사이트에서 하드 커버로 자신만의 책을 만들어 본 경험이 있거든. 학교는 매년 정신 못 차릴 정도로 바뀌고 있어. 책 쓰기 동아리의 노하우보다 중요한 것은 시대의 변화양상과 아이들의 변화를 감지하는 일 같아."

광주 교육청의 학생 책 쓰기 동아리 사업에 지원하여 시작한 '책을 만드는 활동'은 나의 교사 생활의 전환점이었다. 학생 책 쓰기 동아리 운영이 얼마나 행복했었는지 "나, 동아리 때문에 학교 다녀"라고 말하고 다녔다. 다른 학교 선생님들에게서 책 쓰기 노하우도 배우고 대구에서 열린 학생 책 쓰기 전시회에도 참석했다.

대구 학생 책 전시회에서 '이게 책이야?'라고 할 수 있을 것 같은 '얇은 잡지' 형태의 책, 책을 만들기 전의 중간 단계의 글 뭉치를 노끈으로 묶은 책 등을 접했다. 그러자 책에 대한 두려움이 사라지고 '일단 어떤 형태이든 책을 만들고 보자'라는 용기가 생겼다.

2015년 첫 학생 동아리 책 '동화이몽'은 동화책 비평문임.

동화를 서로 다른 시각에서 바라본다는 의미로 '동상이몽'을 변형한 '동화이몽'이라는 제목을 지음.

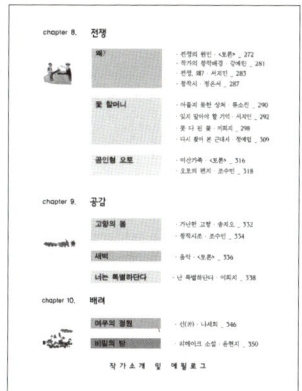

350쪽이나 썼을 정도로 의욕적이었음. 아이들이 읽은 동화책은 내가 사비로 구매함. 이때 동화책의 매력에 빠졌음. 다문화 학생을 지도할 때도 사용했고 지금도 독서토론의 한 축으로 유용하게 활용함.

시를 잘 짓고 문예창작학과에 실기전형으로 합격한 학생의 후기임. 그 외에도 정치외교학과를 진학한 학생, 도시행정학과에 진학한 학생. 대학에 진학하지 않고 미용학원으로 가겠다고 소신을 밝힌 학생 등 5명의 학생이 주축이 되어 동화책을 읽고 토론하고 많은 수의 원고를 여섯 번에 걸쳐 완성시키고 함께 편집함. 같이 대구 학생 책 쓰기 전시회도 가고 여러 가지 추억이 많았지만 서로 책에 투자한 시간이 균등하지 않은 점과 대학 진학에 책 쓰기를 활용한 이와 아닌 이 사이에서 미세한 금을 본 것 같다고 나 혼자 예민하게 감지함.

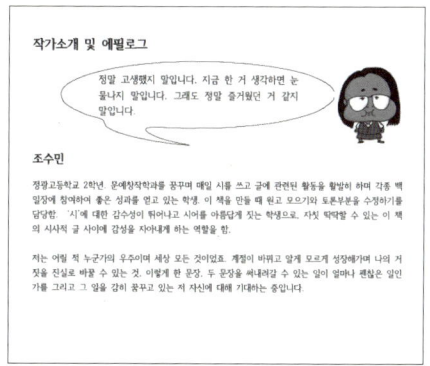

1. 봄

맨 처음 만든 책 '동화이몽'을 책장에서 꺼내본다. 먼지를 털고 책장을 펼치자 책장마다 책 쓰기 동아리 아이들과 함께했던 순간들이 마치 어제처럼 떠오른다. 당시 담당 장학사님이 교육청 사업비로 책 발간을 제안하셨지만 인용했던 동화책의 저작권 문제가 있어서 정식 출간하지는 못했다.

표지의 그림은 미대에 지원하는 학생에게 부탁했고 글씨는 캘리그라피를 배우시는 선생님께 부탁드렸다. 인쇄소에 표지 디자인을 맡기면 30만 원 정도의 비용이 든다고 했다. 약 160만 원으로는 인쇄 비용이 부족해서 친구에게 포토샵을 배워서 내가 직접 표지 디자인을 했다.

인쇄를 하려면 기본 200부 이상 찍어야 하고 100만 원 이상의 비용이 든다. 컬러판은 언감생심이었다. 복사가게를 찾아가 처음 책을 만든다는 욕심에 의욕적으로 이것저것 부탁드렸다. 무엇보다 진짜 책처럼 보이게 하기 위해 책날개를 만들고 싶었다. 책날개를 확보하기 위한 종이 규격 때문에 비용을 더 지출해야 했다. 또 다른 문제가 생겼다. 컬러 용지가 두꺼워서 떡제본으로 책을 만들면 책이 반으로 툭 갈라져 버릴 거라고 하셨다. 책 크기를 B4 크기로 만들기를 제안하셨다. 일반 책 형태에서 벗어나는 거대한 책이 만들어졌다. 책도 뭣도 아닌 것 같아서 실망했다. 그러나 노하우가 쌓이면서 책을 만드는 솜씨도 나아졌다. 정 사장님은 7년 동안 한결같이 우리에게 예쁜 책을 만들어 주기 위해 힘써주셨다.

이후에는 되도록 학생들이 직접 책 디자인을 하도록 했다. 각자 자신의 책을 만들게 함으로써 학생들 모두 책 표지, 책 등, 책날개, 머리말, 차례, 책 정보 등의 요소를 직접 찾아 익히도록 했다. 기존의 도서를 모방하며 '책의 형태'를 경험하게 하는 데 목표를 두었다. 어느 해에는 사진 동아리의 재능을 빌려 사진을 기부받아 책 표지를 간단하게 만들었고 어느 해에는 글그램이라는 어플을 사용하여 간단히 표지를 만들게 안내했다. 해가 지날수록 책 표지나 책 형식에 대한 내 욕심은 사라져갔다.

자신의 이름이 들어 있더라도 아이들은 자신의 원고량이 적은 합본 형태의 책에는 애정을 두지 않았다. 책을 받고 바로 쓰레기통에 버렸다. 이미지가 눈에 띄거나 흥미로운 내용이 있고 가벼운 텍스트가 있는 형태의 책에 관심을 두는 경우가 많았다. 아이들이 읽지 않는 책이란 의미가 없다는 생각이 들었다. 그 뒤 책의 두께에 대한 내 욕심도 내려놓게 되었다.

광주 학생 책 쓰기 동아리 전시회에서 역시 인기가 많았던 작품으로, 콩을 콩나물로 키워서 콩나물국으로 끓여먹는 과정을 일기처럼 재밌게 표현한 작품.

이 중 한 명은 미디어에 관심 있던 학생으로 종합전형으로 대학에 진학했으며 지금은 대학원에서 미디어 연구 쪽으로 석사논문을 준비하고 있음.

2. 여름

첫 해 '동화이몽' 300쪽을 구성하면서 한 가지 주제로 아이들이 책을 만들면서 토론과 모임을 많이 하며 추억이 쌓였다. 그러나 아이들이 원했던 주제는 모두 달랐고 아이들은 자신이 원하는 주제로 글을 쓰지 못하면 책 만들기에 몰두하지 않는다는 점도 알게 되었다. 그래서 두 번째 해부터는 각자의 주제로 각자의 글을 완성하는 '1인 1책 만들기'를 기획했다. 1인 1책은 그 당시 유행은 아니었다. 내가 스스로 고민하고 만든 기획이었는데 나중에는 다른 학교에서도 이런 형태가 보편화되는 것을 보니 내 판단이 맞았던 것 같다.

정규 동아리로 책 쓰기 동아리의 인재를 모으는 일은 쉽지 않았다. 보통 학업 성적이 좋은 학생이 글도 잘 쓴다. 아니, 글을 잘 쓰는 학생이 학업 성적이 좋은 경우가 많다. 몇 년 전까지 선생님들이 학업 우수자들을 동아리에 영입하려고 묘한 신경전을 벌인 경우도 있었다. 학업 우수자들도 종합 전형을 준비하기 때문에 자신의 진로와 관련된 동아리를 선호한다.

"어떻게 그렇게 매년 많은 작품을 내요?"

다른 학교 선생님들이 책 쓰기 동아리 전시회 때면 나에게 신기하다는 듯이 물어보았다. 선생님들은 동아리 운영 발표회에서 늘 동아리 회원 모집의 어려움에 대해 이야기하셨다.

동아리 운영 두 번째 해부터는 '책 쓰기 동아리 아뜰리에'를 모집할 때 정규 동아리와 자율 동아리, 두 형태로 진행했다. 정규 동아리는 자신의 진로와 관련된 동아리를 지원했어도 글을 쓰고 싶어 하는 학생들은 자율 동아리에 지원하는 경우가 많았다.

우스갯소리로 '교육의 질은 학생의 질을 넘지 못한다'는 말을 한다. 아무리 발버둥을 쳐도 학생들이 따라오지 않는 경우 학생들의 자발적인 선택과 동기가 절실할 때 나오는 말인 것 같다. 글쓰기 동아리는 아무래도 글에 흥미를 갖고 있는 학생들의 성향이 매우 중요하게 작용한다.

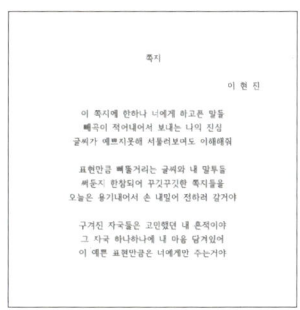

중학교 때부터 '시조' 쓰기 대회에 꾸준히 참여하여 상을 받아왔다는 학생. 1년 동안 아름다운 시를 써서 시집 한 권을 만들어 냄. 누군가를 좋아하는 마음을 순간순간 잘 묘사하며 내용이 깔끔함.

미대로 진학한 학생임. 미술적 재능도 뛰어나고 감각적인 필체도 대단했음. 이때는 전문 편집인을 초빙하여 강의를 듣고 이 학생을 위한 조언을 따로 부탁드렸음. 이 학생의 감각적인 문체는 다른 아이들의 감탄을 자아내었고 그 당시 아이들의 감성과 기호를 가늠할 수 있었음.

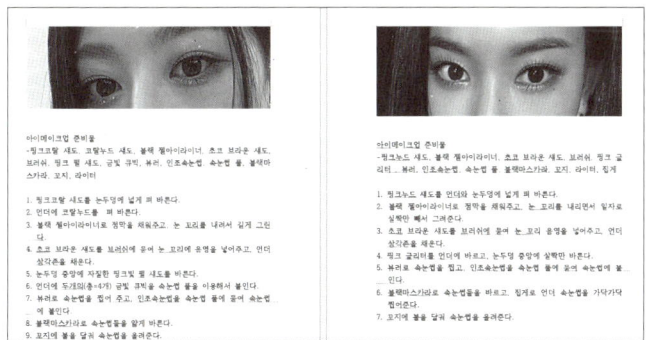

연예인의 눈 화장에 대한 40여 쪽의 잡지 형태의 책. 코로나 전 활동인데 지금은 화장법에 대한 학생들의 관심이나 지식이 상당히 보편화되어 있어서 시간이 지났는데도 이 책의 의미가 또 달리 다가옴.

동화책 창작. 이 친구가 스토리를 쓰면서 매우 힘들어하자 그 반 아이들이 같이 스토리 창작을 해주었고 그림을 그릴 때 힘들어하자 누가 시키지도 않았는데 학급 친구들이 한 장씩 맡아서 색칠해 줌. 아직도 그때의 교실 풍경이 떠올라 미소 짓게 됨.

영화학과에 진학하려고 글쓰기 학원에도 다녔지만 원하는 과에는 진학하지 못함. 자신의 글에 진심이며 편집이나 디자인에도 능한 학생임.

글을 잘 쓰고 소설 구성 능력이 있는 학생이 쓴 단편소설. 같은 동아리 1년 동성 후배가 이 소설책을 읽고 연락해도 되느냐고 할 정도의 감동이 있음.

글을 잘 쓰는 친구들이 모여 있으니 내가 이 동아리를 사랑할 수밖에 없다. 아이들을 지도해준다는 명목으로 나는 이 아이들의 재능을 탐닉하고 아이들의 감수성 속에서 헤엄치며 내 즐거움을 채우고 있었다. 동아리 시간만 기다려지고 이번에는 아이들의 어떤 글을 만날 수 있을지. 그 기대감에 가슴이 두근거렸다. 익숙한 물에서 평화롭게 유영하는 느낌. 설탕처럼 소르르 흩어지는 아름답고 고운 평화의 시간. 기호가 같고 좋아하는 것이 같은 사람을 내 직장에서 만날 수 있다는 것은 행운이다.

동아리에 문학적인 글을 쓰는 아이들만 있는 것은 아니었다. 책 쓰기 동아리는 입시에 유리하다는 소문이 나 있었다. 우리 반에서 서울대를 준비하던 학생은, 2학년 말 겨울방학 동안 일주일 동안 밤새 100쪽짜리 우리 동네 역사 관련 탐방일지를 써냈다. 대학교 면접에서 책 쓰기 활동은 당연히 주목받는다. 입시에서 책 쓰기는 독서의 끝판으로 인식되었다. 독서를 넘어 한 가지 주제로 책을 쓸 수 있는 것을 학생들의 가장 우수한 능력으로 여기는 것은 당연하다.

3. 가을

입시에서 유리한 영역을 유지할 수 있도록 '자유 책 쓰기' 또는 '진로 책 쓰기' 중 하나를 선택하게 하여 동아리를 운영했다. 나름 시대의 풍파에 유연하게 대응한다고 생각했다. 학생 모집이 제일 힘들다는 다른 학교 책 쓰기 동아리 선생님들의 말에 동감하지 못했다. 나의 책 쓰기 동아리는 시대적 변화에도 잘 유지되었다.

'이과생을 위한 지리학 문과생을 위한 컴퓨터공학'은 '문과 남자의 이과 공부'와 비슷한 형식으로 당시 매우 독특하게 느껴졌음.

코로나 시기에도 나는 아이들을 독려하며 책 쓰기 동아리 활동에 매진했다. 10여 종 이상의 책 편집을 마다하지 않고 - 마무리는 내 몫으로 감수했다 - 점점 아이들이 제출하는 책 페이지 수가 줄어들어도 40쪽의 글쓰기만이라도 할 수 있도록 격려했다. 40쪽의 글쓰기를 '책 쓰기 동아리 아뜰리에'라고 하다니. '책 쓰기'라는 명칭이 민망해서 동아리명을 '긴 글쓰기 아뜰리에'로 바꾸었다.

어느 해에는 '아이들에게 글을 40쪽이나 쓰라는 게 말이 되느냐'며 아이에게 부담을 주었다면서 어느 어머님이 학교를 찾아온 적도 있다. 관리자도 어머님의 민원에 동조하는 듯한 눈빛을 보였다. - 관리자가 교육적 신념을 갖고 교사를 지지해 주면 좋을 텐데 보통은 말썽이 안 났으면 좋겠다는 눈빛이다 - 자발적으로 동아리에 들어온 그 아이는 의욕은 넘쳤지만 40쪽의 글쓰기가 힘에 부쳤던 모양이다. 아마 학부모님은 소설 나부랭이를 쓴다고 노트북을 붙잡고 끙끙대는 아이의 뒷모습에 화가 났던 것 같다. 동아리 활동이기 때문에 40쪽을 못 쓰면 못 쓴 대로 뭐라 하지는 않는다고 답변했는데도 어머님은 화를 내고 돌아가셨다. 그런데 아이러니하게도 그 아이는 다음 학년에 진학한 뒤 동아리를 선택할 때 또다시 '아뜰리에'를 선택했다. 민원을 받은 나는 억울하기도 했지만 학부모님과 상관없이 아이는 글을 쓰고 싶어서 그 자리에 앉아 있는 상황이 오히려 재미있기도 했다.

그에 반해 글을 쓰는 데 탁월한 아이들은 늘 있었다. 네이버 웹소설 작가로 등단한 아이는 일본어도 잘해서 동아리 시간에는 일본어로 쓴 단편소설책을 만들기도 했다. 이 학생은 '화법과 작문' 교과 시간에 3분 발표를 시킬 때 온라인상에서 편집을 어떻게 하는지 폰트나 자간, 줄 간격 등과 같은 노하우를 전수하는 발표를 하기도 했다. 그 학생이 웹소설 작가로 등단한 것에 대해 우리는 그것조차 대단하다고 생각하며 치켜세웠지만 본인은 조회수나 반응 등을 보면서 인기 작가로 나아가는 데 대해 또 다른 갈증이 있는 듯했다.

매년 여러 권의 학생 책 쓰기 활동을 해왔다. '한 주제'로 긴 글을 작성하여 완성한다는 점은 매우 의미 있는 일이었다. 아이들은 긴 고통의 터널을 지나 '완성'이라는 큰 기쁨의 열매를 받는다.

2020년

2021년

나는 모르고 있었다. 책 쓰기 동아리 황금기는 거대한 쇼츠의 벽을 넘지 못하고 사그라들고 있었던 것을. 아이들의 글이 웹소설 형태를 띠면서 '환생'이나 '천사와 악마'의 이야기나 '자살' 이야기로 소재가 비슷해질 때도 미처 모르고 있었다. 이런 웹소설 형태의 소설조차 사라지는 시대라는 것을.

4. 겨울

바야흐로 2023년 정규 동아리 모집 시기. '글쓰기'라는 명칭에 아이들이 내 동아리를 선택하지 않는 수모를 겪는다. 어떤 교사는 나를 동아리를 없애고 시수를 줄여서 편하게 지내고 싶어 하는 교사로 의심했다. 그 의심이 나에게는 이중으로 충격이었다. 7년 동안 굳건했던 책 쓰기 동아리 운영에 큰 이상 징후가 보이고 학생들에게 선택받지 못한 사실이 자존심을 상하게 했다. 그런 나에게 '위기의식을 가지라'라고 충고하는 동료 교사의 말에 깊은 슬픔을 느꼈다.

누구를 위한 위기의식인가? 아이들은 지금, 더 쉬운 길을 길을 택하고 있다. 교과 선택이라는 교육과정의 변화에 아이들은 선택의 자율권에 환호하는 것이 아니라 선택의 괴로움을 호소하고 있다. 선택과목의 등급이 좋게 나오지 않을까 봐 점수 따기 쉬운 과목을 선택하는 현상이 동아리 선택에도 반영되고 있었다. - 심지어 음악과 미술도 선택의 대상이 되자 음악 선생님과 미술 선생님의 교육관도 흔들리기 시작했다 - 아이들은 동아리에 오면서 '쉬러 온다'라고 말한다. 글을 쓰고 발표하는 활동이 있는 동아리엔 절대 지원하지 않는다. 그런 흐름에 대해 알고 있었지만 내가 운영하는 동아리가 그 흐름에 휩쓸려 사라져 버릴 것이라고는 생각지도 못했다.

"위기의식을 가지라니요. 저는 지금 모멸감을 느낍니다. 대학교 입시의 종합전형에 자율 동아리, 독서활동 상황, 외부 봉사가 반영되지 않으므로 상대적으로 정규 동아리 활동이 중요해졌습니다. 아이들을 위한다면 동아리 활동을 더 강화하여 아이들이 의무적으로 학술 동아리에 가입하게 하는 교육과정을 기획해야 하지 않을까요? 저에게 아이들이 원하는 동아리나 맡으라니요."

마치 돈 벌러 도둑질이라도 하라는 허생의 마누라의 말을 들은 것처럼 나는 얼굴이 벌게지고 눈물이 뚝뚝 흘렀다.
하지만 세월은 지났고 나 스스로 변절했다. '책 쓰기 동아리 아뜰리에'는 상호명을 바꾸어 '독서동아리 아뜰리에'가 되었다.

"여러분. 책을 읽고 마음에 드는 글귀 하나 고르고 어디서 발췌했는지 쪽수를 씁니다. 그리고 그 글귀가 왜 마음에 들었는지 이유를 쓰세요. 마음에 든 이유를 쓸 수 없는 '비문학 글', 즉 설명문이라면 그 글귀에 대한 설명을 쓰면 됩니다. 결국 그 문장 앞뒤의 내용을 요약하는 식일 텐데요. 중요한 것은 책을 읽고 그냥 스쳐 지나가기만 하면 결코 내 것이 되지 않는다는 점이에요. 반드시 5분이라도 책의 내용을 '말하거나 씀'으로써 '표현'을 해야 내 것이 됩니다."

"동아리 소개란에 '인상적인 글귀를 소개한다'고 하셨잖아요. 글귀뿐만 아니라 그 이유도 소개하는 건가요? 발표는 정말 하는 건가요? 언제 하는 건가요?"

이 질문을 한 학생은 카톡으로도 또 물어왔다. 세 번째 질문이었다. 발표를 하기 싫다는 의미인가? 잠시 생각에 잠겼다. 그러나 세 번이나 물어본다는 사실에 대해 화를 내면 안 된다. 아이의 입장에서 생각해 보자. 잘 하려고 물어보는 것이다. 진짜 하기 싫어하는 아이는 그냥 안 한다.

재작년 국어 시간에는 시험 끝난 후 자투리 시간에 '3분 발표'를 시켰다. 요새 아이들은 글쓰기는 싫어하지만 '말하기'는 상당히 좋아하는 편이다. 발표 소재를 제시하고 표본을 보여주고 대본을 쓰게 했다. 대본을 고쳐주고 일단 핸드폰 녹음 기능을 활용하여 대본을 읽어보게 했다. 그리고 1:1 톡으로 녹음 파일을 보내게 했다. 일일이 녹음 파일을 들어 보면서 피드백을 해주었다. 스피치 어학원에 한 달 다녀본 경험을 살려서 아이들에게 속도 조절과 끊어 읽기 방법도 알려주었다. 이번에도 그런 방법을 써서 아이들에게 피드백 해 줘야 하나 고민한다. 일일이 피드백 해 주는 것은 정말 고통스럽고도 행복한 일이다. 수행평가도 평가 내용을 써서 아이에게 말해주면 '피드백'이 되어 비로소 '교육'이 이루어진다. 학생들은 개별적으로 자신에게 맞는 피드백으로 성장을 이룬다. 또래 학습자들의 발표나 글을 보면서 간접적으로 피드백이 되기도 한다.

신문 기사를 발췌해서 글을 쓰라는 수행평가를 할 때 아이들은 이제 AI로 요약된 것을 몰래 베끼고 있다. AI를 막을 수 없다는 말이 이것이었을까.『총균쇠』라는 책을 읽다 보면 새로운 것을 받아들이지 않는 민족은 정벌당했다는 말이 계속 나오던데… AI를 받아들여야 하는지 아니면 AI를 받아들였다가 AI에 먹히는 건 아닌지 판단이 서지 않는다. AI가 사람의 뇌를 대신하고 각 개인에 비서처럼 붙어서 순간순간 판단을 대신 해주고 할 일을 안내하는 시대가 올 것이다. 교사보다 덜 권위적이고 친절하게 대답하는 AI가 튜터로 학생 한 명씩 전담하여 개별화 교육을 해주는 시대가 올 것이다. 소심한 I형 인간인 나는 교실에서 미래의 극한상황을 상상하며 미리 고통을 느껴보곤 한다.

글 쓰는 작가 후배는 영화, 드라마 판이 좁아져서 현재 웹소설을 쓰고 있는데 선배들이 이렇게 말한다고 한다.

"왜 이런 어려운 표현을 씁니까? 아무도 이해 못 해요."

소설을 좋아한다는 웹소설 독자층에서조차 조금만 어려운 상징을 넣으면 이해 못 하는 문해력 최하의 시대다. 우리도 미국처럼 시계를 읽지 못하고 간단한 곱셈조차 못 하는 젊은이가 생기는 날이 올지도 모르겠다. 교사들은 그날이 더 빨리 오는 것을 막기 위해 쓰나미를 온몸으로 막는 형국이다.

나도 나이 들었고 복사가게 정 사장님도 나이 드셨다. 지금은 대학생들이 책을 복사하라고 맡기지 않고 PDF로 다운받아 보는 시대가 되었다고 말씀하셨다. 종이를 필요로 하는 수요자가 대폭 줄어들었다. 나도 더 이상 책을 만들지 않아서 복사가게의 정 사장님을 찾아뵙지 않게 되었다.

그래도 책을 읽히면 아이들은 책을 읽을 때 나오는 베타파의 물결에 평온한 얼굴이 된다. 한번 읽히면 다음 책을 읽힐 때 아이들의 읽는 속도가 더 빨라짐이 느껴진다. 비록 책 쓰기 동아리는 포기했지만 아직은 독서동아리가 살아남아 있다. 교육은 인간을 '주체적'으로 살게 하는 유일한 수단이라고 생각한다. 남이 정해준 대로 판단하지 않고 스스로 정보를 수집하여 판단하기 위해 독서를 해야 한다. 매서운 겨울 강풍 속에서도 교사는 종종 봄 꽃눈을 발견하는 재미로 오늘을 살아간다.

금요일마다 '독서동아리 아뜰리에'에 가서 명상하듯 아이들과 묵독의 시간을 갖는다. 포트폴리오처럼 매일 종이를 파일에 끼워 나눠주고 '오늘 읽는 총 쪽수, 가장 인상깊은 구절, 그 이유' 이렇게 간단하게 메모하게 한다. 명상에 쓰이는 싱잉볼이 울리듯 아이들의 가슴속에 책 구절이 울리는 것이 보인다. 나도 같이 『총균쇠』 14강을 읽으며 메모한다. 아이들과 같이 일주일에 1강씩 읽어나간다. 발표할 때도 나도 같이할 것이다. 그래야 아이들 입장에서 어떻게 도움이 되는지 점검할 수 있다.

'너희는 읽어라, 나는 업무 본다' 이런 자세는 안 된다. '나도 진심으로 책이 좋다. 매 순간 책을 읽는 것을 행동으로 보여 준다.' 얼마 전 'E북 리더기'를 샀다. 젊은이들 사이에 독서는 고급스러운 인스타용 취미라고 한다. 보여주기식이라도 어떤가. 지적 허영심은 소모적인 소비보다 훨씬 낫다. 핸드폰이나 아이패드로 책을 보는 것보다 훨씬 눈이 덜 피로하고 자주 책을 읽을 수 있다.

쇼츠가 유행이라면 쇼츠처럼 책의 한 구절을 인용하여 제시하면 된다. 때론 책 한 권보다 울림을 주는 한 구절이 중요할 때도 있고 도끼처럼 세상을 바라보는 관점을 바꿔주는 한 문장이 더 중요할 때도 있다. 어느 책에서 '인간은 원래 낭독을 했지 묵독을 하지 않았다'라는 문장을 읽고 깨달았다. 원래 인간은 지금과 같은 형태의 묵독으로 책을 읽지 않았다. 지금 우리가 접하는 모든 것이 무조건 당연한 것은 아니다. 인쇄 기술이 발달하고 사색과 묵독이 발달하고 비로소 두꺼운 책을 찾는 마니아층이 생겼다. 책이 절대적인 매체라고는 할 수 없다.

논술지도사 양성 프로그램 내 강의에서 '책은 사라질 것이다'라는 어떤 강사의 말에 깨달음을 얻었다. - 교사가 된 이후 따로 논술지도사 자격증을 딴 적도 있다 - 앞으로는 책이 아니라 가상현실 체험으로 정보를 얻게 될 것이다. 이를테면 별자리에 대한 지식을 책이나 인터넷 검색에서 얻던 시대가 가고 VR 기계를 머리에 쓰고 가상현실에서 우주복을 입고 우주를 경험하게 되는 시대가 올 것이다. 단, 인간의 상상력을 필요로 하는 '문학'책은 살아남을 것이라고 한다. 지금으로서는 문학도 어떤 형태로 살아남을지 모르겠지만.

나는 독서교육을 하고 책을 읽으면서도 끊임없이 '책이 필요한가'라고 스스로 물어보았다. 책을 읽는 이유를 한 가지 찾았다. 책에는 '논리'가 있다. 아이들이 즉물적인 것에 익숙해져 추상적 사고력이 현저히 떨어지고 쇼츠에 물들어 집중력이 저하되었다. 집중력과 논리성을 키우기 위해서는 독서가 답이다. 세상의 변화를 감지하고 유연한 사고를 갖되 '주체적 판단력'을 놓으면 안 된다는 생각을 잃지 않으면 흔들리지 않는 독서교육을 할 수 있다고 본다. 독서교육은 그런 가치관 정립에서 시작된다.

II. 단편소설 한 편, 한 시간 동안 읽기
-『땀 흘리는 소설』에 나온 단편소설 중 한 편 읽기

고등학생들은 입시 때문에 글을 제대로 읽고 느끼기에는 불편하다. 수업과 관련 없는 이야기를 하는 것에 대해 최근에는 극도로 불만을 토로하는 학생들이 많다. 5분 이상 시사적인 이야기를 하면 눈살을 찌푸리거나 엎드린다. 내신 성적과 관련된 내용만 수업 시간에 진행해야 한다는 압박감은 국어 교사로서의 정체성에도 멍이 들게 한다.

아이들만의 문제가 아니다. 우리들도 필요 없는 연수나 강좌에는 귀를 닫아버리는 우리의 모습을 통해 역지사지해 볼 필요가 있다고 본다. 내신 따기로 변질된 학교 교육에서 그래도 나름대로 다른 경험을 제공하고자 짬짬이 활동 수업을 한다.

『땀 흘리는 소설』은 국어 교사 오픈채팅방에서 많은 선생님께서 추천한 소설이다. 작년에 사서 선생님께 부탁드려서『땀 흘리는 소설』35권을 구입했다. 사서 선생님께서는 같은 책을 30권 이상 구입하는 것을 난감해하신다. '도서선정위원회'를 통과하기가 쉽지 않다고 하셨다. 어떤 선생님이 의욕적으로 수업을 진행하기 위해 책을 신청해도 그 한 해만 사용하고 말기도 한다. 선생님이 매년 그 책으로 같은 형태의 수업을 진행하지 않는 이상 책을 30권 이상 구입하는 것은 낭비로 여겨질 수 있다. 그래도 사서 선생님께서 '도서선정위원회' 회의 때 앞으로도 수업에 유용하게 사용할 것이라고 설명해 주신 덕분에 『땀 흘리는 소설』 35권 구입 안건은 통과될 수 있었다.

고등학교에서 한 가지 종류의 소설책으로 수행평가를 하기는 힘들다. 학원가에서 평가계획서를 다운받아서 수행평가 내용도 미리 살펴보기 때문에 학원 선생님이 수행평가의 모범답안을 숙지시킬 수 있다. 그러므로 고등학교에서는 학기말 시험이 끝난 뒤에 소설 읽기를 시도하는 것이 더 낫다고 생각한다.

그렇다면 고등학교에서는 어떤 수행평가를 진행하는 것이 좋을까? 학기 초 수행평가를 구상할 때, 학교생활기록부의 '세부 능력 및 특기사항'(교과 세부 능력 특기사항)이 강조된 이후에는 '교과 세부 능력 특기사항'에 알맞은 영역을 선호하게 되었다. 학생 개개인의 흥미와 탐구 주제를 담은 '정보전달의 글쓰기'나 '설득하는 글쓰기'를 주로 진행했다. 학생의 개인별 관심이 잘 드러날 수 있도록 고심하여 수행평가지를 만들었다.

간질간질한 것을 싫어하는 나는 작품을 보면서 감상을 강요하는 것 같은 분위기를 일부러 피했다. 그런데 국어 교과를 가르칠수록 '문학'의 중요성을 많이 느낀다. 문학은 학생들의 정서를 건들기 때문에 학생들의 몰입도가 좋다. 또한 타인의 감정과 다양한 삶에 대한 이해도가 넓어진다. 문학작품을 읽을 때 필요한 '갈래상 특징'에 대한 이해와 '비유, 상징'에 대한 이해도가 낮아져서 학생들이 기존의 문학을 이해할 수 없게 되고 지금까지의 문학 갈래가 사라지는 것은 아닌지 걱정이 되기도 한다. 그래서 문학교육이 더욱 절실하다.

기말고사가 끝난 후 무슨 수업을 하느냐는 동료교사의 물음에 나는 책을 읽힌다고 했다. 시험 범위에 포함된 교과서 단원은 동료교사와 호흡을 맞춰야 하지만 시험이 끝난 후의 수업은 나의 개성을 살려서 마음대로 기획할 수 있어서 좋다.

35권이나 되는 책을 짊어지고 다니기에는 너무나 무겁다. 마침 온라인 서점 도서 구입 시 도서 카트를 저렴하게 구입할 수 있는 시기가 있었다. 여행 가방으로 나온 카트는 크기만 크고 너무 눈에 띈다. 얇고도 적당한 크기의 도서 카트를 구입하면서 혼자 신이 났다. 35권의 『땀 흘리는 소설』 책을 돌돌이 카트에 담아서 반마다 운반해서 학생들에게 건네주었다. 학생들은 카트를 돌돌 끌고 다니는 나를 보며 신기해하면서 카트를 들여다보았다.

"땀 흘리는 소설? 땀 흘리는 소설의 의미가 뭐예요? 엄청 열심히 읽어야 한다는 의미인가요?"

"책을 읽으면 알게 되어 있어."

예전 같으면 바로 답을 말해주었는데 요새는 일부러 학생 스스로 궁금증을 해결할 수 있도록 유도한다. 학생 중에는 소설책을 읽는다고 신나하는 반응도 있고 그냥저냥 미지근한 반응도 있었다. 그러나 전반적으로 이 소설에 대한 반응이 나쁘지는 않았다. 나도 작년에 이어 학생들과 같이 수업 시간에 읽어보았는데 다시 읽어보아도 퍽 좋았다. 내용이 싱겁지도 않고 너무 무겁지도 않다. 난해한 내용도 아니었다. 주제가 직접 드러나지 않고 비유, 상징이 버무려진 수준 높은 소설들이다. 두세 번 읽었는데도 질리지 않았다.

시험이 끝나고 학급마다 2시간 정도의 시간이 남았다. 『땀 흘리는 소설』은 단편소설 8편을 모아놓았다. 4개의 소설 활동지를 만들고 그중 2

개를 선택해서 읽게 했다. 8편 중 소설 2개를 선택하게 하고 싶지만 그렇게 하려면 교사가 소설 8편에 해당하는 활동지를 두껍게 프린트해 가야 하므로 무리다.

그래도 한 가지 소설을 모든 반 학생에게 동시에 읽게 하는 것은 내가 싫었다. 예전에 모든 교사들이 동시에 같은 지문을 읽고 중심 문장을 찾아내는 연수를 받은 적이 있다. 나는 숨이 막혔다. '경쟁'적인 그 느낌이 싫었다. 내가 주어진 시간 내에 다른 사람보다 글의 내용을 잘 파악하지 못하면 어떻게 하나 하는 생각에 글에 집중하지 못했다. 제한된 범위 내에서라도 학생들이 소설을 선택하게 해 경쟁적인 분위기를 만들지 않도록 했다.

활동지를 만들 때는 1, 2번 문항으로 내용 파악 문제를 제시하여 학생들이 소설의 내용을 파악할 때 도움을 받도록 한다. 그리고 3번 문항은 '자신이 만든 질문'으로 스스로 문제를 내고 답을 쓰도록 한다. 학습지의 양은 한 시간에 1쪽이 적당하다. 어떤 학생은 '활동지를 작성하지 않고 쭉 소설만 읽으면 안 되느냐'라고 물어본다. 활동지의 답을 적다 보면 소설 읽기의 흐름이 깨진다고 했다. 그 말도 일리가 있다.

어떤 분들은 소설 읽기를 할 때 학생들이 대충 읽는 것을 방지하고자 활동지에 괄호 넣기 문제를 제시하기도 한다. 그러나 괄호 넣기 활동지는 소설 읽기가 숙제처럼 느껴지면서 금세 피로해졌다. 소설 읽기의 본질에 다가가기 위해서는 소설을 통으로 읽으며 세부적으로 놓치는 것은 놓치는 대로 놔두고 소설의 핵심적인 내용과 관련된 생각거리만 제시하면 충분하다고 생각했다.

활동지를 아예 작성하지 않고 소설만 읽는 것은 권장하지 않는다. 소설이든 다른 글이든 읽는 즉시 말이나 글로 재구성하여 표현하지 않으면 읽기로 얻은 경험은 휘발된다. 사고방식을 확장시키는 질문을 접하고 서술하는 습관을 들이면 사고가 쉽게 확장되는 것을 느낄 수 있다. 『땀 흘리는 소설』에 수록된 단편소설들은 한 편당 13장 내외였다. 이 정도의 단편소설은 한 시간에 한 편은 읽어야 한다. 소설을 빨리 읽는 학생은 20분 만에 단편소설 한 편을 읽었고 천천히 읽는 학생은 40분 만에 소설을 읽고 남은 10분 동안 내용 파악 문제를 겨우 풀었다. 그래도 35명의 학생 모두 소설을 읽고 모두 활동지를 작성해서 제출했다.

1. 『땀 흘리는 소설』의 첫 번째 소설. 『어비』 (김혜진)

'어비'라는 별명의 주인공은 '나'와 책을 분류하고 나르는 일을 한다. 내가 보기에는 어비는 매우 성실한 직원이다. 그런데 사람들과 친하게 지내지 못하고 내성적인 모습을 보이자 조직 내에서 능력 없는 사람처럼 취급당한다. 어비는 결국 일을 그만두고 물류창고에서 일하다가 마지막에는 먹방 유튜버가 된다. '나' 역시 어비와 같이 책을 분류하는 일을 그만두고 물류창고에서 잠깐 일하다가 어비를 만나 이야기를 주고받는 인연을 이어가지만 이후 선배가 소개해 준 무역회사에서 잡일을 하면서 회의를 느낀다. 이후 우연히 유튜버가 된 어비를 보면서 어비가 '일다운 일'을 하지 않는다고 생각하면서 화가 난다.

서술자의 직업이 어떻게 변하느냐는 나의 질문에 학생들은 서술자가 누구인지 헷갈리는 모습이었다. 어비가 주인공이고 서술자는 '나'인데 학생들은 어비가 서술자라고 생각했다. 요즘 학생들은 서술 시점이 4가지로 분류된다는 문학 이론조차 알지 못하는 경우가 많다. 갑자기 '과연 1인칭 관찰자 시점이라는 문학 이론을 시험문제로 낸다고 해서 학생들이 소설을 읽을 때 도움이 받을까'라는 생각도 든다. 그래도 서술자도 잘 구분하고 주인공과 서술자의 직업 변화도 잘 찾아내는 학생들도 꽤 있다.

학생들이 자신이 경험하지 않는 것에 대해 모른다면 자신이 경험한 것을 확장하여 유추하는 능력이 필요하다. 이를테면 책을 분류하고 라벨을 붙인다는 구절을 보면서 한 반에서 2~3명은 이곳을 물류창고로 보지 않고 '책 공장'이라고 명명하기도 했다. 무언가를 만드는 곳은 공장이라고 생각한 것이다. 20쪽에 '창고'라는 단어가 있고 23쪽에 '배송'이라는 단어도 있어 이를 참고하여 생각해 보도록 했다.

많은 친구들이 소설의 호흡에 익숙지 않아서 서술자가 '무역회사'에서 근무한 구절을 찾지 못하고 지나간다. 31쪽에 '나는 아는 선배의 소개로 작은 무역회사에 들어갔다'라는 구절이 있다. 한 학생이 이 정보를 찾아내는 데 많은 시간을 보내다가 결국 화가 나서 얼굴이 붉으락푸르락해졌다.

"못 찾겠어요. 이 사람이 소설을 이상하게 썼어요."

"평소에 소설을 많이 읽나 보네."

내 질문에 맞다는 식으로 학생은 책가방에서 소설책을 꺼내 보였다. 책가방에서 소설책이 나올 정도면 정말 소설을 좋아하는 학생이다. 그런데도 평소 소설을 자주 읽는 자신이 이 소설 내용을 파악하지 못한다는 것은 자신의 문제가 아니라 작가의 문제라고 말하고 싶은 표정이었다.

"빨리 못 찾아서 화가 났구나. 원래 문학은 숨은그림찾기야. 차분히 한 번 찾아봐. 소설을 그렇게 많이 읽는 걸 보니 충분히 할 수 있을 것이야."

학생은 여러 번 책을 뒤적거려서 결국은 답을 찾아내고 매우 만족스러운 표정을 지었다. 학생들은 자신의 강점을 교사가 알아주기를 원한다. 이렇게 소설 좀 읽는 학생이라면 더더욱 그렇다. 자신이 충분히 알고 있다고 생각하는 작품이나 장르를 수업 시간에 접하면 아이들은 기분 좋아하는 모습이다. 남들보다 유리한 출발선에 시작할 수 있다고 생각한다. 평상시 소설도 안 읽는 다른 친구들이 자신보다 더 빨리 소설을 읽고 활동지 작성을 빨리 끝낸다는 사실에 억울해한다.

소설을 좋아하지 않는 학생이 해답을 더 빨리 찾아낼 수도 있다. 소설이라고 해도 비유, 상징이 많거나 문단을 명확하게 나뉘지 않고 사건이 애매하게 진행된다면 내용을 빠르게 파악하기 어렵다. 난해한 문장 앞에서는 소설을 많이 읽는 학생이라도 시간이 좀 필요하다. 이 학생은 평소 소설을 끼고 살았으니 자존심이 상할 만하다. 교사는 그런 마음까지도 신경 써야 한다. 학생을 속 깊이 이해할 때 수업의 효능감이 높아지지 않던가? 사람이란 너나없이 이해받고 인정받고 싶어 하는 존재다.

내용을 파악하는 문제는 학생들이 길을 헤매지 않도록 길잡이 역할을 한다. 그러나 주어진 문제는 답이 주어져 재미가 없다. 같은 목적지를 향해 같은 길을 따라 산행을 해도 어떤 사람은 계절에 맞지 않게 피어 있는 꽃을 보고 기후위기에 대해 걱정하고 어떤 사람은 왜 등산해야 하는지에 대해 철학적인 의문을 제기하고 어떤 사람은 다음 주에도 등산을 해서 체력을 길러야겠다고 결심할 수도 있다. 학생들은 같은 글을 읽고도 다양한 생각을 한다. 학생들이 직접 만들고 답한 3번 문항, '자신이 만든 질문'을 살펴보자.

학생 1.
어비는 직장이 바뀌면서 어떤 마음이 가장 컸을까?
- 힘들고 지친 마음

　　이 학생은 본문의 내용을 구체적으로 파악하지는 못했다. 그러나 3번 문항에 쓴 이 질문과 답은 나의 시선을 확 사로잡았다. 이 학생은 어비의 마음을 살폈다. 답이 강렬하다. 어비는 자기감정을 드러낸 적이 없고 행동은 기괴하다. 그런 어비의 마음을 대신 말해주었다. '힘들고 지친 마음'이란다. 이 질문과 답에는 학생의 외로움이 투영된 것일 수도 있다. 이 친구가 평상시 거친 말을 자주 내뱉는 것을 본 적이 있다. 그러나 친구와 조곤조곤 말하는 것을 좋아한다. 학생이 서술한 저 문장을 통해 학생의 따뜻한 마음이 전해졌다.

학생 2.
'어비는 자신이 하는 방송에 대해 일다운 일이라고 생각하며 만족하고 있을까?'
- 일다운 일은 사회에서 인정받을 수 있고, 보람이 느껴져야 한다. 무시당하지 않고 눈치 보지 않고 정당한 보수를 받으며 몸보다는 머리를 쓰며 체면을 지킬 수 있는 일을 찾았던 듯하다. 어비는 만족하고 있지 않을 것 같다.

학생 3.
'당신은 미디어 콘텐츠 제작자에 대해 어떻게 생각하나요?'
- 사실 이 질문에 대한 답은 없다. 하지만 나는 유튜버, BJ 모두 일을 하고 있다고 생각한다. 일다운 일이라는 기준은 너무 모호하고 미디어 콘텐츠 창작자들도 똑같이 방송이라는 일을 하고 매일 시간을 태워 가며 돈을 번다. 감정노동과 콘텐츠 제작에 힘쓴다. 방송인들이 일반인에 비해 돈을 더 많이 버는 것은 사실이나 그 대가에 상응하는 재능이나 노력이 들어간 결과라고 생각한다.

학생 4.

'작중 서술자가 방송하는 것을 일답지 않다고 여기는 것에 대해 어떻게 생각하는지 서술해 볼까요?'
- 공장에서 노동하는 사람, 사무직에 종사하는 사람 등 세상에는 정말 다양한 직업들이 존재하고 직업 간 우열은 가질 수 없고 모든 직업이 인정받아야 한다고 생각한다. 주인공은 3개의 직장을 다니면서 '일다운 일'을 찾고 어떻게 보면 직장들을 무시하고 업신여기는 태도를 보이는데 무역회사에서 잡다한 심부름을 하는 것에 대해 '일답지 않다'고 여기는 것에 대해서는 이해하지만 그런 것 또한 일종의 업무이고 일이라고 봐야 한다고 생각한다. 모든 직업에는 각자의 고충이 존재하고 방송하는 디제이, 유튜버 또한 하나의 직업으로 인정받아야 마땅하며 다른 사람에게 즐거움을 주는 것도 사회에 중요한 역할이라고 느꼈다. 점차 기술이 발달하고 산업이 확장되어 가는데, 새롭게 생겨나는 직업들을 수용하고 존중하는 인식을 가져야 하고 아르바이트나 방송인 등 특정직업군에 대한 편견을 지워나가고 직업 다양성을 인정하는 사회적 인식이 발달해야 한다고 생각한다.

2. 『땀 흘리는 소설』의 두 번째 소설. 『가만한 나날』 (김세희)

이 소설의 배경은 가습기 살균제 사건이다. 사망자가 1,000명 가까이 생긴 사건이다. 남의 일 같지 않다. 물건에 대한 호기심이 많고 게으른 나는 '가습기'를 트는데 물때가 생긴 것을 보고 문제의 가습기 살균제를 구입했다. 가습기를 틀 때 가습기 물에 살균제를 넣으면 물에 물때가 생기지 않는다는 말에 혹했다. 게으름 때문에 가습기 살균제를 샀지만 게을러서 가습기를 틀 때마다 가습기 살균제를 넣는 것을 잊어먹었다. 내가 부지런히 가습기 살균제를 사용했다면 나도 어떤 피해를 입었을지 모른다.

이 소설의 주인공 '경진'은 광고 마케팅 회사에 다닌다. 마케팅 회사에서 채털리 부인이라는 예명으로 블로그를 운영한다. 자신을 딸도 있고 강아지도 키우는 주부로 행세하며 사용해 보지 않은 상품에 대해 거짓말로 상품 후기를 작성한다. 자신이 광고한 상품이 문제가 되어 많은 사람이 피해를 본 것을 알게 된 이후 직장을 그만두게 된다.

학생들은 '맛집 방문 블로그도 사실은 광고인 경우가 많다'라는 나의 말에 블로그의 실체를 처음 안 듯 깜짝 놀란다. 국문과를 졸업하고 많은 이들이 그렇게 광고 글을 작성하는 데 자신의 재능을 사용한다. 학생들은 '노동'과 관련된 이 소설을 읽으면서 돈벌이라는 현실을 인식한 듯 진지한 모습을 보였다. 이 책을 읽을 때 지루해하는 모습을 본 적이 없다.

3번 문항인 '자신이 만든 질문'을 통해 학생들의 생각을 살펴보자.

학생 1.
'경진과 다른 직원들의 차이점은 무엇인가?'
- 경진은 자신의 행동으로 생긴 피해자에 마음이 아픈 것처럼 행동하지만 직원들은 아무 생각 없이 이익부터 챙기는 것 같다. 나는 여기서 갈림길이 생긴다고 본다. 마음의 죄책감을 가진 경진은 잘못이 경감되고 팀원이나 다른 직원들은 죄가 있다고 생각한다.

학생 2.
'경진이 직장에서 보낸 26개월은 의미 있는 시간이었을까?'
- 의미 있는 시간이라고 생각한다. 나로 인해 다른 사람이 고통받고 있음을 알 수 있는 시간이었고 일만 하는 것이 아니라 주변을 둘러봐야 한다는 깨달음을 얻은 시간이었다고 생각한다.

학생 3.
'왜 은근슬쩍 광고하는 방식이 유행할까?'
- 우리가 유튜브 등 영상을 보다가 중간에 제품 광고가 나오면 짜증 나듯이 대놓고 광고를 하면 불쾌감을 줄 수 있어 블로그 등의 수단을 이용하여 은근슬쩍 상품 광고를 하는 것 같다. 그런데 우리가 평소에 자주 보고, 일상적인 내용의 블로그가 알고 보니 광고만을 위한 허구였음을 아는 것도 상당히 소름 돋고 배신감이 드는 것 같다. 어떤 것이 진짜이고 어떤 것이 거짓인지 판단할 수 없는 세상이 정말 무서운 것 같다.

학생 4.
'지난날의 예린과의 대화에서 그녀를 다시 마주했을 때 경진이 자신의 말을 정정하고 싶은 욕망이 든 이유는 무엇인가?'
- 경진은 그때 당시 자신이 예린보다 우월하다고 생각했기 때문에 대화에서 최대한 완곡하게 표현하려고 했지만 우월감을 숨길 수 없었다. 가습기 살균제 사건을 겪고 일에 대한 생각을 다시 하게 됐고, 그 과정에서 지난날의 자신이 한 말에 대해 다시 생각해 보고 깨달았을 것이다.

직장 내 일을 잘하지 못한다고 평가받던 예린에게 경진이 우월감을 느꼈던 자신을 반성한 부분을 짚어낸 학생은 처음이었다. 사람 간의 관계에서 느껴지는 우월감과 열등감을 섬세하게 파악하던 학생이어서 이 글에 더욱 관심이 갔다. 평상시에 타인의 감정을 잘 읽는 학생은 소설 읽기에서도 등장인물들의 감정을 잘 파악한다.

학생 5.

'이 소설을 읽고 난 후 바람직한 기업이란 무엇일지 자신의 생각을 써보세요.'
- 내가 생각하는 바람직한 기업은 공정한 과정과 절차를 걸쳐 사회 전반에 긍정적으로 이익을 가져다줄 수 있는 일을 하는 기업이다. 여기에는 편리한 생활을 위한 제품 개발뿐만 아니라 환경과 더불어 윤리의식까지 포함되며 기업의 이익보다 소비자를 먼저 생각하는 기업이라고 생각한다.

학생 6.

'소설 제목 가만한 나날은 어떤 것을 뜻하는가?'
- 내가 느끼는 것은 '가만한'은 '방관'이라고 생각한다. 글 중반에 적응을 못 하는 예린 씨에게 비아냥거리며 자신이 더 괜찮다고 생각한다. 이것은 상대방을 도와주려는 마음보다 자신이 더 일을 잘하니 나의 비교 대상으로 삼는 자세라고 생각된다. 살균제의 피해자를 보고도 고민 끝에 계정 삭제를 누르며 자신의 블로그에 대해 방관하고 나와는 관련되지 않는 일이라고 치부해 버린 것과 같다.

내용 파악 문항 1, 2번에 답을 못 한 학생들도 일단 40분 정도 시간을 들여 소설을 읽어 내면 3번 문항의 질문을 잘 만들어 낸다. 그런데 3번 문항의 스스로 질문 만들기를 무작정 잘하는 것이 아니다. 활동지 앞부분에 제시한 1, 2번 문항, 즉 내용을 파악할 수 있도록 이끌어 주는 문항들이 학생들이 스스로 문제를 만드는 데 도움이 된 것 같다. 내용 파악 문제에 소설 전체를 꿰뚫는 핵심어가 담겨 있다. 소설을 생으로 읽고 내용을 파악하라고 하는 것보다 내용에 대한 어느 정도의 길을 제시해 주어야 한다. 길을 제시해야 생각을 세분화하는 데 도움을 주고 생각을 세분화하는 것이 내용을 확장시키는 방법이기도 하다.

III. 미니 토론 시간-노약자석에 관한 의견

버스와 지하철에는 노약자석이 있다. 요즘은 노약자석을 비워두는 것에 대해 당연하게 생각하지 않는다. 평상시에 노약자석에 노약자가 앉아 있지 않을 경우 일반인이 활용하자는 의견이 있는데 이에 대해 어떻게 생각하는가?

요새 버스를 타면 절반 이상이 노약자석이다. 노란색 '노약자석' 커버가 씌워진 버스 좌석에 앉을까 말까 매우 망설여진다. 예전에는 노인분이 버스나 전철에 타면 학생들이 벌떡벌떡 일어나서 자리를 양보했다. 90년대 외국인 노동자 수가 많지 않던 시절인데 동남아시아인으로 보이는 분이 버스에서 한국 노인 분께 자리를 양보한 것을 본 적이 있었다. 외국인 노동자로 일하러 온 분이 어른께 자리를 양보하는 것이 한국의 문화라고 교육을 받고 한국에 살면서 이를 실천해야 한다고 생각하는 것 같았다.

2010년대까지는 노약자석에 젊은이가 앉아 있는 것에 대해 어르신들이 분노를 표하셨다. 그런데 지금은 장애인 주차장이나 지하철 임산부석을 두고도 사람들이 토론 거리로 삼는다.

학생들에게 여러 대학교 면접 질문을 종종 제시한다. 그중 '노약자석을 비워두어야 하는가?'를 물어보는 면접 질문이 있다. 요즘 학생들은 '공정'을 이야기하면서 약자를 돕는다는 개념의 '상대적 평등'보다는 절대적으로 공평하기를 원하는 '절대적 평등'을 공정하다고 여기는 경향이 있다.

미니 토론 주제: 노약자석(교통약자석)을 비워두어야 할까요?

이 미니 토론 주제에 대해 학생들이 어떻게 답했는지 들어보자.

노약자석(교통약자석)을 비워둬야 한다는 의견에 대해 다음과 같은 반대의견도 나왔는데 이는 토론 문제가 현실적인 내 문제로 다가올 때의 반응으로 보인다. 학생들은 버스를 자주 이용하고 노약자석이 절반 이상 지정되어 있는 것을 알고 있고 실제 삶에서 마주하기 때문에 이 주제에 대해 실질적으로 고민하는 것으로 보였다.

'노약자석을 비워두어야 한다' 의견 반대

잠깐이므로 앉아 있어도 좋다. 복잡한 버스나 전철에서 서 있다가 넘어지게 되면 다칠 수 있고, 사람들이 타고 내리는 과정에서 오히려 서 있으므로 인해 사람들에게 피해를 줄 수도 있으므로 노인이 타지 않은 상태라면 잠시 앉아 있는 것은 괜찮다.

예전에는 토론을 하고 나면 내 기준의 윤리를 학생들에게 말하고 마는 경우가 많았다. 토론을 하려면 왠지 '옳은 결론'으로 이끌어 주는 것이 교사의 역할이라고 생각했다. 그러나 그렇게 내 생각으로 결론지어 주는 순간 아이들은 눈치가 빨라서 입을 다물게 된다.

그래서 요즘은 당위론적인 의견을 강요하기보다는 학생들이 진심으로 어떻게 생각하는지 살펴보는 쪽으로 나의 태도를 바꾸었다. 현재 아이들의 말을 들어 보자면 약자를 배려하는 문화에 대해 당연하다고 생각하면서도 현실적으로 교통약자가 없을 때도 무조건 자리를 비워두자는 생각에 대해 의문을 제기하는 학생들도 있다는 점을 알 수 있었다.

> **'노약자석을 비워두어야 한다' 의견 찬성**
>
> 우리가 가볍게 생각하고 노약자석에 앉아 있으면 장애를 가진 분이 자기가 장애를 가졌다고 비켜달라고 말하는 것이 힘들 수 있다. 장애인을 동정하면 안 되지만 사소한 배려라도 조용히 해드린다면 그것이 그분들에게 큰 힘이 되고 더 따뜻한 사회를 만들 수 있는 바탕이 된다. 보통 사람들과 다른 점을 가지고 있는 장애인은 남들과 다르다는 이유로 차별을 받아와서 내가 사회적 약자임을 밝히는 것 자체가 상처이고 큰 결심일 수 있기 때문에 미리 비워두어야 한다. '나 혼자 정도는 괜찮을 거야'라는 생각으로 좌석을 비워두지 않는다면 그 생각들이 모여 노약자석의 의미 자체를 무의미하게 만들 수 있다.

학생들은 아직 타인을 위한 마음을 쓸 줄 알고 약자를 도울 수 있는 정의감과 양심으로 아름답게 빛난다. 한편으로는 이 대답이 면접 질문에 대해 답해보라는 질문이었다는 점을 생각해 본다면 면접관이 원할 법한 대답이었을지도 모른다는 의구심이 든다. 그러나 그것을 한계라고 생각하기보다는 공식적으로 바르게 보이는 유형의 대답을 하도록 유도하는 것도, 객관적으로 바르게 보이는 대답을 이끌어 낸다는 점에서 좋은 교육 방법이라고 할 수도 있을 것 같다.

Ⅳ. 나만의 방법으로 시 읽기

1. 수업의 시스템화: 좋은 수행평가지 제작하기

　수업을 시스템화해야 한다는 이야기가 있다. 능력이 뛰어난 교사가 수업을 하면 그는 영웅이 된다. 단, 뛰어난 교사가 사라지면 뛰어난 수업도 끝나버린다. 그러나 수업을 시스템화하면 아이들은 교사의 역량과 상관없이 질 좋은 수업을 경험할 수 있다. 뛰어난 교사는 같은 파트너 교사를 긴장시키며 연예인처럼 인기를 얻어 아이들에게 의도하지는 않지만 편 가르기를 하게 한다. 그래서 수업을 시스템화할 수 있는 좋은 활동지 작성이 의미 있다고 생각한다.

　교사도 내향적인 I의 성격으로 조용하고 사색하기를 좋아하는 사람이 있고 아이들을 휘어잡는 외향적인 E 성격인 사람이 있다. 교사가 유튜버처럼 학생들의 귀와 눈을 사로잡으면 얼마나 좋으랴! 그러나 재미있는 수업만이 과연 학생들의 사고력을 올릴 수 있을까? 사고력은 결국 학생 스스로 찾고 체득해 가는 것이다.

2. 시집 한 권 읽기 의의와 방법

가. 강의가 아니라 스스로 해석하기

수업을 시스템화하는 방법 중 '시집 한 권 읽기'를 기획해 본다. 시를 재미있게 해석해 주고 시인의 역사와 시인이 처한 시대를 설명해 주는 강의도 좋다. 하지만 일단 비유와 상징으로 범벅되어 있는 시구에 호기심을 느끼며 배경 설명 없이 직접 해석해 보는 '시집 한 권 읽기'를 시도해 보았다.

나. 좋아하는 구절 찾고 이유 쓰기

기본적인 시집 읽기 방법으로 많은 선생님들이 자주 쓰는 방법은 시집 한 권을 골라 그중 좋아하는 구절을 찾고 그 이유를 적게 하는 것이다. 나도 시 구절에 밑줄을 치고 왜 좋아하는지 이유를 설명하게 하는 방법을 많이 썼다. 그 구절을 좋아하는 이유로는 '그 시구와 관련된 나의 경험' 혹은 '논리적인 사고 과정' 중 하나를 선택하게 된다. 둘 다 독후활동으로까지 확장할 수 있는 영역이다.

다. 작가의 시 3편을 고르고 작가의 성향 파악하기

'그 시집 작가의 시 3편을 찾아서 작가의 성향에 대해 분석해 보라'라고 한 적도 있었다. 그런데 그 작가의 시 3편을 찾아서 읽는 것은 힘든지라 학생들은 인터넷에서 유명한 작가의 시를 3편을 찾아서 해석을 보고 대충 짜깁기해서 해석을 쓰곤 했다. 그래서 이번에는 '현대시 감상' 수행평가지를 제작할 때 질문을 바꾸어 보았다.

라. 일단 시집 한 권을 쭉 읽기

일단 '시집 한 권 읽기'를 목표로 하여 시집 한 권을 통으로 읽는 시간을 한 시간 준다. 자신이 좋아하는 시 3편을 고르게 하면서 시집을 한 권 전체적으로 읽어보게 하는 것이다.

음악도 다이제스트로 여러 아티스트의 좋은 노래를 듣는 방법도 있지만 자신이 좋아하는 한 아티스트의 노래만 모아 들어보는 방법을 쓰면 그 아티스트가 말하고자 하는 철학이나 성향을 알 수 있게 된다. 그러므로 우리가 평소 시를 드문드문 여기저기 소개받은 대로 읽는 것에서 벗어나 직접 한 작가의 시집을 한 권 통으로 읽어보는 경험이 중요하다고 생각했다.

마. 도서관에서 시집 빌리기

작년에는 시집 50권을 내가 직접 빌려서 카트에 넣어서 밀고 다니며 아이들에게 고르게 했다. 수업 시간에 가져간 50권의 시집 중 자신이 원하는 시집을 고르기에는 시간이 부족하다. 시집은 직설적이어서 생각보다 학생들이 보기에는 민망한 표현이 그대로 나오는 책이 은근히 많다. 학생들은 그런 책을 카트에 넣은 교사를 원망하기도 했다.

바. 교사가 정한 책, 민원이 들어왔다.

국어과에서 도서 선정의 예시로 '채식주의자'를 선정했다가 민원을 받았다. 경기도에서 유해 도서로 선정됐는데 괜찮냐는 것이다. 너무 예전에 읽어서 잊어버리고 있었는데 그렇구나, 학생이 읽기에는 조금 받아들이기 힘든 내용이 있었구나.

교사가 모든 시집을 다 읽을 수는 없다. 민원에서 벗어나야 한다. 아니, 학생을 보호해야 한다. 각자 도서관에 가서 시집을 직접 빌려오라고 했다. 물론 집에서 굴러다니는 시집을 가져온 학생도 있고 중학교 때 이미 읽었던 시집을 다시 읽는 학생들도 있었으며 이번에 노벨 문학상을 수상한 한강의 시집을 일부러 사서 온 학생도 있었다. 학생들이 선택했으므로 학생들의 만족도가 높았으며 교사를 원망하거나 왜 그런 내용의 책을 권장했느냐는 민원전화를 받지 않았다.

도서관을 이번 기회에 처음 찾아간 학생도 있었으며 시집의 형태를 낯설어하고 이 세상에 시집이 굉장히 많다는 사실에 충격을 받은 학생도 있었다. 학생들에게 도서관 대출 과정을 경험하게 하고 종이책의 형태나 책의 재질감을 느끼게 하는 것만으로도 의미가 있다.

사. 내가 고른 시 유형의 특징 서술하기

'내가 고른 시 3편의 제목을 적으시오. 그리고 내가 좋아하는 시의 유형에 대해 생각해 보고 내가 좋아하는 시들은 어떤 특징이 있는지 (나는 어떤 작품에 놀라워하거나 흥미 있어 하는지) 서술하시오'라고 물어보았다. 일종의 '효용론적' 문학 감상 방법이다. 아이들은 자신에 대해 말하는 것을 좋아한다. 기존의 유명한 사람의 말을 절대적으로 받아들이는 시대가 아니다. 내가 좋아하는 시의 유형을 서술하라는 이 질문은 지금 시대에 딱 맞다.

3. 수행평가의 실제, 그리고 의의

다음은 한 학생의 수행평가지 활동 내용이다.

가. 문학의 주체적 평가

1) 고른 시집 제목: 이도윤, 『너는 꽃이다』 (창비시선 113, 1993)

2) 내가 좋아하는 시의 유형

* 내가 좋아하는 시 3편의 제목: 등, 갈대, 돌탑
* 내가 좋아하는 시의 유형:

내가 고른 좋아하는 시 '등', '갈대', '돌탑'을 보니 사람들의 '마음'과 관련된 유형의 시를 좋아하는 것 같다. 먼저 '등'이라는 시를 보면 자식들을 어엿하게 키워낸 사람의 마음에 관한 시인 것 같고, '갈대'라는 시를 보면 살아온 날이 너무 깊은 작가의 할머니를 바라볼 때의 작가가 느끼는 어떤 마음을 표현한 것 같다. 또 '돌탑'이라는 시를 보면 위태롭게 쌓여 있는 돌탑을 바라보며 느끼는 작가의 시선, 마음을 표현한 것 같다. 이런 것들을 이유로 나는 마음과 관련된 어딘가 애틋한 시를 좋아하는 것 같다. 서정시 같은 것들 말이다.

이 해석이 생각보다 대단한 내용을 담고 있진 않았다. 그러나 아이들은 자신의 생각을 솔직하게 드러낸다. 내가 좋아하는 것에 대한 설명은 '나'라는 존재를 드러낼 수 있는 좋은 글이 된다.

나. 문학의 수용

〈시마다 마음에 와닿는 시의 구절(5줄 이상)을 적으시오. 그리고 그 부분이 왜 마음에 와닿았는지 조건(자신의 삶이나 사회와 연결 짓기)에 맞게

구체적으로 적으시오>

1) 시 원문

제목: 이도윤, 『너는 꽃이다』 (창비시선 113, 1993) 중 '등'

새끼들이 모두 떠난
사람의 쭈그러진 늙은 등은 허전하여
바라볼수록 눈물이 난다
위대하여라, 등이여
이 땅의 모든 새끼들을 업어낸 외로움이여

<나의 감상>

　나는 가끔 '내가 만약 결혼을 하고 자식을 모두 키워낸다면 그 후에는 무엇이 남을까' 하는 생각을 하곤 한다. 왜냐하면 어찌 보면 내 삶의 목표 중 하나인데 목표를 이뤄낸 뒤의 내 모습이 잘 그려지지 않기 때문이다. 이러한 생각을 하며 이 시를 보면 '목표를 이뤄낸 후엔 허무함, 외로움만이 남지 않을까?' 하는 생각이 든다. 내가 이뤄낸 목표들이 나를 떠나 살아가는 것을 보면 조금 외로울 것 같기 때문이다. 하지만 시에서 '위대하여라, 등이여'라고 말한 것처럼 목표를 이뤄낸 것에 대한 허무함, 허전함, 외로움도 있겠지만 반대로 뿌듯함도 있을 것이다.

　우리 가족이 명절마다 할머니, 할아버지를 뵈러 가는 것처럼 이러한 일이 있을 때 내가 이뤄낸 목표들이 언젠가 나에게 다시 돌아온다는 기쁨도 있을 것 같다. 따라서 작가가 표현한 '새끼들이 모두 떠난 사람의 쭈그러진 늙은 등'이 결국 허전하고 외롭지만 '위대한 등'이기에 나는 내가 정한 삶의 목표를 이루도록 노력하며 영광스럽고 뿌듯한 삶을 보낼 것이다. 이 삶은 내가 원하는 삶이 아니더라도 기꺼이 받아들일 것이다.

이 얼마나 멋진 말들인가? 하나의 시 구절이 화두가 되어, 그 의미를 해석해 나가는 모습은 그 자체로 아름답다. 뿐만 아니라 그 시구를 자신의 삶과 연결 지어 서술하는 과정에는 '철학'까지 담겨 있다.

문학은 비문학과 달리 '비유와 상징'으로 이루어져 있으므로 우리말로 된 '암호'를 푸는 재미가 있다. 그것을 다시 자신의 삶과 관련지을 때 아이들이 자신의 삶을 저절로 성찰하게 되고 정서적으로 충만하게 되는 계기가 되는 것 같다.

전문을 다 적게 하면 일단 아이들이 짧은 시를 고르는 데 중점을 두기 마련이다. 시 구절을 5줄 이상만 적게 하면 전문을 다 해석하지 않아도 되고 아이들은 자기가 꽂힌 구절에 집중할 수 있다. 시중에 돌아다니는 좋은 글귀들도 책에서 발췌한 것들이다. 광고의 목적으로 인스타그램 등에도 좋은 글들이 올려져 있다. 짧은 글귀를 제시하고 책을 사서 읽도록 유도한다. 시집도 전체를 다 해석해 내면 좋지만 일단 구절을 통해 자신감을 얻고 시집 한 권 읽기에 도전하도록 유도한다.

아이들이 빌려온 시집은 유명하지 않은 시집들이 대부분이므로 아이들은 진짜 자신의 생각대로 해석한다. 인터넷에 그 시에 대한 해석이 없기 때문이다. 생각보다 아이들은 시를 잘 해석했다.

교과서에서 시험문제로 시를 다룰 때는 시 해석이 제대로 맞는지는 물론이요, 표현법에 중점을 두어 그것으로 시험문제의 변별력을 두는 경우가 많다. 그러나 시를 해석하다 보면 표현법에 중점을 두는 것이 본질에서 벗어난다는 것을 깨닫는다. 시 구절이 아이들의 삶과 만나 반짝여야 의미가 있다. 책을 읽는다는 것은 다른 사람과 내면의 이야기를 나누는 것이니까.

V. 책갈피 만들기

　중학교에서 활동했던 선생님이 알려주신 책갈피 만들기는 그림 그리는 것을 좋아하는 나에게는 꿀과 같은 시간이다. 이것 역시 시험이 다 끝난 후에 고등학교 1학년을 대상으로 할 수 있었던 활동이다. 핸드폰을 사용하게 하면서 학생들이 좋아하는 시를 찾아 그 시의 한 장면을 그림으로 표현하게 했더니, 정말 기발하고도 예쁜 작품들이 쏟아져 나왔다. 이것을 일일이 코팅해서 복도에 전시했더니 학교가 크리스마스트리 장식하듯 아름다워졌다. 개인적으로 기형도의 '빈집'이라는 시를 좋아하는데 한 학생이 '가엾은 내 사랑 빈집에 갇혔네'라는 구절을 그림으로 그렸는데 너무나 좋아서 나에게 줄 수 있느냐고 부탁할 정도였다. 그림의 꽉 막힌 문이 시의 모든 것을 설명해 주었다.
　그림을 그릴 때 아이들이 기존의 매체에서 이미지를 모방해도 상관없다. 시는 기본적으로 '이미지'를 기반으로 하는 현대시가 많기 때문에 이미지를 접하면 시를 이해하는 데 더 쉽게 다가갈 수 있다. 또한 시를 해석할 때 '신문'에서 기자들이나 교수님들이 해석한 것을 찾아보게 한다. 참고서에 있는 시 해석은 논문을 기반으로 했기 때문에 논리적인 면이 강하다. 시 비평문도 '문학'적인 면이 강한 글로 접하는 것이 좋다고 생각한다. 신문에 나온 글은 시를 둘러싼 배경이나 자기 경험을 에세이처럼 펼치기 때문에 시를 해석하는 데 더 도움이 된다.
　아이들은 고전시가와 고전소설에 예전보다 훨씬 더 많은 어려움을 느낀다. 고선의 한자어를 영어보다 더 생소하게 받아들이는 것 같다. 고

전시가에 나오는 상황을 일단 현대어 풀이로 먼저 접하게 한 다음에 그림으로 그리게 한다. 아이들은 한번 이미지화한 시조는 더 쉽게 이해하며 더 오랫동안 기억한다.

AI가 사람들의 뇌를 보조하고 대신 판단해 주는 시대가 오고 있다. 미래를 대비해야 하는 아이들에게 시와 관련된 이미지를 그려보고 시를 해석하게 하는 공부가 의미가 있을까 하는 자괴감이 들 때가 있다. 하지만 AI에 대한 책을 읽어보고 자료를 찾아볼수록 AI 시대에 학생들의 주체적인 판단이 중요해졌다는 생각이 든다. AI로 '시와 관련된 이미지를 만들게 시켰다'라고 해 보자. 아무리 그럴듯하게 여러 가지 결과물을 제시해도 사용자가 결과물 중 나의 의도에 맞는 것을 선택해야 한다. '일단 AI가 만들었으니까 됐다'라고 안도하면 더 이상 인간은 필요 없게 되는 것이다.

작년에는 "AI 때문에 너희 일자리가 뺏긴대"라는 말을 많이 했다. 소위 정신 차리고 공부하라는 의미였다. 아이들은 눈을 내리깔고 책상 아래만 쳐다보았다. 아이들의 표정을 보고 내가 아이들에게 좌절감만 안겨주었음을 깨달았다. 올해에는 여러 자료를 제시하며 "앞으로는 직업군 속에서도 AI를 활용한 사람과 AI를 활용하지 않는 사람의 격차가 커진대. 너희는 젊으니까 나보다는 훨씬 유리해. 배우면서 세상에 적응하면 되는 거야"라고 말하니 눈빛이 달라졌다.

"그 판단을 하려면 사고력을 끌어올려야 하는데 그 방법이 읽기, 쓰기, 듣기, 말하기, 즉 국어 능력이란다."

아이들에게 시대변화에 끊임없이 대처해야 한다고 강조하지만 막상 아이들이 문제가 아니다. 나 역시 교육 분야에서 AI와의 경쟁에 도태될 확률이 높다. AI는 인간 교사들보다 친절하고 끊임없는 질문에 지치지 않고 대답한다. 밤에도 질문에 답하며 정성스럽게 대꾸해 주겠지. 아이들은 친절한 AI를 사랑하게 될 것이다. 수요자가 없어진다면 내 직업이 보장받으리라는 법은 있을까? 교사들 역시 세상의 변화에 적응하기 위해 끊임없이 '독서'를 해야 한다. 그리고 세상의 변화에 저항하기 위해 아이들과 함께 종이책을 읽고 손글씨를 쓰고 그림을 그려야겠다.

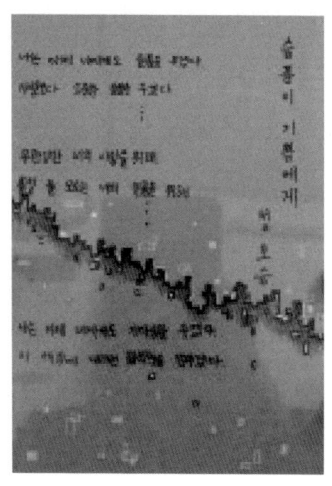

제IV부

어른의 향기
-방송중 성인 독서 수업

오숙향

정년퇴직이 얼마 남지 않는 국어 교사. 방송통신중학교 성인 학습자를 만나면서 교직 생활에 다시 물꼬가 터졌다. 성인 학습자를 위한 수업을 준비하고 교육 프로그램을 기획하는 시간이 그렇게 고소하고 행복할 수가 없다. 그분들에게 온갖 사랑을 받으며 보낸 날들, 설레고 감사하다. 존경스러운 그분들과 함께하는 것만으로도 영광인 지금, 나도 그분들께 학교생활의 즐거움과 설렘을 안겨드리고 싶다.
목포중앙여자중학교 근무

1. 빵점짜리 방송중 수업계획서

나는 지난주에 내가 교사가 맞나 싶을 만큼의 큰 실수를 확인했다. 나의 방송중 국어3 수업 계획은 교육과정과 맞지 않을뿐더러 학습자의 욕구도 채우지 못했다는 것을 인정하는 데 한참 걸렸다.

방송중은 일반 중학교의 교육과정과 같다. 한국교육개발원에서 개발한 콘텐츠로 학습자는 170일 동안 전체 교육과정을 이수할 수 있다. 월 2회 학교에 출석하는 날에는 전체 교과목 수업을 하면서 원격수업을 독려하고, 지필평가, 체육한마당, 현장체험학습, 창의적체험학습을 한다. 20일~24일 동안 대면 출석하는 수업은 그야말로 성인 학습자가 학교생활을 체험할 수 있도록 출석일 교육과정을 편성한 것이다.

나는 성인 학습자가 출석일 동안 학교생활을 하면서 자신을 존중하고 그 삶을 더욱 풍성하게 하는 주제와 만났으면 했다. 몇 편의 시와 교과서에 나온 소설을 골랐다. 이 문학작품으로 세상을 다르게 볼 수는 없겠지만, 드라마와 영화의 맛을 더 느낄 수 있기를 바랐다. 첫 시간에는 정현종의 「방문객」, 두 번째 시간에는 유안진의 「상처가 더 꽃이다」, 세 번째 시간에는 고재종의 「첫사랑」을 다루며 모둠활동을 진행했다. 모둠활동에 집중하는 모습은 일반 중학교 학생보다 훨씬 진지했고, 결과 공유할 때도 만족스러웠다. 지필평가는 수업한 내용을 평가 문제로 내겠다고 안내했다. 그런데 5월, 문제가 생겼다.

방송중 연구부장 선생님은 전년도 지필평가 문제와 역사 예상 문제를 복사하면서 '너무 늦은 게 아닐까?' 했다. 체육한마당을 점검하면서 오후에 있을 장기자랑을 챙기느라 분주하던 나는 무람없이 "왜 예상 문제를 나눠줘요? 그리고 벌써?" 되물었다가 번뜩 방송중 학기 초 모임을 떠올렸다. 방송중 수업 교사 19명이 모여 지난해 수업 및 평가, 담임 활동을 공유할 때 전년도 교사가 한 말이 생각났다. 연간 수업시수가 10시간 이하가 대부분이라 요점을 정리하는 데 한두 시간 쓰고 남은 시간에는 예상 문제를 풀면서 교과 내용을 정리해야 한다는 거였다. 예상 문제를 풀고 시험을 봐도 여전히 시험에 대한 불안감이 크고 그래서인지 문항이 조금만 바뀌어도 오답률이 높다고 했다. 나는 그 말을 까마득하게 잊었다. '내 수업 시간에 했던 활동지에서 문제를 내겠다고 학습자들에게 안내했으니 됐다'하고 이미 작성한 수업계획서를 수정하지 않았다.

어느 종례 후에 부반장인 순자 님을 만나 이야기를 할 때도 지필평가를 떠올리지 못했다. 순자 님은 교과서를 보여줬다. 주요 내용마다 밑줄이 그어져 있고, 원격수업 강의 내용이 정리되어 있었다. 주말까지 현업을 하면서도 "원격 강의를 들을 때가 제일 즐겁고 좋다. 나는 경희대학교 노인학과가 목표다"라고 말했다. 나는 순자 님에게 일반 중학교 교과서와 자습서를 챙겨주면서 응원했을 뿐이다. 원격수업 내용을 무시하고 출제해도 될까? 한 학기에 출석 수업 5~6차시인데, 내가 평가한다고 해서 내가 수업한 것에서만 출제한다는 것이 맞나? 자신이 공부한 원격수업 내용이 출제되지 않은 기말고사 문제를 받고 순자 님은 얼마나 당황할까? 전년도 출제 원안을 검토하니 아니나 다를까 3학년 1학기 전체 교육과정에서 골고루 출제되어 있다. 학기가 다 가도록 어쩌면 이렇게도 무감각했단 말인가. 교육과정을 무시한 채 학습자의 삶과 연결한다는 미명으로 구성된 내 수업계획서는 결국 빵점이었다.

지난주와 주말 내내 방송중 3학년 국어 교과 지필평가 예상 문제를 냈다. 원격수업 교재를 다시 읽으면서 주요 단원을 선정하고, 한국교육개발원 홈페이지에 있는 평가문제집을 내려받아 문제를 추렸다. 출석 수업 시간에 했던 활동지에서 몇 문제를 뽑았다. 그동안 내 실수를 인정하는 것이 왜 어려웠을까? 교과 교사로서의 전문성을 부정당하는 것처럼 느껴졌던 것일까? 방송중 업무 담당자로서 교사로서 부끄럽다. 동료 말을 귀 기울여 듣지 않은 나의 오만함을 반성한다. 학습자들의 삶을 피상적으로 상상했던 나를 반성한다.

2. 방송중 '문학의 날' - 우리 반과의 마지막 수업

방송중 업무를 맡겠다고 결심했을 때 나는 학생부장으로서의 복잡하고 힘든 책임으로부터 탈출하겠다고 작정했다. 하지만 내 마음대로 단순하고 쉽다고 생각한 방송중 일은 만만치 않았다. 교육과정을 편성하고 운영하는 일을 상의하고 협의할 사람도 구조도 보이지 않아 '이렇게 해도 될까' 늘 자문자답했다. 토요일 근무로 피로가 쌓였다. 2학기엔 평일 본교 수업을 끝내고, 방송중 신입생을 모집하러 나주, 해남, 장흥, 영광 같은 소도시를 쏘다녔다. 담당 직원의 마뜩잖은 반응 때문에 마음이 상했다. 홍보 부스를 운영하고 방송국과 인터뷰도 해 보고, 현수막을 걸어봐도 결과가 손에 잡히지 않아 불안했다.

한 해를 마무리하는 지금, 나는 방송중 업무가 맘에 쏙 든다. 방송중 덕에 좋은 사람들을 만났다. 나만큼이나 우리 학습자들을 사랑하는 교무행정사와 교사들이다. 학습자를 위한 교육활동을 기획하면 교무행정사와 교사들은 발 빠르게 추진했다. 학습자와의 만남은 조심스럽고도 늘 감사했다. 성인 남녀에게 '사랑한다'는 말을 올해처럼 많이 들어본 적이 없다. 해 본 적도 없다. 그 때문일까? 저 복도 끝에 학습자가 보이면 내가 먼저 통통거리며 달려가 손을 잡고 함께 걸었다. 따뜻한 순간이었다. 성인 학습자에게 적절한 수업 모형을 만들려고 이 책 저 책 뒤졌다. 실수할까 봐 학습지를 만들면서 시나리오를 썼다. 수업은 언제나 실패의 연속이었지만 '아하!', '오매' 등 탄성을 들으며 살짝 도취되기도 했다. 오늘은 내게 기쁨과 보람을 주었던 우리 반과의 마지막 수업 날이다. 교과 교사에게 양해를 구하고 하루 내내 그분들과 함께했다.

　오늘 우리는 『소년이 온다』를 만난다. 한강 작가 노벨상 수상을 기념하는 방송중 프로그램으로 기획한 '문학의 날' 수업이다. 11월부터 학생회와 학급 담임들이 준비했다. 예산은 교육청에서 지원했는데, 문제는 책의 분량이다. 1차시에 12포인트 1쪽 학습지가 적정량인 우리 학습자들. 10포인트 200쪽이 넘는 책에 도전할 수 있을까? 신청서를 받아보니 대다수 학습자가 책 읽기에 도전했다. 다 읽은 분은 학급에 서너 분이지만, 이 정도면 독서캠프에 참가한 일반 중학생보다 완독률이 더 높은 수준이다. 책을 덜 읽은 분들은 미리 안내한 오디오북이나 관련 유튜브를 시청했다. 현직에 있는 분들이 대부분인데, 이 얼마나 훌륭한 자세인가. 이래서 방송중 수업은 시작도 하기 전에 흥이 난다.

　1교시는 인쇄 자료를 읽는 시간이다. 시대적 배경에 대한 영상을 먼저 보고, 등장인물의 관계도와 인물을 소개 글, 대략적인 줄거리를 담았다. 책을 다 읽지 않아도 시청각 자료와 글을 읽으면서 큰 흐름을 파악해서 독후활동을 할 수 있게 배치했는데, 학습자가 몰입하는 데는 도움이 됐지만 수로 교사가 진행하다 보니 상호작용을 일어나지 않은 아쉬움이 있었다.

　2교시엔 책 속에서 뽑은 문장과 주요 사건 읽기가 중심이다. 이 시간부터 학습자의 참여가 높았다. 이은미가 부른 〈임을 위한 행진곡〉을 연옥 님을 비롯해 두세 분이 따라 불렀고, '이 노래는 들으니 눈물 난다'라는 말순 님은 모든 차시 수업에서 적극적으로 참여했다. 어떤 분들보다 빛났다.

　책 속에서 뽑은 문장은 3교시까지 이어졌다. 책을 펴서, 다 같이 소리 내어 읽었다. 용자 님은 함께 읽기의 장점을 말하면서 제2장 '검은 숨'을 예로 들었다. 서술자가 정대의 영혼이라는 것을 알았다고 환하게 웃었다. 함께 읽기는 이해를 돕기도 하지만 감정을 증폭시키기도 한다. 동호 어머니가 서술자로 나온 제6장을 읽을 때, 우린 모두 힘들었다. 한두 문장을 다 읽기 전에 목이 메었다. 한 분이 읽다 울면 또 다른 분이 읽고 그분이 잠시 읽다 머뭇거리면 이어서 다른 분이 읽고. 문숙 님의 도움으로 겨우 읽어낼 수 있었다. 우리는 동호 어머니가 되어 슬퍼하고 동호를 그리워했다. 무겁게 가라앉은 분위기에서 정태춘의 〈5·18〉을 들었다.

어디에도 붉은 꽃을 심지 마라
거리에도 산비탈에도 너희 집 마당 가에도
살아남은 자들의 가슴엔 아직도 칸나보다 봉숭아보다
더욱 붉은 저 꽃들
어디에도 붉은 꽃을 심지 마라
그 꽃들 베어진 날에 아, 빛나던 별들
송정리 기지촌 너머 스러지던 햇살에
떠오르는 헬리콥터 날개 노을도 찢고 붉게…

무엇을 보았니 아들아 나는 깃발 없는 진압군을 보았소

무엇을 들었니 딸들아 나는 탱크들의 행진 소릴 들었소

아 우리들의 오월은 아직 끝나지 않았고

그날 장군들의 금빛 훈장은 하나도 회수되지 않았네

어디에도 붉은 꽃을 심지 마라

소년들의 무덤 앞에 그 훈장을 묻기 전까지 오…

무엇을 보았니 아들아 나는 옥상 위의 저격수들을 보았소

무엇을 들었니 딸들아 나는 난사하는 기관총 소릴 들었소

어디에도 붉은 꽃을 심지 마라

여기 망월도 언덕배기의 노여움으로 말하네

잊지 마라 잊지 마

꽃잎 같은 주검과 훈장 누이들의 무덤 앞에 그 훈장을 묻기 전까지

무엇을 보았니 아들아 나는 태극기 아래 시신들을 보았소

무엇을 들었니 딸들아 나는 절규하는 통곡 소릴 들었소

잊지 마라 잊지 마

꽃잎 같은 주검과 훈장 소년들의 무덤 앞에 그 훈장을 묻기 전까지 오…

(노래 정태춘, 창 유주현)

노래는 우리의 심정을 담았다. 5·18에 대한 역사적 평가는 정당했지만, 범죄자들에 대한 단죄는 아직도 끝나지 않았음을 말하고 있었다. 당시를 살았던 학습자들은 현직 대통령이 전국에 계엄을 발포한 것에 분노했다. '윤○○ 죽일 놈'이라며 책상을 치는 분도 있었다. 탄핵 전의 상황이라 근심과 불안도 컸다.

등장인물과의 인터뷰는 3교시 말미에 진행했다. 인터뷰 형식은 취하지 않았지만, 학습자들은 등장인물을 한 명씩 불렀다. 동호에게는 그때 얼마나 무서웠냐고, 얼마나 힘들었냐고 물었고, 동호는 "무섭고 힘들었지만 나는 거기에 머물 수밖에 없었다"라고 했다. 정대에게는 "너희가 이렇게 좋은 세상을 만들었는데, 우리만 이렇게 산다, 고맙다, 너를 기억하고 있다"라고 말했다. 고문으로 힘들었던 진수와 선주에게는 "고문을 받은 것도 그 후유증도 클 텐데, 먼저 간 동료들에 대한 죄책감까지 지고 사는 너희가 너무 안타깝다"라고 했다. 특히 선주와 동호 어머니의 남은 삶에 대해 안타까워했다. "사는 것이 사는 것이었긋어~" 했다. 동호 어머니도 동호 작은형에게는 "도청에서 동호를 데려오지 못했다고 이제 괴로워하지 마. 설마 계엄군이 시민들에게 정말 총을 쏠 거라고 그때의 너희가 상상이나 했겠어"라면서 위로했다. "5·18이 5·18로 끝나지 않았음을 알았다"면서 "살아남은 이들의 한 맺힌 삶을 이제야 알게 돼서 미안하다"라고 했다.

4교시는 소감을 나누는 시간이다. 이 책이 지금 상황을 생각하게 한다면서 비상계엄령을 선포한 피의자에 대한 분노가 무엇보다 컸다. 평소 말도 잘 안 하고 마스크만 쓰고 있던 점동 님이 "전○○ 개또라이도 문제여! 끝날 때까지 우리도 끝내지 않을 것"이라고 하자 다들 맞장구를 쳤다. 작가에게 감사의 말을 전하기도 했고, '과거가 현재를 도울 수 있는가? 죽은 자가 산 자를 구할 수 있는가? 왜 세계는 이토록 폭력적이며 아름다운가?'와 같은 이야기를 나눴다. 세상이 이만큼 발전하고 시민들의 생각도 이렇게 큰 것은 5·18 덕분이라고도 했다. 성순 님은 "직접 경험도 하지 않은 분이 이렇게 글을 써서 우리에게 배움을 주니 훌륭하다"면서 "그동안 소설을 읽지 않았는데 소설이 좋은 것인 줄 빙금에야 알게 됐다"

라고 해서 기뻤다. 순자 님이 "알고 읽는 것과 책을 함께 읽는 것이 이렇게 다를 줄을 몰랐다"라고 한다. 함께 읽기의 감동과 필요성이 내게 고스란히 전달된다. 올해 또 다른 작품으로 수업해야지 생각한다.

 5~6교시는 영화관을 대관하여 '하얼빈'을 함께 관람했다. 너무 무겁고 긴 영화는 아닐까? 고령자가 많은데 오랫동안 앉아 있는 것을 힘들어하면 어쩌나 싶었지만, 기우였다. 안중근이 총 쏘는 장면에서는 환호하고 누군가 "윤○○을 저렇게 해야 한다"라고 하자 모두 박장대소한다. 수업의 주제와 연결된 좋은 기획이었다. 우리 반 1등 연옥 님은 수업이나 시험보다 더 도움이 됐다고, 용자 님은 마지막 수업을 담임과 내내 함께해서 좋았다며 사랑한다고 말했다.

 젊은 동료 교사들은 "이런 수업할 수 있게 해줘서 고맙다"라는 말을 내게 꼭 전하고 싶다고 했다. "내가 알고 있는 게 다가 아니었다", "학습자들의 생각을 이렇게 깊게 오랫동안 들어본 적이 없다. 감동이다"라고 말하는 동료도 있다. "동호 어머니와의 인터뷰가 인상적이었는데, 동호 어머니에게 물으면서 울고 답하면서 울고 교사도 울고 학습자도 울었다"라고 했다. 이번 기획은 성공이다. 뿌듯하다. 사랑과 칭찬 샤워를 받으며 다음 학년 프로그램을 그린다. 학습자의 경험과 연결할 수 있는 책으로 하자. 대신 단행본 분량을 고려해야겠다. 시사적인 내용도 괜찮겠다. 참가 교사와의 밀도 있는 협의가 필요하다. 당일 진행 방식에 대한 충분한 상의가 있어야 한다. 무엇보다 협의와 상의는 대면으로 하는 것이 원칙이다.

3. 성인 학습자가 교복을 입던 날

교복이 도착했다. 시간 맞춰 도착해서 다행이다. '평생의 한'이라던 권말순 님의 소원을 풀 수 있는 날이다. 상자에는 검정 상, 하의 동복이 가득하다. 여학생은 흰색 칼라, 남학생은 스탠드 칼라와 모자. 교복은 잘 손질돼 있다. 교복을 꺼내 만지는데 내가 두근거린다. 교복 입고 웃는 말순 님 얼굴을 상상하니 벌써 웃음이 나온다. 누구보다 기뻐하실 것이다.

평소보다 일찍 등교한 용자 님이 교복을 입고 교무실로 오셨다. "선생님, 저 좀 보세요." 하며 치마를 잡고 빙글 돌았다. "오매~ 너무 사랑스러워요." 곱고 사랑스러워서 포옥 껴안았다. 용자 님은 너무 좋아서 눈물이 날 것 같다고 했다. 교복은 말순 님만의 소원은 아니었다. 조회하러 교실에 들어갔는데 이미 북새통이다.

"말순 언니는 너무 이쁘게 하고 온 거 아녀~"

"야, 오늘이 뭔 날이냐. 나는 일부러 빨강 양말도 사 신었어."

"언니, 색 고무줄로 갖고 왔네? 나 좀 줘 봐. 그걸로 내 머리 좀 묶어야겠어."

벨벳 원피스 차림의 말순 님은 교복 사진 촬영을 위해 샀다는 빨강 양말 신고 교복을 입은 채, 교실을 모델 워킹으로 활보한다. 문숙 님께 머리 스타일용 색 고무줄도 한 움큼 건넨다. 원색의 고무줄은 여성 학습자들의 머리 스타일링에 큰 몫을 했다. 목감기로 며칠을 앓아누운 영자 님도 패딩점퍼에 목도리를 두르고 등교하셨다. 교복을 입고 아직도 따뜻한 오골계의 찐 달걀을 내게 주셨다. "이런 날을 만들어줘서 고마워요"라고 하신다. 눈물이 핑 돈다.

"영자 언니는 감기 때문에 못 오겠다더니 오셨네~"

"아이고 누워 있을 수가 있어야제."

"아프다더니 제일 이쁘게 하고 왔네."

오가는 소리가 첩첩이 쌓이고 또 쌓여 가을 하늘까지 닿겠다.

여성 학습자들은 화장을 고치고, 머리를 양 갈래로 따서 색 고무줄로 포인트를 줬다. '삐삐 롱스타킹'에 나오는 말괄량이 삐삐처럼 묶기도 하고, 앞머리를 고데기로 살짝 펴 내려서 잔머리를 대신했다. 허리통이 안 맞는다는 분, 배가 나와서 단추가 낀다는 분, 니 배가 아니라 내 가슴이 문제라는 분, 사이즈를 한 치수 올려서 주문했어야 한다는 분, 오늘 점심은 먹지 말고 흉내만 내자는 분, 수줍게 웃으며 옷도 갈아입지 못하고 있는 분. 오늘 사진 촬영을 해주기로 한 성순 님은 동복 상의를 입은 채 동료들의 그 모습을 쉼 없이 카메라에 담고 있다.

날도 좋다. 운동장도 고실고실하다. 학교 건물을 배경으로 단체 사진을 찍었다. 성순 님 제안이다. 왕언니 영금, 용님, 대순 님이 맨 앞자리에 그 옆엔 복덕 님과 형금 님과 이 행사를 추진해 온 학생회장이 나란히 앉았다. 담임이니 가운데 앉으라 해서 영금 님 곁에 나도 앉았다. 온화한 성품의 영금 님은 내 손을 꼭 쥐었다. 어떤 마음인지 알 것도 같다. 수많은 실패와 고뇌와 서러움의 시간이 스쳐 갔을 것이다. 이제 다 커 엄마 품을 떠난 딸들 대신 방송중의 든든한 친구들과 지내는 이 시간을 즐기면 좋겠다. 그러는 자신이 자랑스러우면 좋겠다. 영금 님의 손은 나보다 더 단단하고 따뜻했다. 강진 성전의 논밭과 세 딸을 키워내신 손이다.

햇살도 참 좋다. 빛에 소리가 있다면 오늘은 배시시 웃다가 깔깔거릴 것 같은 날이다. 교복 입기를 쑥스러워하던 남성 학습자들도 모두 단정하게 모자까지 쓰고 섰다. 반장 봉수 님은 "반세기를 지나 교복을 입으니 마음이 이상하다. 세월 따라 몸은 야위어 가는데, 마음은 여전히 청춘"이라며 모자를 비켜 쓰고 짝다리도 짚었다. 여성 학습자들은 사진 촬영에도 능동적이다. 단짝 친구면 누구나 하는 국민 포즈로 그룹 사진을 찍었다. 팔짱끼고 찍기, 벤치에 다소곳이 앉아 찍기, 기차처럼 옆으로 늘어서서 한쪽 발 들고 찍기 등… 교과 선생님들도 창가에 서서 교복 입은 학습자들의 모습을 자신의 휴대폰에 담는다. 학습자들도 교사도 더없이 기쁘고 즐거운 날이다.

 3교시인데도 사진 촬영은 아직 끝나지 않았다. 이제는 개인 사진을 찍고 있다. 학교 건물도 좋은데, 교실은 '추억의 장소'라고 하신다. 수업하는 모습도 찍어 달라고 하신다. 사물함을 배경으로 혹은 칠판을 배경으로 찍는 분도 있다. 학습자들이라는 소리가 쏙 들어가는 날이다. 너무나 예쁘고 사랑스러운 언니, 오빠, 아우들이다. 오늘 찍은 교복 개인 사진은 졸업장 받는 날, 한 장씩 띄워 마음을 다해 축하하고 싶다. 그동안의 수고로움에 감사드리고 앞날을 응원하고 싶다. 새로 만나게 될 인연을 축복하리라. 좋은 일만 있길 바라는 마음을 담아서.

4. 방송중 가을 소풍

오늘은 방송중 현장체험학습의 날. 밖에서 하는 학교 프로그램은 날씨가 제일 큰 몫을 한다. 어제까지 내리던 비가 갰다. 하늘도 높고 바람도 선선하게 불었다. 나들이에 맞춤이다. 목포를 벗어난 지 10분도 안 돼서 들판엔 벌써 벼 벤 논이 눈에 들어오고 볏짚 사일리지가 커다란 마시멜로처럼 군데군데 떨어져 있다. 벚나무는 이미 단풍이 들어 떨어지고 억새도 피기 시작했다.

자리마다 간식도 풍짐하다. 영금 님이 주신 약밥, 학생회장이 준 바나나와 두유, 학급 임원이 준 귤까지. 정순 님 며느리가 보낸 선물 봉투에는 간식이 가지가지다. 사탕과 주스와 쫀드기와 초콜릿과 곡물 비스켓 등 많이도 있다. 예쁜 리본도 메고 고운 글씨로 스티커도 붙였다. '맛있게 드시고 즐거운 하루 보내세요'라고 적혔다. 40개나 되는 간식 봉투를 곱게 싸서 어젯밤 시어머니께 전달하는 며느님 마음이 글에 담겼다. 간식은 안전 운전을 책임지는 기사님 마음도 환하게 했다.

"아따 겁나 재밌소 잉~"

"아따 재밌으면 뮤직이나 좀 켜 봇쇼~"

"아따 뭣이 좋을랑가~ 어거이 어찌요?"

"딱 좋소. 그람 인자 우리 해 보까~"

빠른 박자의 트로트 곡이 나오자, 나는 뒤로 돌아 우리 반을 봤다. 우리 반은 담임처럼 먹고 노는 데 진심이다. 영자 미자 용자 순자 님이 앞장섰다. 1학년 담임교사는 이분들에게 '일진'이라는 별칭을 붙였단다. 일반 중학교의 일진과 완전히 다른 의미인지라 말하는 이나 듣는 이 모두 유쾌하였단다. 버스 안에서의 모습은 70년대를 기록한 다큐에서나 볼 만한 것이라 도저히 글로 쓸 수 없다. 일진 덕분에 나는 배꼽이 빠지도록 웃고, 젊은 동료 교사는 불안에 떨었다. 내 젊은 동료 교사는 평생 처음 보는 모습에 기겁한다. 기사님이 음악을 끄고 호루라기를 불면 그게 무슨 뜻인지 잘 안다는 듯이 뜨겁고 질펀한 동작을 멈춘다. 그리고 자리에 앉아 안전벨트를 착용한다. 하차할 시간이다. 오! 마이 갓!

버스에서 내려 체험 장소를 걷는 모습은 다른 여행객과 다르지 않다. 가끔 하하 호호 웃다가 이야기하다가 포토 존에서는 어김없이 사진을 찍는다. 해설사 설명도 찬찬히 듣고, 뜯어 놓은 칡잎을 물어서 예쁜 모양의 무늬도 만들었다. 해먹에 누워 가을바람도 잠시 붙잡는다. 가을은 흐르는 시간을 어쩌지 못하고 고운 햇살로 학습자들 얼굴 위에 내려앉는다. 고요하다. 오늘도 보이지 않게 분주한 분은 성순 님이다. 사진 전문가답게 크고 무거운 카메라를 들고, 3년 동안 함께한 친구들의 노을빛 추억을 쉼 없이 담는다. 그의 눈길은 무대 앞에 선 사람들, 조용히 앉아 있는 사람들을 차별하지 않고 모두에게 머문다.

걷기 힘들어하는 여든셋의 우리 영금 님은 학급 사진만 찍고 앉아 쉬셨다. 립스틱도 바르고 주황색 잠바도 입고 밑창과 굽이 폭신한 신발도 신으셨다.

"아이고, 이런 데에 전동차 있으면 얼마나 좋을까?"

나는 왜 그 생각을 지금까지 한 번도 못 했을까. 지자체에 제안해 봐야겠다. 박물관이나 도서관에 있는 휠체어가 관광지에는 없다. 휠체어를 타는 분들은 실내에만 머물라는 말인가? 편백 숲을 걷지 못하는 영금 님을 교무행정사가 모시고 카페에 갔다. 창 큰 카페에서 가을 오후를 천천히 즐겼다.

전동휠체어를 타고 다니는 1학년 환모 님은 어쩌고 계시려나? 담임

단톡방에 올려진 1학년 사진을 내려받아 확대하여 봤다. 오늘은 일반 휠체어를 타고 관방제림 앞에서 환하게 웃고 있다. 1학기 체육한마당 이후 오랜만에 보는 웃음이다. 얼마만의 외출일까? 아침 일찍 서둘러 담양까지 이동했을 콜 기사님, 어떻게든 같이 가길 바랐던 급우들, 마음 써준 학급 담임의 수고로움으로 환모 님의 오늘이 환하게 채워졌다. 결혼이민자로 10여 년째 해남에서 사는 아름 님도 오른팔을 들어 흔들고 있다. 방송중 학급에도 이 나라에도 뿌리를 단단히 내린 그의 모습이 멋지다.

일반 중학교 어린 학생들이 그러는 것처럼 방송중 어른들도 수업하는 날보다 이런 날을 훨씬 좋아한다. 가족이 우선이었던 이들에게 온전히 자신만을 생각해도 되는 그런 날이기도 하다. 정부의 교육정책이 우리 방송중까지 고려하여 세워진다면 이런 의미 있는 교육활동은 더 자주 기획, 추진될 것 같다. 당연히 누려야 했던 중학교 교육을 3, 40년 혹은 6, 70년이 지나서야 받는 것이니 정부는 중등교육 소외 영역을 더 섬세하고 따뜻하게 살펴 입안하면 좋겠다. 중학교 생활을 원하는 모든 성인 학습자에게 아름다운 가을 소풍을 선물하는 고품격 대한민국을 기대한다.

5. 방송중 학생회

　　방송중도 엄연한 학교여서 학생회와 학급회가 있다. 학생회는 3학년 회장과 두 명의 부회장이, 학급회는 반장과 부반장이 이끈다. 하지만 올해 방송중의 업무 담당자인 나는 학생회 지원 방안을 마련하지 못했다. 일 년에 23일 학교에 나와 수업하기도 바쁜데 무슨 학생 자치. 입학식 전에 학생회장과 전화해서 인사만 나누었다. 일반 중학교에서도 쉽지 않은 자치활동을 방송중에서 꿈을 꿀 수는 없다. 언감생심이다.

　　그나마 전국교직원노조가 교육현장에 영향력이 있던 시절, '참교육실천'이라는 말이 젊은 교사들을 설레게 했던 지난날에는 학급 운영이나 청소년 축제, 동아리 활동을 지원하던 교사가 제법 있었다. 그렇게 10여 년 정도 했을까? 이명박 박근혜 정부 아래에서는 제 코가 석 자였던 교사들은 발등에 불 끄기에 바빴고, 나이 들고 더러 퇴직했다. 실천 활동도 정체됐다. 그러다가 남한산초등학교 교육공동체의 움직임은 많은 교사에게 영감을 주었고, 혁신학교 운동이라는 새 장을 열어서 어찌어찌 지금에 이르고 있지만 지칠 대로 지친 교사들에게 학생 자치는 사치에 가까울 수 있다. 방송중에 이제야 입문한 나도 마찬가지다.

　　그래도 모른 척할 수는 없는 일이라 어떻게 해야 하나 만지작거리다가 바쁘면 또 접기를 몇 번. 학생회장은 입학식 이후 방송중 교무실에 종종 들렀다. 자신의 공약이 수학여행 2박 3일이라고 말하며 그것에 대한 확답을 요청했다. 교장실에도 들러 공약 실현 바람을 말했다. 학생회장 얼굴을 보니 뭔가를 해야 했다. 방송중 전체 설문조사를 하니 2박 3일은커녕 1박 2일마저 어렵다고 했다. 결국 1, 2학년 현장체험학습 날에 맞춰 3학년도 1일 수학여행을 가기로 했다. 일을 하려는 사람은 방안을 찾고 안 하려는 사람은 핑계를 찾는다는 말이 맞다. 나는 핑계를 찾은 셈이다.

학생회장의 공약은 실현되지 않았지만, 그 노력은 방송중에 신선한 바람이었다. 1박 2일 수학여행을 학수고대하던 우리 반은 수학여행이 하루짜리로 바뀌자, 기어코 1박짜리 여행 계획을 짰다. 연습 겸 소풍도 갔다. 무안에 있는 작은 대학에서 주최하는 프로그램에 참가했다. 말순 님은 통 크게 아우들을 위해 점심을 사줬고, 어디서 구했는지 순자 님은 수박을 썰어 나눴다. 학교 밖에서의 만남은 우리를 밀착시켰다. 다른 학급은 학기 말에 찰밥이며 온갖 나물을 준비해서 반 잔치를 했다. 체육한마당 때는 학생회와 학급 임원들이 모여 장기 자랑을 계획했고, 사회를 본 학생회장과 학습자들은 만족했다. 학습자들은 더 이상 학교 행사의 구경꾼으로만 서 있고 싶어 하지 않았고, 능동적인 학습자들 덕분에 내 효능감조차 올랐다. 그분들과 보낸 순간순간의 밀도는 다른 시간들과 다른 느낌이다.

학생회와 학급 임원 연석회의 첫 안건은 '교복 데이'였다. 교복 입고 학교 가는 학생이 제일 부러웠다는 3학년 학습자의 건의에 따라 소집되었다. 첫해이고 비용 문제와 수업을 고려해 올해는 졸업생만 진행하는 것으로 결정했다. 사진 촬영은 재능 기부를 받았다. 본교 졸업 앨범을 보며 촬영 계획도 세웠다. 방송중 교복 데이는 11월 9일이다. 바람 선선한 가을에 우리 학습자들은 생애 첫 교복을 입고 개인 사진과 그룹 사진과 단체 사진을 찍을 예정이다. 내년엔 전체 학습자가 교복을 입고 수업하는 날을 기대하면서 말이다.

이번 학생회는 올해 학습자들에게 멋진 선물을 했다. 누군가 배를 만들고 싶다면, 넓고 끝없는 바다에 대한 동경을 사람들에게 보여주라고 했다던가. 내년 학생회는 교복 데이를 확대하여 축제를 기획할지도 모른다. 김두연 교사는 축제 부스에 참고하라며 일반 학교 축제 부스 자료 파일을 나에게 줬다. 올해는 방송중에 자치라는 작은 씨앗이 뿌려진 한 해였다.

6. 방송중 졸업식 – 작별 인사

방송중 졸업식을 준비하러 교사들이 모였다. 담임들과 방송중 부장 교사들이다. 예쁜 졸업식을 만들자, 졸업하는 학습자에 대한 예를 갖추고 존경과 감사를 표현할 방법을 찾자. 졸업생 수가 40명이 안 돼서 재학생과 하객까지 합해도 넓은 강당이 썰렁할 수 있으니 그 점도 고려하자. 우리가 할 수 있는 최선을 다해 꼼꼼하게 준비했다. 식장 꾸미기, 순서 정하기, 추억할 것들 모으기, 한 분 한 분 모두가 주인공이 될 수 있는 장면 연출하기 등 졸업생뿐만 아니라 하객들도 자신의 가족이 이 학교에서 얼마나 소중한 존재인지 느낄 수 있기를 바랐다.

그동안 촬영해 놓았던 사진을 다 모아 교무행정사 선생님이 예쁘게 편집했다. 편집의 달인답게 내 맘에 꼭 드는 사진을 골라 정리했다. 손바닥으로 쓰다듬고 싶을 정도로 고운 분들이 웃고 있다. 학습자들도 사진을 보며 자신이 그동안 얼마나 즐겁고 알차게 학교생활을 했는지 추억하고 뿌듯해하기를 바랐다. 편집한 사진 파일을 A1사이즈 컬러로 뽑았다. 12개의 이젤에 세워진 사진은 식장 한 면을 채웠다. 사진전 같기도, 하객 같기도 했다. 젊은 교사들이 모여 포토존도 만들었다. 교복을 입은 졸업생 사진에 담임들은 글을 썼다. 영상에 글과 음악을 입혔다. 졸업장과 상장을 어떻게 드리는 것이 좋을지, 그분들을 존중하는 동선은 어떤 모습일지 교장 선생님도 식장에 와서 연습했다. 우리의 마음이 학습자들께 전달되어 축복받는 기분을 마음껏 누리길 바랐다.

졸업식을 기다리기만 하면 되는데, 날씨가 문제다. 따뜻하던 겨울 날씨가 2월이 되자마자 추워졌고, 날마다 쏟아지는 눈은 그칠 줄 몰랐다. 졸업식 전날에는 앞이 안 보이게 눈이 내렸다. 눈은 습도도 밀도도 높았다. 내린 눈은 쌓여서 녹지도 않았다. 불안했고, 초조했다. 준비된 식장을 둘러보았다. 우리가 할 수 있는 게 여기까지구나. 날짜를 바꿀 수는 없고, 등교 시간을 연장했다. 예행연습 없이 식을 진행하면 되겠지 싶었다.

당일, 9시 전인데 교실이 시끌벅적하다. 졸업 가운을 입고 칠판에 붙여 놓은 졸업 축하 현수막 앞에서 사진도 찍고, 오늘이 오기를 얼마나 소망하며 애썼는지 서로의 마음을 잘 알기에 마음껏 격려하고 축하했다. 앞이 안 보이는 눈발을 뚫고 운전해 온 분들, 기차를 탄 분, 택시 탄 분으로 교실 안은 학습자의 훈기가 가득했다. 눈 때문에 결석하겠다던 대순 님도 오셨다. 영광은 멀기도 하지만 유난히 눈이 많이도 온다. 그 길을 3년 동안 오간 칠순 어른이시다. 그나마 올해부터는 가게를 접었지만 30년 넘게 손수 반찬을 만들고 한식당을 운영하던 짱짱한 분이다.

"아이구 세상에. 오셨네. 오셨어!"

우린 얼싸안고 동동 뛰었다. 고등학교에 가서도 재미있게 잘 살 테니 담임은 걱정도 말라며 나를 토닥였다. 기쁜 소란으로 교실이 터질 것 같은데, 밖에 네댓 명의 그림자가 보인다. 제주공항 사고 희생자 고 조미자 님의 가족이다.

"여기구만요. 사진에서 봤어요. 연옥 씨 앞자리더라고요."

부군은 꽃다발을 미자 님 책상 위에 놓았다. '이렇게 좋은 날에 울어서 미안하다며' 책상을 매만졌다. 학교 다니는 것이 자기가 한 일 중에 제일 잘한 것이라고, 제일 즐거운 일이라고 했다던 미자 님은 제주공항 사고로 희생됐다. 외동딸과 외손자와 함께. 진도의 작은 섬 슬도에 사는 미자 님은 지난여름, 우리 학급 전체를 초대했다. 나를 포함한 열여섯 명은 미자 님이 나고 자란 진도의 여름 바다를 즐겼다. 윷놀이와 노래자랑을 밤새 했고, 뒤뜰에 핀 봉숭아로 손톱에 물을 들였다. 처음 먹어본 미자 님 부군표 밴댕이회는 막걸리를, 미자 님이 가꾼 언덕배기 정원과 작은 섬마을은 우리 발길을 불렀다. 집 안은 정원에서 따온 꽃들이 수반에 꽂혀 집 밖과는 사뭇 다른 고요함이 머물렀다. 사는 데 급급해 여행다운 여행을 즐기지 못했던 우리는 맘껏 그 여름을 누렸다. 환대한 진도의 여름 바다와 미자 님과 부군과 아직 작별 인사를 할 수가 없다.

예행연습 없이도 졸업식은 예정된 시간에 맞춰 시작했고, 순조롭게 진행했다. 내빈과 하객들은 식이 끝날 때까지 함께하며 축하했다. 차기 학생회장은 "20년, 30년 혹은 60년도 넘게 기다리던 날"이라며 존경한다는 말을 반복했다. 이력서를 쓸 때마다 위축되고 방황했던 젊은 날을 얘기하며 "이제 당당하게 공부하고 더 멋지게 살겠다"고 다짐하기도 했다. 짧은 글에 졸업하는 학습자 모두 고개를 끄덕이고 감동하게 한 진심을 담았다. 미자 님의 부군도 미자 님 대신 졸업 가운을 입고 미자 님 자리에 앉아 고개를 떨구고 있다. 미자 님 동생 부부와 조카도 함께 졸업식에 와서 미자 님의 졸업장과 졸업 선물을 받아주었다.

영금 님과 형금 님, 문숙 님은 눈 때문에 졸업식에 참석하지 못했다. 형금 님은 산길을 걷고 왔다며 "얼마나 기다렸는데, 졸업식에 못 가서 속상하다"라고 전화를 하셨다. 영금 님은 팔순이 넘고 형금 님도 칠순이 넘었다. 출석 수업에 빠지지 않으려고 두 시간 넘는 거리를 오가던 분들이다. 병환 중에도 학교를 포기하지 않고 시를 쓰며 이겨내던 형금 님. 언제나 우리 반을 유쾌한 분위기로 만들어줬던 문숙 님. 방송통신고에서도 지금처럼 꿋꿋하고 즐겁게 학교생활을 하길 바란다. 졸업식을 준비하던 지난 연말부터 이날을 떠올리곤 했지만, 마음을 준비한다고 작별할 수 있는 건 아니다. 나는 아직도 우리 반과 자별하지 못하고 있다.

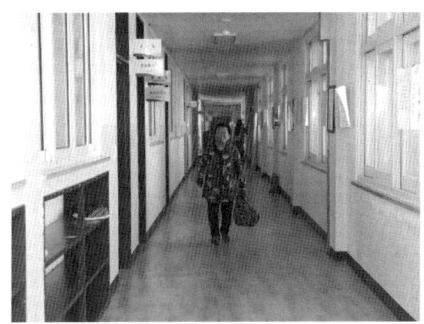

7. 성인 학습자와 읽은 시와 소설

　방송중 교과 교사의 교육과정 편성의 자율권은 매우 작다. 1학기의 실패한 나의 수업계획서는 나를 겸손하게 만들었다. 1학기에 5-6 시수가 전부인데, 지필평가를 대비한 시간을 제외하면 겨우 3~4시간이 수업으로 허락된다. 그 귀한 시간을 어떤 내용으로 채워야 할까? 나는 문학을 택했다. 문학이야말로 국어 교과의 본질에 가깝다고 생각 때문이다. 또 성인 학습자는 일반 중학교의 학생들보다 문학을 더 풍부하고 충만하게 감상하므로 수업자인 나도 매우 즐겁다. 이번 학기에는 교과서와 문제집에 있는 시 중 「껍데기는 가라」를 골랐다. 시대적 배경이 반영된 시로 맞춤할 것 같다. 학습자들과 어떻게 만날지 고민했다. 공개수업 때도 안 써본 PPT를 만들었다가 지우고, 모둠 학습지를 만들고 수정하고 또 만들고. 실패할 것 같지는 않았지만, 시대를 상징하는 시어에 대한 이해가 뒷받침되어야 할 텐데 무작정 설명할 수도 없고 걱정이 되었다.

　낭송할 때부터 힘차다. "진달래꽃 시를 알면 낭송해 보라"고 했더니 낮은 목소리로 천천히 읊었다. 화자의 특성이나 어조를 단번에 이해한 것이다. '곰나루 아우성'이나 '중립의 초래청'에 대한 질문이 있어 설명했더니 '한라에서 백두까지'라든가 '껍데기'와 '알맹이', '흙가슴'과 '쇠붙이'의 의미는 내가 설명하지 않아도 이미 깨달았다는 듯이 고개를 끄덕인다. 단어의 개념을 훌쩍 뛰어넘어 자신의 경험과 합해지면 이해의 순간은 빠르고 깊다. "아하!"라는 탄성도 나온다. "함께 이야기를 나누면서 해석하니 느낌이 확 다가온다"고 했다. 손에 땀을 쥐게 할 정도의 긴장감과 밀도가 느껴지는 수업이다.

　일반 중학교 3학년과 두 시간 이상의 수업해야 겨우 해석하는 시를 성인 학습자는 30분도 안 돼서 감상과 이해를 마친다. 사설 교육 기관에서 미리 공부해 온 학생들의 도움으로 모둠활동이 진행될 때도 많다. 평가를 위해 시를 정리한 학습지를 주고 형성 평가를 해야 안심이 되기도 한다. 시를 감상하는 태도도 다르다. 일반 중학생들은 시 감상은 뒷전이고 모둠 학습지의 문제를 해결하는 것이 전부인 것처럼 보인다. 이들의 목표는 진학이고, 거기에 필요한 수업은 하나의 과정일 뿐, 한 편의 시를 오롯이 향유하기를 바라는 나의 기대와는 다른 모습이라 속상할 때가 많다.

그런데 성인 학습자들은 일반 학교의 어린 학생보다도 더 많은 역할과 책임을 지고 있는 상태에서 학생의 역할을 더한 상황인데, 문학적 감수성은 순수하고 풍부하다. 감수성도 경험 속에서 더 풍부해지고 훈련되는 것 같다. 또 성인 학습자의 많은 인생 경험이 학습의 자원이 되고, 서로 다른 경험을 가진 분들이 모여 더 높은 수준의 배움으로 이끄는 것 같다. 문학을 해석할 때는 특히 더 그렇다. 오늘 소설과 시를 해석하는 학습자를 만나며 그 힘이 얼마나 센지 또 깨닫는다.

2학년 국어 수업 시간도 감동이었다. 오늘도 정순 님은 내가 교실에 들어가자마자 "선생님, 저번에 시 쓰라니까 죽것드만요"라고 해서 한바탕 같이 웃고 시작했다. 출석을 부르면서 나는 내 손바닥을 벌려 지난 시간에 제출하지 않은 시를 달라는 표시를 했다. 그걸 본 학습자들 모두는 "아이고, 포기 안 할 분이구만. 얼렁 내라"고 하신다. 이분들과의 밀당은 늘 유쾌하다.

병조 님은 시를 여러 편 써오셨다. 조금나루에 사시는지 '조금나루'라는 시도 있고, 가을 풍경을 담아 오래전에 헤어진 연인 이야기도 있다. 순자 님은 지도의 병어조림을 시로 담았고, 신자 님은 아픈 남편과 떨어져 살면서 어린아이들을 키워내야 했던 시절의 이야기를 썼다. 친정엄마 이야기를 쓰다가 울다가 결국 마무리를 못 한 칠순의 후덕 님. 글을 쓰면서 오랜만에 친정엄마를 만나서 좋았다고 하신다. 후덕 님 시는 다음 시간에 제출하기로 한다. 삶이 고스란히 묻어나는 시는 어떤 작품보다 울림이 있다. 그분들 곁에 내가 앉아 그분들 이야기를 조곤조곤 듣는 느낌이다.

오늘은 소설을 읽기로 했다. 황순원의 「소나기」다. 「소나기」를 읽는데, '개울가'라는 단어를 읽으면서 농촌 배경임을 금세 알아채고, '소년'이 물에 비친 자신의 검게 탄 얼굴을 보며 왜 '싫었다'라고 하는지 금방 안다. 그뿐이랴~ '소년'이 조약돌을 주머니에 집어넣거나 그것을 주무르는 이유를 내 설명 없이 다 안다. 꽃을 '하나도 버리지 마라'던 '소녀'가 '소년'과 함께 비를 피하면서 '꽃묶음'이 망가져도 상관없다고 하는 까닭도 다 안다. 마음에 드는 멋진 문장에 밑줄도 긋는 모습도 멋지다. 이렇게 소설을 충실하게 읽는 학습자를 언제 만나보겠는가?

나는 학습자들과 시나 소설을 읽을 때 교사로서의 효능감을 제일 깊게 느낀다. 성인 학습자는 시대나 사회 문화를 반영한 작품을 이해하는 속도가 빠르고 공감도 잘해서 마치 내가 수업을 잘해서 그런다고 착각하게 하기 때문일 것이다. 오늘 시와 소설을 맛있게 흡수하고 충분히 즐기는 학습자를 만나 행복하다. 일반 중학교에서 「소나기」 수업을 할 때면 "선생님, 첫사랑 얘기해주세요" 반응이 빠지지 않고 나온다. 여기는 그런 거 없다. 모두 첫사랑을 경험한 이들 아니겠는가. 희미한 첫사랑 이야기보다는 요즘 드라마에 나온 첫사랑이 더 애달프고 달콤한지 수업이 끝나도록 그 이야기를 한다. 네네~~ 저도 그래요.

8. 칠순 학습자가 만난 그림책

　올해 우리 방송중은 191일 수업 중 170일은 원격으로 수업한다. 21일 동안의 출석 수업 중 현장 학습이나 체육한마당 지필고사나 문학 행사 등을 빼면 수업하는 날은 보름. 국어 수업은 1년에 열 번. 이 귀하고 귀한 시간에 무슨 내용으로 어떻게 만날지 해가 지나도 체득된 게 많지 않다. 첫 수업은 특히 더 그렇다. 올해는 그림책 1시간, 시와 소설 각각 한 편씩을 만나기로 했다. 시 공부 들어가기 전에 서로의 이야기를 나눠 보면 좋겠다 싶어서 사서 선생님과 그림책을 골랐다.

　스물여섯 명의 어른들. 국어책을 책상 위에 놓고 나를 본다. 막내는 예순 살 선영 님. 왕오라버니라고 불리는 용중 님은 83세. 대부분은 70대 어른들이 바구니 가득 그림책을 들고 들어간 나를 보더니 반장인 정순 님이 "우리 선생님 오늘도 공부 열심히 가르치실랑갑네~"하신다. 얼굴도 이름도 익히기 전이라 당신들도 서먹하다고 하더니 정순 님 덕에 분위기가 더 말랑거린다. "파마를 해서 그러신가 오늘은 더 멋져지셨어요"라며 일흔둘의 반장에게 나도 농을 던졌다. 모두 정순 님 보고 어울린다고 해서 "입이 트였으니 이야기 나누는 것은 어렵지 않겠다"라고 욕심을 부린다.

　오늘은 먼저 『대추 한 알』이라는 그림책을 감상하고, 내가 챙겨간 그림책 중 하나를 골라 읽을 것이다. 『대추 한 알』은 유리 작가의 그림과 함께 그림책으로 나왔는데, 시가 짧기도 하거니와 그림이 있어서 의미 전달도 잘 돼서 첫 수업으로 쓰기에 맞춤하다. 『대추 한 알』 그림책은 유튜브로 나와 있는 것 중에서 그림책과 함께 시인이 직접 낭송한 것을 골라 함께 봤다.

커다란 대추나무는 연두색 이파리가 나는 게 저 멀리서 보인다. 잎사귀보다 더 연한 연둣빛 꽃이 피면 벌이 날아오고 살랑거리는 바람에 어느새 대추가 열린다. 모를 내는 아버지, 학교 다녀오는 아이들의 발소리에 강아지 소리에 새끼손가락보다 더 작던 대추가 엄지손가락 첫마디만큼 자라 있다. 학습자들은 모두 미소 띤 얼굴로 그 어느 해 봄을 더듬고 있다. 땡볕에 아버지는 피를 뽑고 엄마는 새참을 나를 때쯤 대추가 굵고 둥글어진다. 태풍이 불고 천둥 번개가 치는 밤에 아버지는 논에 물을 빼러 나가고 그 붉던 대추들이 떨어지고, 아버지가 수백 번 오가며 정성껏 키웠던 벼도 쓰러졌다. 숨소리도 안 들릴 정도로 교실은 고요하다. 두어 달 남은 햇볕과 몇 번을 지나고야 대추는 붉게 영근 대추를 만나고 시골 마을에 겨울이 왔다.

"어떠세요?"

"우리 인생 같네요."

"새참 갖고 가는 거 봐요. 그때가 생각나네요."

"태풍 불어서 대추가 다 떨어지고, 벼가 쓰러지는 거 보니까 젊은 애들이 한꺼번에 죽은 것 같아서 겁나 슬프네~"

한 번 더 보자고 해서 시를 더 천천히 읽어 주는 영상을 골라 봤다. 가슴속에 벼락치던 날을 견디었을 분들은 자신을 그 대추에 감정을 이입하면서, 자신에게 "수고했다"라는 말을 해주고 싶다고 했다. 특히 대추 혼자서 자라지 않았다는 것도 인상 깊다고 말했다. '대추 익는 것이나 벼농사 짓는 것이나 인생 사는 게 다 힘들다'고 회상하는 경임 님, 어려움과 고통을 이겨낸 대추에게 살아 남아줘서 고맙고 존경스럽다는 점복 님, '우리가 이렇게 서서 살 수 있었던 것도 히노애라의 덕'이라는 주원 님, '서안에 초승달 몇 날'이라는 문장이 멋지다는 상남 님, '눈 덮인 겨울의 시골 마을을 보니 아무리 어려워도 나중에는 풍성한 열매를 거두었을 때의 보람을 안고 사는 것 같아서 기쁘다'는 공자 님, '대추 한 알이 익어가는 걸 보며 자식이 커 가는 것을 보는 것처럼 안쓰럽고 기뻤다'는 효심 님.

우리는 읽고 싶은 그림책을 읽을 새도 없이 수업을 마쳐야 했다. 풍성한 이야기를 나눌 수 있었다. 감상 글을 쓰는 학습지는 다 채우지 못했는데, 학습자들은 쉬는 시간에 나가지 않고 인상 깊은 장면과 문장을 채워서 나에게 제출했다. 점복 님은 '대추 한 알'에게 '대추야, 너 참 대견하다. 잘 견뎌낸 것에 감사하다'며 자신에게 하고 싶었던 말이었을 글을 썼다. 홍옥 님은 '늘상 보던 대추를 갖고 이렇게 멋진 시를 지어서 사람 마음을 흔들어 놓은 작가'를 존경한다고 썼다. 다음에 공부할 교과서 시 '성처가 꽃이다(유안진)' 시는 더 풍성하다.

나가는 글

삶이 글이 되고, 글이 삶이 되는 시간

　매일 글 한 편씩 쓰는 것은 어려운 일이었다. 다른 글쓰기 밴드나 앱에 글을 올리고 한 번도 만난 적 없는 이들의 글을 지켜본 경험도 있다. 온라인 글쓰기 모임에서 만나는 사람들은 직업도 나이도 없이, 글로만 존재했다. 시간이 지나 사람들의 글에서 조금이라도 직업이나 나이가 비춰지면 그때부터 그 사람의 글에 대한 기대가 사라지고 뻔해 보였다. 나 역시 글에 교사라는 직업이 드러나는 순간 다른 이들의 편견에 직면한다.

　명혜정 수석교사를 위시한 글쓰기 모임이 2024년 2월에 만들어졌다. 교사들끼리 모여 글을 쓰는 모임이었다. 몽돌해변에 밀려왔다가 돌아가는 파도처럼 1년의 시간이 흘렀다. 파도가 몇백 번 왔다 간 자리에 몇 개의 몽돌이 자리에서 움직이지 않고 파도에 반짝였다. 몽돌들이 움직이지 않아서 더 두드러져 보였다. 서로의 좌표를 확인하고 자기 자리에서 서로를 응원했던 4명의 몽돌이 해변에 남았다.

　교사임을 드러내놓고 글을 쓰니 조금 더 편했다. 삶이 글이 되었다. 학생상담과 관련된 일이나 수업 시간에 있었던 어려움을 토로하면 다른 선생님들이 댓글로 공감해 주고 글감을 이어받아 글을 삭제해 주어 그것이 해결책이 되었다.

글을 쓰는 것은 나를 객관화하는 일이다. 일기를 쓰면 스스로 곪아 가는 경우가 있는데 다른 이들이 지켜보는 공간에 글을 쓰면 상황에 과 몰입하지 않고 자신의 감정을 대상화할 수 있게 된다. 다른 선생님이 잘 된 수업을 일기처럼 기록하면 그 수업 방법을 다음에 내 수업에 적용하기 도 했다. 아이들이 비유를 잘 이해하지 못한다고 글을 썼는데, 명혜정 선 생님이 '너는 꽃이다'라는 예를 들어주면 아이들이 바로 이해한다고 하셔 서 바로 수업 시간에 써먹었다. "와~. 제가 꽃이라구요? 진짜죠?"라고 하 면서 아이들이 기뻐했다. 아이들은 행복을 느낄 때 관련된 지식을 빨리 흡수했다. 선배님은 나에게 지식이 중심이 아니라 아이들이 중심이 되어 야 함을 깨우쳐주신 것이다.

베이비부머 세대인 두 분 - 명혜정 선생님과 오숙향 선생님 - 은 세상 에 대한 애정과 긍정적인 시각으로 공동체를 위한 열정과 희생을 보이신 다. 두 분의 진취적인 모습에 나는 온실 속 화초가 해바라기를 바라보듯 마냥 넋 놓고 바라본다.

오숙향 선생님은 이야기를 들을 때 단번에 이야기의 핵심을 꿰뚫고 상대방의 말을 한 올 한 올 기억하려고 온몸으로 집중하신다. 상대방의 감정까지 자신의 감정에 오버랩하시는 모습이 느껴진다. 살아온 세월의 선생님의 아우라가 어마어마해서 입이 떡 벌어지게 하여 마치 무림의 고 수 같다. 명혜정 선생님이 작년 여름에 기획하신 독서토론 때 선생님을 오프라인으로 처음 뵈었다. 그때 아이들 한 명 한 명을 정말 귀하게 대하 신다는 느낌을 받았다. 그 힘든 중학교 아이들의 널뛰는 마음을 지도하 시며 논리적이면서도 부드럽게 이야기하시는 데에 깜짝 놀랐다.

명혜정 선생님은 몸이 열 개라도 모자를 정도다. 내가 선생님의 글에서 파악한 정도만 보더라도 한시도 안 쉬고 새벽부터 밤까지 시간을 초 단위로 쪼개서 일하신다. 심지어 새벽에 일어나 출근하시고 소설 쓰기, 주말에 섬에서의 독서토론, 강사님 초빙, 온라인 토론, 중학생 『총균쇠』 20강 독서 완성, 코칭 석사과정 공부, 코칭, 논문토론, 강연회 참석 등등. 이 모임까지 하면… 이 모임을 굳이 유지하실 필요가 있나 싶을 정도로 바쁘시다. 그냥 자신을 필요로 한다는 곳에 본인의 시간을 쪼개서 나누어 주시는 스타일이다.

오선님 선생님은 MZ세대답게 밝고 친절하고 부지런하다. 엄청난 탐구력으로 밤낮없는 연구를 거듭하여 많은 교육모형과 교육 방법을 수업에 적용한다. 메타버스를 문법 수업에 응용한 수업은 이 책에는 소개되지 않았지만 정말 요샛말로 '대박'이었다. 다른 선생님들의 고민에 자료 찾기나 정보 제공도 귀찮다 하지 않으며, 아이들을 위한 프로그램 계획이 섬세한 것을 보고 선생님께서 상대방을 위해 최선을 다한다는 것을 느낄 수 있었다. 새로운 세대의 수석교사이시다. 지금도 수업마다 수업 대본을 쓰고 철저히 수업 준비를 한 뒤 수업에 들어가신다고 할 정도로 완벽주의자다.

나는 비틀어보기를 좋아하고 비관적인 세계관으로 교실 변화에 주목하고 있는 일인이다. 발랄한 X세대가 벌써 50대에 진입했다. 50살이 넘게 딱히 큰 연구도 없고 큰 삶의 발자취도 없이 어슬렁어슬렁 글쓰기, 그림그리기 등 여기저기 관심 분야를 맴돌며, 서당 개 삼 년이면 풍월을 읊듯 어설픈 자기주장을 하는 나를, 개성 있다 품어주신 이 글쓰기 모임에서 매일 좋은 글로 샤워한다. 수석교사이자 작가이신 명혜정 선생님이 제일 글을 많이 쓰시기에 명혜정 선생님을 통해 이순신을 만나고 동학 정신을 생각하고 넓은 산천의 영웅호걸들 - 호남의 정신을 지키고 이어나가는

지식인들 - 을 우러러본다.

    산천의 영웅호걸이 멀리 있는가. 우러러볼 동료교사를 만날 수 있는 이 모임이 너무 좋아 나는 오늘도 이 글쓰기 밴드에 접속한다. 성격이 확연히 다른 4명이 몽돌처럼 남았다. 수요일 9시, 글 첨삭하는 시간이 우리에게는 힐링이 되었다.

    온라인상으로 만났을 때 서로의 가치관이 다르다는 점을 매번 확인할 때마다 명혜정 선생님은 껄껄 웃으며 말하신다.

    "참 서로 달라. 그런데 달라서 재밌어. 우리 잘 만난 것 같아."

    학교 업무에 지쳐 눈꺼풀이 내려앉는데도 수요일 9시에는 화상회의 앱을 켰다. 우리는 세대도 다르고 가치관도 다르다. 그런데도 각기 자기 자리에서 빛나는 그 모습을 바라보고만 있어도 좋다. 나를 있는 그대로 바라봐준다. 아마도 글의 힘 덕분인 것 같다. 글로 자신을 드러내고 글로 솔직해지니, 글은 관계에 믿음을 주었다. 글로 맺어진 네 명은 파도에 쓸려가지 않을 것이다.

2025년 6월

정주옥

삶의 행복을 꿈꾸는 교육은 어디에서 오는가?

● **교육혁명을 앞당기는 배움책 이야기** 혁신교육의 철학과 잉걸진 미래를 만나다!

한국교육연구네트워크 총서

- 01 핀란드 교육혁명 　　　　　　　　　　　 한국교육연구네트워크 엮음 | 320쪽 | 값 18,000원
- 02 일제고사를 넘어서 　　　　　　　　　　 한국교육연구네트워크 엮음 | 284쪽 | 값 13,000원
- 03 새로운 사회를 여는 교육혁명 　　　　　　 한국교육연구네트워크 엮음 | 380쪽 | 값 17,000원
- 04 교장제도 혁명 　　　　　　　　　　　　 한국교육연구네트워크 엮음 | 268쪽 | 값 14,000원
- 05 새로운 사회를 여는 교육자치 혁명 　　　　 한국교육연구네트워크 엮음 | 312쪽 | 값 15,000원
- 06 혁신학교에 대한 교육학적 성찰 　　　　　 한국교육연구네트워크 엮음 | 308쪽 | 값 15,000원
- 07 진보주의 교육의 세계적 동향 　　　　　　 한국교육연구네트워크 엮음 | 324쪽 | 값 17,000원
- 08 더 나은 세상을 위한 학교혁명 　　　　　　 한국교육연구네트워크 엮음 | 404쪽 | 값 21,000원
- 09 비판적 실천을 위한 교육학 　　　　　　　 이윤미 외 지음 | 448쪽 | 값 23,000원
- 10 마을교육공동체운동: 세계적 동향과 전망 　 심성보 외 지음 | 376쪽 | 값 18,000원
- 11 학교 민주시민교육의 세계적 동향과 과제 　 심성보 외 지음 | 308쪽 | 값 16,000원
- 12 학교를 민주주의의 정원으로 가꿀 수 있을까? 성열관 외 지음 | 272쪽 | 값 16,000원
- 13 교육사상가의 삶과 사상-서양 편 1 　　　　 심성보 외 지음 | 420쪽 | 값 23,000원
- 14 교육사상가의 삶과 사상-서양 편 2 　　　　 김누리 외 지음 | 432쪽 | 값 25,000원
- 15 사교육 해방 국민투표 　　　　　　　　　 이형빈·송경원 지음 | 260쪽 | 값 17,000원
- 16 유토피아 교육학 　　　　　　　　　　　 심성보 지음 | 464쪽 | 값 27,000원

한국교육연구네트워크 번역 총서

- 01 프레이리와 교육 　　　　　　　　　　　 존 엘리아스 지음 | 한국교육연구네트워크 옮김 | 276쪽 | 값 14,000원
- 02 교육은 사회를 바꿀 수 있을까? 　　　　　 마이클 애플 지음 | 강희룡·김선우·박원순·이형빈 옮김 | 356쪽 | 값 16,000원
- 03 비판적 페다고지는 세상을 변화시킬 수 있는가? Seewha Cho 지음 | 심성보·조시화 옮김 | 280쪽 | 값 14,000원
- 04 마이클 애플의 민주학교 　　　　　　　　 마이클 애플·제임스 빈 엮음 | 강희룡 옮김 | 276쪽 | 값 14,000원
- 05 21세기 교육과 민주주의 　　　　　　　　 넬 나딩스 지음 | 심성보 옮김 | 392쪽 | 값 18,000원
- 06 세계교육개혁 민영화 우선인가 공적 투자 강화인가? 린다 달링-해먼드 외 지음 | 심성보 외 옮김 | 408쪽 | 값 21,000원
- 07 콩도르세, 공교육에 관한 다섯 논문 　　　　 니콜라 드 콩도르세 지음 | 이주환 옮김 | 300쪽 | 값 16,000원
- 08 학교를 변론하다 　　　　　　　　　　　 얀 마스켈라인·마틴 시몬스 지음 | 윤선인 옮김 | 252쪽 | 값 15,000원
- 09 존 듀이와 교육 　　　　　　　　　　　　 짐 개리슨 외 지음 | 심성보 외 옮김 | 376쪽 | 값 19,000원
- 10 진보주의 교육운동사 　　　　　　　　　 윌리엄 헤이스 지음 | 심성보 외 옮김 | 324쪽 | 값 18,000원
- 11 사랑의 교육학 　　　　　　　　　　　　 안토니아 다더 지음 | 심성보 외 옮김 | 412쪽 | 값 22,000원
- 12 다시 읽는 민주주의와 교육 　　　　　　　 존 듀이 지음 | 심성보 옮김 | 620쪽 | 값 32,000원

미래 100년을 향한 새로운 교육

혁신교육을 실천하는 교사들의 필독서

● 비고츠키 선집 시리즈 발달과 협력의 교육학 어떻게 읽을 것인가?

01 생각과 말	L.S. 비고츠키 지음	배희철·김용호·D. 켈로그 옮김	690쪽	값 33,000원
02 도구와 기호	비고츠키·루리야 지음	비고츠키 연구회 옮김	336쪽	값 16,000원
03 어린이 자기행동숙달의 역사와 발달 I	L.S. 비고츠키 지음	비고츠키 연구회 옮김	564쪽	값 28,000원
04 어린이 자기행동숙달의 역사와 발달 II	L.S. 비고츠키 지음	비고츠키 연구회 옮김	552쪽	값 28,000원
05 어린이의 상상과 창조	L.S. 비고츠키 지음	비고츠키 연구회 옮김	280쪽	값 15,000원
06 성장과 분화	L.S. 비고츠키 지음	비고츠키 연구회 옮김	308쪽	값 15,000원
07 연령과 위기	L.S. 비고츠키 지음	비고츠키 연구회 옮김	336쪽	값 17,000원
08 의식과 숙달	L.S 비고츠키	비고츠키 연구회 옮김	348쪽	값 17,000원
09 분열과 사랑	L.S. 비고츠키 지음	비고츠키 연구회 옮김	260쪽	값 16,000원
10 성애와 갈등	L.S. 비고츠키 지음	비고츠키 연구회 옮김	268쪽	값 17,000원
11 흥미와 개념	L.S. 비고츠키 지음	비고츠키 연구회 옮김	408쪽	값 21,000원
12 인격과 세계관	L.S. 비고츠키 지음	비고츠키 연구회 옮김	372쪽	값 22,000원
13 정서 학설 I	L.S. 비고츠키 지음	비고츠키 연구회 옮김	584쪽	값 35,000원
14 정서 학설 II	L.S. 비고츠키 지음	비고츠키 연구회 옮김	480쪽	값 35,000원
15 심리학 위기의 역사적 의미	L.S. 비고츠키 지음	비고츠키 연구회 옮김	560쪽	값 38,000원
비고츠키와 인지 발달의 비밀	A.R. 루리야 지음	배희철 옮김	280쪽	값 15,000원
비고츠키의 발달교육이란 무엇인가?	비고츠키교육학실천연구모임 지음	412쪽	값 21,000원
비고츠키 철학으로 본 핀란드 교육과정	배희철 지음	456쪽	값 23,000원
비고츠키와 마르크스	앤디 블런던 외 지음	이성우 옮김	388쪽	값 19,000원
수업과 수업 사이	비고츠키 연구회 지음	196쪽	값 12,000원
관계의 교육학, 비고츠키	진보교육연구소 비고츠키교육학실천연구모임 지음	300쪽	값 15,000원
교사와 부모를 위한 발달교육이란 무엇인가?	현광일 지음	380쪽	값 18,000원
비고츠키 생각과 말 쉽게 읽기	진보교육연구소 비고츠키교육학실천연구모임 지음	316쪽	값 15,000원
교사와 부모를 위한 비고츠키 교육학	카르포프 지음	실천교사번역팀 옮김	308쪽	값 15,000원
레프 비고츠키	르네 반 데 비어 지음	배희철 옮김	296쪽	값 21,000원

혁신학교	성열관·이순철 지음	224쪽	값 12,000원
행복한 혁신학교 만들기	초등교육과정연구모임 지음	264쪽	값 13,000원
서울형 혁신학교 이야기	이부영 지음	320쪽	값 15,000원
혁신교육, 철학을 만나다	브렌트 데이비스·데니스 수마라 지음	현인철·서용선 옮김	304쪽	값 15,000원
대한민국 교사, 어떻게 가르칠 것인가?	윤성관 지음	320쪽	값 15,000원
아이들을 어떻게 가르칠 것인가	사토 마나부 지음	박찬영 옮김	232쪽	값 13,000원
모두를 위한 국제이해교육	한국국제이해교육학회 지음	364쪽	값 16,000원
경쟁을 넘어 발달 교육으로	현광일 지음	288쪽	값 14,000원
혁신교육 존 듀이에게 묻다	서용선 지음	292쪽	값 16,000원
다시 읽는 조선 교육사	이만규 지음	750쪽	값 37,000원
교실 속으로 간 이해중심 교육과정	온정덕 외 지음	224쪽	값 13,000원
대한민국 교육혁명	교육혁명공동행동 연구위원회 지음	224쪽	값 12,000원
포스트 코로나 시대의 교육	성열관 외 지음	224쪽	값 15,000원
내일 수업 어떻게 하지?	아이함께 지음	300쪽	값 15,000원
핀란드 교육의 기적	한넬레 니에미 외 엮음	장수명 외 옮김	456쪽	값 23,000원
한국 교육의 현실과 전망	심성보 지음	724쪽	값 35,000원
독일의 학교교육	정기섭 지음	536쪽	값 29,000원
교실 속으로 간 이해중심 통합교육과정	온정덕 외 지음	224쪽	값 15,000원
초등 백워드 교육과정 설계와 실천 이야기	김병일 외 지음	352쪽	값 19,000원
학습격차 해소를 위한 새로운 도전 보편적 학습설계 수업	조윤정 외 지음	240쪽	값 15,000원

● **경쟁과 차별을 넘어 평등과 협력으로 미래를 열어가는 교육 대전환!** 혁신교육 현장 필독서

학교의 미래, 전문적 학습공동체로 열다	새로운학교네트워크·오윤주 외 지음	276쪽	값 16,000원
마을교육공동체 생태적 의미와 실천	김용련 지음	256쪽	값 15,000원
학교폭력, 멈춰!	문재현 외 지음	348쪽	값 15,000원
학교를 살리는 회복적 생활교육	김민자·이순영·정선영 지음	256쪽	값 15,000원
삶의 시간을 잇는 문화예술교육	고영직 지음	292쪽	값 16,000원
미래교육을 디자인하는 학교교육과정	박승열 외 지음	348쪽	값 18,000원
코로나 시대, 마을교육공동체운동과 생태적 교육학	심성보 지음	280쪽	값 17,000원

제목	저자/쪽수/가격
혐오, 교실에 들어오다	이혜정 외 지음	232쪽	값 15,000원
수업, 슬로리딩과 함께	박경숙 외 지음	268쪽	값 15,000원
물질과의 새로운 만남	베로니카 파치니-케처바우 외 지음	이연선 외 옮김	240쪽	값 15,000원
그림책으로 만나는 인권교육	강진미 외 지음	272쪽	값 18,000원
수업 고수들 수업·교육과정·평가를 말하다	박현숙 외 지음	368쪽	값 17,000원
아이들의 배움은 어떻게 깊어지는가	이시이 쥰지 지음	방지현·이창희 옮김	200쪽 값 11,000원
미래, 공생교육	김환희 지음	244쪽	값 15,000원
들뢰즈와 가타리를 통해 유아교육 읽기	리세롯 마리엣 올슨 지음	이연선 외 옮김	328쪽	값 17,000원
혁신고등학교, 무엇이 다른가?	김현자 외 지음	344쪽	값 18,000원
시민이 만드는 교육 대전환	심성보·김태정 지음	248쪽	값 15,000원
평화교육 과거, 현재 그리고 미래를 그리다	모니샤 바자즈 외 지음	권순정 외 옮김	268쪽	값 18,000원
마을교육공동체란 무엇인가?	서용선 외 지음	360쪽	값 17,000원
강화도의 기억을 걷다	최보길 지음	276쪽	값 14,000원
체육 교사, 수업을 말하다	전용진 지음	304쪽	값 15,000원
평화의 교육과정 섬김의 리더십	이준원·이형빈 지음	292쪽	값 16,000원
마을로 걸어간 교사들, 마을교육과정을 그리다	백윤애 외 지음	336쪽	값 16,000원
혁신교육지구와 마을교육공동체는 어떻게 만들어지는가?	김태정 지음	376쪽	값 18,000원
서울대 10개 만들기	김종영 지음	348쪽	값 18,000원
선생님, 통일이 뭐예요?	정경호 지음	252쪽	값 13,000원
함께 배움 학생 주도 배움 중심 수업 이렇게 한다	니시카와 준 지음	백경석 옮김	280쪽	값 15,000원
다정한 교실에서 20,000시간	강정희 지음	296쪽	값 16,000원
즐거운 세계사 수업	김은석 지음	328쪽	값 13,000원
학교를 개선하는 교장 지속가능한 학교 혁신을 위한 실천 전략	마이클 풀란 지음	서동연·정효준 옮김	216쪽	값 13,000원
선생님, 민주시민교육이 뭐예요?	염경미 지음	244쪽	값 15,000원
교육혁신의 시대 배움의 공간을 상상하다	함영기 외 지음	264쪽	값 17,000원
도덕 수업, 책으로 묻고 윤리로 답하다	울산도덕교사모임 지음	320쪽	값 15,000원
교육과 민주주의	필라르 오카디즈 외 지음	유성상 옮김	420쪽	값 25,000원
교육회복과 적극적 시민교육	강순원 지음	228쪽	값 15,000원
비판적 미디어 리터러시 가이드	더글러스 켈너·제프 셰어 지음	여은호·원숙경 옮김	252쪽	값 18,000원
지속가능한 마을, 교육, 공동체를 위하여	강영택 지음	328쪽	값 18,000원

제목	저자/역자	쪽수	가격
대전환 시대 변혁의 교육학	진보교육연구소 교육과정연구모임 지음	400쪽	값 23,000원
교육의 미래와 학교혁신	마크 터커 지음 l 전국교원양성대학교 총장협의회 옮김	336쪽	값 18,000원
남도 임진의병의 기억을 걷다	김남철 지음	288쪽	값 18,000원
프레이리에게 변혁의 길을 묻다	심성보 지음	672쪽	값 33,000원
다시, 혁신학교!	성기신 외 지음	300쪽	값 18,000원
백워드로 설계하고 피드백으로 완성하는 성장중심평가	이형빈·김성수 지음	356쪽	값 19,000원
우리 교육, 거장에게 묻다	표혜빈 외 지음	272쪽	값 17,000원
교사에게 강요된 침묵	설진성 지음	296쪽	값 18,000원
왜 체 게바라인가	송필경 지음	320쪽	값 19,000원
풀무의 삶과 배움	김현자 지음	352쪽	값 20,000원
비고츠키 아동학과 글쓰기 교육	한희정 지음	300쪽	값 18,000원
교사에게 강요된 침묵	설진성 지음	296쪽	값 18,000원
마을, 그 깊은 이야기 샘	문재현 외 지음	404쪽	값 23,000원
비난받는 교사	다이애나 폴레비치 지음 l 유성상 외 옮김	404쪽	값 23,000원
한국교육운동의 역사와 전망	하성환 지음	308쪽	값 18,000원
철학이 있는 교실살이	이성우 지음	272쪽	값 17,000원
왜 지속가능한 디지털 공동체인가	현광일 지음	280쪽	값 17,000원
선생님, 우리 영화로 세계시민 만나요!	변지윤 외 지음	328쪽	값 19,000원
아이를 함께 키울 온 마을은 어떻게 만들어야 할까?	차상진 지음	288쪽	값 17,000원
선생님, 제주 4·3이 뭐예요?	한강범 지음	308쪽	값 18,000원
마을배움길 학교 이야기	김명신, 김미자, 서영자, 윤재화, 이명순 지음	300쪽	값 18,000원
다시, 남도의 기억을 걷다	노성태 지음	332쪽	값 19,000원
세계의 혁신 대학을 찾아서	안문석 지음	284쪽	값 17,000원
소박한 자율의 사상가, 이반 일리치	박홍규 지음	328쪽	값 19,000원
선생님, 평가 어떻게 하세요?	성열관 외 지음	220쪽	값 15,000원
남도 한말의병의 기억을 걷다	김남철 지음	316쪽	값 19,000원
생태전환교육, 학교에서 어떻게 할까?	심지영 지음	236쪽	값 15,000원
어떻게 어린이를 사랑해야 하는가	야누쉬 코르착 지음 l 송순재, 안미현 옮김	396쪽	값 23,000원
북유럽의 교사와 교직	예스터 에크하트 라르센 외 엮음 l 유성상·김민조 옮김	412쪽	값 24,000원
산마을 너머 지금 뭐해?	최보길 외 지음	260쪽	값 17,000원
전문적 학습네트워크	크리스 브라운·신디 푸트먼 엮음 l 성기선·문은경 옮김	424쪽	값 24,000원

제목	저자/정보
교육사상가의 삶과 사상 2	김누리 외 지음	유성상 엮음	432쪽	값 25,000원
선생님이 왜 노조 해요?	윤미숙 외 지음	교사노동조합연맹 기획	328쪽	값 18,000원
교실을 광장으로 만들기	윤철기 외 지음	212쪽	값 17,000원
초등 개념기반 탐구학습 설계와 실천 이야기	김병일 지음	380쪽	값 27,000원
다시 읽는 민주주의와 교육	존 듀이 지음	심성보 옮김	620쪽	값 32,000원
자율성과 전문성을 지닌 교사되기	린다 달링 해몬드, 디온 번즈 지음	전국교원양성대학교총장협의회 옮김	412쪽	값 25,000원
선생님, 완벽하지 않아도 괜찮아요	유승재 지음	264쪽	값 17,000원
지속가능한 리더십	앤디 하그리브스, 딘 핑크 지음	정바울, 양성관, 이경호, 김재희 옮김	352쪽	값 21,000원
남도 명량의 기억을 걷다	이돈삼 지음	280쪽	값 17,000원
교사가 아프다	송원재 지음	300쪽	값 18,000원
존 듀이의 생명과 경험의 문화적 전환	현광일 지음	272쪽	값 17,000원
왜 읽고 쓰고 걸어야 하는가?	김태정 지음	300쪽	값 18,000원
미래 교직 디자인	캐럴 G. 베이즐 외 지음	정바울 외 옮김	192쪽	값 17,000원
타일러 교육과정과 수업 설계의 기본 원리	랄프 타일러 지음	이형빈 옮김	176쪽	값 15,000원
시로 읽는 교육의 풍경	강영택 지음	212쪽	값 17,000원
부산 교육의 미래 2026	이상철 외 지음	384쪽	값 22,000원
11권의 그림책으로 만나는 평화통일 수업	경기평화교육센터·곽인숙 외 지음	304쪽	값 19,000원
명랑 10대 명랑 챌린지	강정희 지음	320쪽	값 18,000원
교장이 바뀌면 학교가 바뀐다	홍제남 지음	260쪽	값 16,000원
교육정치학의 이론과 실천	김용일 지음	308쪽	값 18,000원
교사, 깊이 있는 학습을 말하다	황철형 외 5인 지음	210쪽	값 15,000원
더 나은 사고를 위한 교육	앤 마가렛 샤프·로렌스 스플리터 지음	김혜숙·박상욱 옮김	432쪽	값 25,000원
세계의 대안교육	넬 나딩스·헬렌 리즈 지음	심성보 외 11인 옮김	652쪽	값 38,000원
더 좋은 교육과정 더 나은 수업	이형빈 지음	290쪽	값 18,000원
한나 아렌트와 교육	모르데하이 고든 지음	조나영 옮김	376쪽	값 23,000원
공동체의 힘, 작은학교 만들기	미셸 앤더슨 외 지음	권순형 외 옮김	262쪽	값 18,000원
어떻게 어린이를 사랑해야 하는가-개정판	야누시 코르착 지음	송순재, 안미현 옮김	396쪽	값 23,000원
토대역량과 사회정의	알렉산더 M 지음	유성상, 이인영 옮김	324쪽	값 22,000원
나는 어떤 특수 교사인가-개정판	김동인 지음	268쪽	값 17,000원
북한교육과 평화통일교육	이병호 지음	336쪽	값 22,000원
능력주의 시대, 교육과 공정을 사유하다	한국교육사상학회 지음	280쪽	값 19,000원

교사와 학부모, 어디로 가는가?	한만중, 김용, 양희준, 장귀덕 지음 ǀ 252쪽 ǀ 값 17,000원
프레네, 일하는 인간의 본성과 교육	셀레스텡 프레네 지음 ǀ 송순재 엮음 ǀ 김병호, 김세희, 정훈, 황성원 옮김 ǀ 564쪽 ǀ 값 33,000원
지속가능한 마을교육공동체 운동	양병찬, 한혜정 지음 ǀ 268쪽 ǀ 값 18,000원
평생학습으로 두 나라를 잇다	고바야시 분진 지음 ǀ 양병찬, 이정연 편역 ǀ 220쪽 ǀ 값 15,000원
초등 1학년 교실, 궁금하세요?	이경숙 지음 ǀ 324쪽 ǀ 값 19,000원
정의로운 한국사	김은석 지음 ǀ 272쪽 ǀ 값 17,000원
세계의 교사 교육	린다 달링-해먼드, 앤 리버맨 편저 ǀ 전국교원양성대학교총장협의회 번역 ǀ 320쪽 ǀ 값 21,000원